해커스
무역영어 1급
4주 완성 이론+기출문제

실전 기출문제

정답 및 해설

<제1과목> 영문해석

01 ①	02 ④	03 ①	04 ③	05 ④
06 ①	07 ①	08 ②	09 ①	10 ③
11 ①	12 ②	13 ③	14 ③	15 ③
16 ③	17 ④	18 ③	19 ④	20 ③
21 ①	22 ④	23 ④	24 ④	25 ②

<제2과목> 영작문

26 ②	27 ①	28 ②	29 ③	30 ③
31 ④	32 ①	33 ②	34 ③	35 ②
36 ①	37 ①	38 ②	39 ①	40 ①
41 ①	42 ③	43 ②	44 ③	45 ①
46 ④	47 ③	48 ①	49 ④	50 ②

<제3과목> 무역실무

51 ①	52 ①	53 ②	54 ④	55 ②
56 ④	57 ④	58 ②	59 ②	60 ③
61 ①	62 ②	63 ②	64 ③	65 ④
66 ④	67 ③	68 ④	69 ④	70 ②
71 ②	72 모두 정답	73 ②	74 ③	75 ②

<제1과목> 영문해석

[01~03] 다음을 읽고 질문에 답하시오.

> Ann께
>
> 저희 사무실에서 수거하여 부산항으로 인도하기 위한 견적을 부탁 드립니다.
>
> 저희의 물품은 다음과 같습니다:
> – 침대 의자와 매트리스 6개, 700cm × 480cm
> – 판지 상자로 포장된 책장 조립 용품 세트 7개, 각 14㎥ 측정
> – 판지 상자로 포장된 커피 테이블 조립 용품 세트 4개.
> – 안락 의자 4개, 320 × 190 × 260cm
>
> 침대 의자와 안락 의자는 폴리에틸렌과 골판지 포장으로 부딪힘과 긁힘으로부터 완전히 보호되며 물품의 송장 금액은 미화 50,500달러입니다. 운임은 저희의 고객이 부담하게 됩니다.

다음 주말까지 인도가 완료되어야 하므로 신속한 답변 부탁 드립니다.

01 목적 / 주제 찾기 문제

해석 위의 서신의 목적은 무엇인가?

① 인도 견적 요청
② 기한까지 상품의 인도 요청
③ 매진된 상품의 가격 청약
④ 적합한 포장 요청

해설 주어진 서신의 목적을 찾는 유형이다. 열거한 물품들을 부산항으로 인도하기 위한 견적을 요청하고 있다. 따라서 답은 ①번이다.

02 추론 문제

해석 Ann은 누구인 것 같은가?

① 매수인
② 매도인
③ 보험자
④ 화물 운송주선업자

해설 주어진 서신에서 추론할 수 있는 것을 묻는 유형이다. Ann에게 물품 인도의 견적을 요청하고 있으므로, Ann이 화물 운송주선업자임을 추론할 수 있다. 따라서 답은 ④번이다.

03 추론 문제

해석 어떤 Incoterms가 위 거래에 적합하겠는가?

① FCA   ② CIP   ③ CFR   ④ FOB

해설 주어진 지문에서 추론할 수 있는 것을 찾는 유형이다. 매도인의 영업소에서 매수인에게 인도가 이루어지며 운임은 매수인이 부담하므로, FCA(운송인인도) 조건이 적절하다. 따라서 답은 ①번이다.

어휘 delivery 인도, 배송   divan 침대 의자
assembly kit 조립 용품 세트   cardboard 판지
corrugated paper 골판지   freight 운임   quotation 견적
freight forwarder 화물 운송주선업자

04 빈칸에 적절한 것 찾기 문제

해석 빈칸에 적절하지 않은 것은 무엇인가?

> CISG에 따르면, 특히 (   )에 관한 부가적 조건 또는 상이한 조건은 청약 조건을 실질적으로 변경하는 것으로 본다.

① 대금, 대금지급, 물품의 품질과 수량
② 인도의 장소와 시기
③ 지연된 승낙
④ 분쟁해결

해설 주어진 지문의 빈칸에 적절하지 않은 것을 찾는 유형이다. 국제물품매매계약에 관한 UN협약(CISG) 제19조 3항에는 "대금, 대금지급, 물품의 품질과 수량, 인도의 장소와 시기, 당사자 일방의 상대방에 대한 책임범위 또는 분쟁해결에 관한 부가적 조건 또는 상이한 조건은 청약 조건을 실질적으로 변경하는 것으로 본다."라고 규정되어 있으나 지연된 승낙에 대한 규정은 없다. 따라서 답은 ③번이다.

어휘 term 조건   alter 변경하다   materially 실질적으로
acceptance 승낙   settlement 해결, 결제

[05~06] 다음을 읽고 질문에 답하시오.

> 귀하께,
>
> 당사는 저희의 고객인 Delta 컴퓨터 회사를 대리하여 20대의 컴퓨터 화물을 뉴질랜드, 웰링턴의 N.Z. 사무기기 회사에 보낼 것입니다. 화물은 5월 18일에 틸버리에서 출항하는 SS Northen Cross에 적재되어야 하고, 6월 25일에 웰링턴에 도착할 예정입니다.
> 항구에서 항구까지 전위험을 부보하는 (보험)요율을 견적 내주시면 감사하겠습니다.
> 급한 건이므로 즉각적인 답변 부탁드립니다.
> 감사합니다.
>
> 그럼 안녕히 계십시오.

05 추론 문제

해석 위 지문에 포함되지 않은 것은 무엇인가?
① 피보험목적물
② 선박명
③ 출발항과 도착항
④ 보험 가액

해설 주어진 지문에 포함되지 않은 것을 추론하는 유형이다. 보험 목적은 컴퓨터 20대의 화물이고, 선박명은 SS Northen Cross, 출발항은 틸버리, 도착항은 웰링턴임을 알 수 있지만 보험 가액은 설명하고 있지 않다. 따라서 답은 ④번이다.

06 추론 문제

해석 무엇을 묻고 있는가?
① 보험료
② 운임
③ 환율
④ 보험금액

해설 주어진 서신에서 무엇을 묻고 있는지 추론하는 유형이다. 항구에서 항구까지 전위험담보요율에 대한 견적을 요구하고 있으므로 보험자가 위험을 담보하는 대가로 보험계약자가 보험자에게 지급하는 대금인 보험료를 묻고 있는 것이다. 따라서 답은 ①번이다.

어휘 consignment 화물   load 적재하다
departing port 출발항   insurable value 보험 가액
insurance premium 보험료
insurance amount(=insured amount) 보험금액

07 추론 문제

해석 아래는 문서의 일부이다. 무엇인가?

> 귀사가 상기 선적을 포함하는 선하증권을 발행한 사실이 있으나 상기 화물이 위의 양하항에 도착하였고, 당사는 이로써 귀사가 원본의 선하증권 없이 위에서 언급한 당사자에게 상기 화물을 인도할 것을 요청합니다.
> 당사의 위와 같은 요청을 귀사가 수락하시는 것에 대해 당사는 다음과 같이 보상할 것을 합의합니다:
> 아래에 서명하는 당행은 운송계약과 관련하는 운임, 체화료 또는 기타 경비와는 무관하다는 것을 전제로, 귀사가 당사의 요청에 따라 화물을 인도하는 것을 이유로 발생하게 될 경비.
> 상기 화물과 관련하는 원본 선하증권이 당행의 수중에 들어오는 즉시 당사는 이를 귀사에 양도할 것이며 그 이후 당사의 하기 책임은 종료될 것입니다.

① 수입화물선취보증서
② 부보통지서
③ 인도 보증
④ 청구 보증

해설 주어진 지문이 무엇인지 추론하는 유형이다. 위의 지문은 수입화물선취보증서의 일부이다. 따라서 답은 ①번이다.

어휘 bill of lading 선하증권   cargo 화물
port of discharge 양륙항
demurrage 체화료, 체선료
in accordance with ~에 따라   surrender 제출하다, 양도하다
whereupon (바로) 그 이후에, 그 결과   liability 책임
hereunder 하기에, 아래에
Letter of Guarantee 수입화물선취보증서
Demand Guarantee 청구 보증

08 추론 문제

해석 CISG에 따르면, 유효한 승낙으로 여겨지는 것은 무엇인가?

① 침묵에 의한 승낙
② 청약에 대한 동의를 표시하는 피청약자의 행위
③ 부작위에 의한 승낙
④ 만기 연장을 위한 반대 청약

해설 유효한 승낙으로 여겨지는 것은 무엇인가를 추론하는 유형이다. CISG 제18조에 의하면, 청약에 대한 동의를 표시하는 상대방의 진술 또는 행위는 승낙이 되고, 침묵 또는 부작위는 그 자체만으로 승낙이 되지 않는다. 또한, 만기 연장을 위한 반대 청약은 청약에 대한 거절이면서 새로운 청약이다. 따라서 답은 ②번이다.

어휘 assent 동의 inactivity 부작위 counter offer 반대 청약

09 추론 문제

해석 다음 지문에 따르면 틀린 것은 무엇인가?

> 송장 금액의 110%로 부보하고 백지배서 방식인 보험증권 2부. 보험증권은 ICC(B)를 반드시 포함하여야 한다.

① 보험증권 대신 보험증명서를 제시할 수 있다.
② 매입 시에 백지 배서는 반드시 수익자가 해야 한다.
③ 기대이익으로 송장 금액에 10%가 추가된다.
④ 보험증권은 원본 2부가 발행되어야 한다.

해설 주어진 지문과 일치하지 않은 것을 추론하는 유형이다. 보험증명서가 요구된 경우 보험증권의 제시는 가능하나, 보험증명서는 보험증권을 대체할 수 없다. 따라서 답은 ①번이다.

어휘 Insurance certificate 보험증명서
blank endorsement 백지 배서 beneficiary 수익자

10 Not / True 문제

해석 CISG에 따르면 계약상의 위치(상태)로 적절하지 않은 것은 무엇인가?

> 당사는 귀사의 2018년 4월 1일자 청약을 수령하였습니다. 신중한 검토 결과, 귀사가 세트당 가격을 미화 2달러만큼 낮춰 주실 수 있다면 귀사의 청약을 승낙하기로 결정했습니다.

① 피청약자는 원청약을 거절한다.
② 이는 청약을 종료한다.
③ 이는 조건부 승낙이다.
④ 이는 반대 청약이다.

해설 주어진 보기 중 틀린 것을 찾는 유형이다. 지문은 피청약자가 가격 할인에 대한 매매조건을 추가하여 제시하는 청약으로 반대 청약이다. 이는 원청약에 대한 거절이고, 청약자에게 하는 새로운 청약이 되어 원청약을 종료한다. 따라서 답은 ③번이다.

어휘 contractual 계약상의 offeree 피청약자 terminate 종료하다
counter offer 반대 청약

[11~12] 다음을 읽고 질문에 답하시오.

> (A) 당사는 여전히 저희 주문의 일부가 도착하기를 기다리고 있을 뿐만 아니라, (a) 다른 부서로 보내졌어야 하는 부품을 또다시 받았습니다. 당사는 이것들을 올바른 공장으로 보내었고, 물론 (b) 귀사에서 이 비용을 부담하실 거라 기대합니다. 이러한 종류의 혼란이 발생한 것은 이번이 처음은 아닙니다. (c) 이러한 배송 문제로 인해 생산의 지연뿐만 아니라 추가 작업을 발생시키고 있습니다. 당사는 이것을 받아들일 수 없으며, (d) 이것이 다시 발생하면 계약을 취소해야만 할 것입니다.

11 Not / True 문제

해석 (a)~(d) 중 문법적으로 틀린 것은?

① (a)   ② (b)   ③ (c)   ④ (d)

해설 주어진 지문에서 틀린 것을 찾는 유형이다. (a)에서 주어 components와 동사가 '부품이 다른 부서로 보내져야 한다'는 수동 관계이므로 should have sent를 should have been sent로 고쳐야 한다. 따라서 답은 ①번이다.

12 빈칸에 적절한 것 찾기 문제

해석 빈칸 (A)에 가장 잘 맞는 문장은 무엇인가?

① 저는 귀사의 계약을 수정하기 위해 서신을 드립니다.
② 저는 귀사의 최근 배송에 대해 항의하고자 서신을 드립니다.
③ 저는 귀사가 보내지 않은 대금을 회수하고자 서신을 드립니다.
④ 저는 공장에 부품을 보냈다는 것을 귀사에 알리고자 서신을 드립니다.

해설 주어진 서신의 빈칸에 적절한 것을 찾는 유형이다. 서신에서 글쓴이는 여전히 주문의 일부가 도착하기를 기다리고 있으며, 다른 부서로 보내져야 하는 부품을 받았다고 항의하고 있다. 따라서 답은 ②번이다.

어휘 component 부품 forward 보내다 mix-up 혼란
amend 수정하다

13 추론 문제

해석 밑줄 친 '귀사'는 누구이겠는가?

> 당사는 퀘백항까지 CIF 조건으로 50,000파운드 상당의 녹음기 화물을 맨체스터 정기선사의 선박으로 맨체스터에서 조만간 출하할 예정입니다.
> 당사는 위 주소의 당사 창고에서 퀘백항까지의 전 위험에 대한 부보를 원합니다. 귀사는 부보에 대한 견적요율을 알려 주시겠습니까?

① 매수인
② 운송인
③ 보험회사
④ 화물 운송주선업자

해설 주어진 서신에서 추론할 수 있는 것을 찾는 유형이다. 해상보험 부보를 원하며, 부보요율을 알려달라고 하고 있다. 따라서 답은 ③번이다.

어휘 consignment 화물 vessel 선박 cover (보험의) 부보, 보장 carrier 운송인 freight forwarder 화물 운송주선업자

14 Not / True 문제

해석 UCP 600에 따르면 다음 중 맞는 것은 무엇인가?

① 반대의 표시가 없는 한, 신용장은 취소 가능한 것으로 간주된다.
② 취소가능신용장은 신용장의 모든 기본 당사자들이 그러한 수정이나 취소에 동의하는 경우에만 조건변경되거나 취소될 수 있다.
③ 양도가능신용장은 한 번만 양도될 수 있다.
④ 취소불능신용장은 개설은행 또는 확인은행에 의해서만 수정되거나 취소될 수 있다.

해설 주어진 보기 중 맞는 것을 찾는 유형이다. UCP 600에 따르면 양도가능신용장의 양도는 1회에 한하여 허용되며, 제2수익자의 요청으로 인한 그 이후 수익자로의 양도는 불가능하다. 따라서 답은 ③번이다.

어휘 revocable 취소 가능한 amend (신용장의) 조건변경 issuing bank 개설은행 confirming bank 확인은행

15 Not / True 문제

해석 다음 중 Incoterms 2010에 의해 다루어지지 않는 것은 무엇인가?

① 당사자들은 지정된 인도 장소 내의 지점을 가급적 명확하게 명시하는 것이 바람직하다.
② 매도인이 그의 운송계약에 따라 목적 장소 내의 지정된 지점에서 양륙비용을 지출한 경우에, 당사자간에 달리 합의되지 않았다면 매도인은 이를 매수인에게 구상할 수 없다.
③ 매도인은 자신의 의무를 위반하여 발생한 계약의 불일치에 대해 책임이 있다.
④ 매수인은 매도인에게 인도의 수령에 관한 적절한 증빙을 제공할 수도 있다.

해설 주어진 보기 중 맞는 것을 찾는 유형이다. Incoterms 규칙은 계약위반의 효과를 다루지 않는다. 따라서 답은 ③번이다.

어휘 specify 명시하다 conformity 일치성 breach 위반

16 Not / True 문제

해석 다음을 읽고 Incoterms에 대한 설명으로 틀린 것을 고르시오.

> 서로 다른 나라들은 서로 다른 기업 문화를 가지고 있으므로 오해의 위험을 최소화하기 위해 명확한 서면 계약서를 작성하는 것이 좋다. 계약서는 어디에서 상품이 인도되는지 제시해야 한다. 계약서는 통관을 포함하여 각각의 운송 단계를 누가 책임지고 어떤 보험이 필요한지를 다뤄야 한다. 또한 각각의 다른 비용을 누가 지불할 것인지도 분명히 해야 한다.
>
> 혼동을 피하기 위해, 국제적으로 합의된 Incoterms를 사용하여 어떤 인도 조건으로 합의할 것인지 정확히 기술해야 하는데, 예를 들면:

① 어디에서 상품이 인도될 것인지
② 누가 운송을 섭외할 것인지
③ 언제 상품의 소유권이 이전될 것인지
④ 누가 통관 절차를 처리하고, 누가 관세와 세금을 지불할 것인지

해설 주어진 보기 중 적절하지 않은 것을 찾는 유형이다. Incoterms는 물품인도, 위험이전, 비용부담, 운송계약 및 보험계약의 체결, 수출 및 수입의 통관의무를 규정하고 있으나 물품의 소유권 이전에 대해서는 다루고 있지 않다. 따라서 답은 ③번이다.

어휘 written contract 서면 계약서 minimize 최소화하다 set out 제시하다 customs clearance 통관 spell out 기술하다 transfer 이전하다, 양도하다 duties and taxes 관세와 세금

17 Not / True 문제

해석 아래는 컨테이너 운송에 관한 지문이다. 실무적인 컨테이너 작업과 관련이 없는 것은 무엇인가?

> 컨테이너 운송은 상품을 단위화한 형태로 유통시키는 방법인데 그렇게 함으로써 철도, 도로 및 해상 운송의 가능한 조합을 제공하는 복합 운송 시스템을 개발할 수 있게 한다.
> 컨테이너가 복합운송에서 매우 일반적인 방법이 되고 있으므로 컨테이너 운송에 대한 절차가 명시될 것이다. 모든 컨테이너 운송이 복합운송인 것은 아니고, 그 반대의 경우도 마찬가지이나, 그것들은 종종 밀접한 관계에 있으므로 이 두 가지 개념을 함께 고려하는 것이 유용하다.

① 컨테이너 운송은 흔히 화물 운송주선업자에 의해 처리된다.
② 컨테이너는 운송인이 소유하지 않아도 되는데, 흔히 운송인에게 컨테이너를 대여해주는 전문 회사에 의해 소유된다.

③ 수출자가 만재화물(FCL)을 적입하려고 한다면, 해운 회사는 적재를 위해 수출자에게 빈 컨테이너를 보낼 것이다.
④ 화물이 혼재화물(LCL)이면, 수출자는 그것을 컨테이너 야드로 보낼 것이다.

해설 주어진 보기 중 적절하지 않은 것을 찾는 유형이다. LCL 화물은 화물집화소(CFS)에서 여러 화주의 화물을 하나의 컨테이너에 적입하는 혼적이 완료된 후, 컨테이너 야적장(CY, Container Yard)에 반입된다. 따라서 답은 ④번이다.

어휘 containerization 컨테이너 운송 distribute 유통시키다
thereby 그렇게 함으로써 multimodal transport 복합운송
inter-related 밀접한 관계의
stuff (컨테이너 등에 화물을) 적입하다 shipping line 해운 회사
loading 적재

[18～19] 다음을 읽고 질문에 답하시오.

당사와의 거래 시작에 대한 문의를 주신 것에 감사드립니다. 동봉된 재무 정보 양식을 작성해 주시고 은행 신용조회처와 둘 이상의 동업자 신용조회처를 알려 주십시오. 물론, 모든 정보는 엄격한 기밀로 유지될 것입니다.
협조에 대단히 감사드립니다.

18 추론 문제

해석 다음 중 이전 서신에서 찾을 수 있는 것은 무엇인가?
① 따라서 귀사가 현재 이미 거래하고 있는 백화점 3곳의 이름을 보내주실 것을 요청드립니다.
② 귀사가 현재의 재무제표와 2개의 추가 신용조회처를 제시할 수 있다면 귀사의 신청서를 재고하도록 하겠습니다.
③ 당사는 목록에 있는 주문부터 시작하여 30일 신용(결제)조건으로 거래를 시작할 것을 요청드립니다.
④ 귀사가 작성할 수 있도록 당사의 외상거래 표준 양식을 동봉하였으며, 가능한 한 빠르게 당사에 제출해 주시면 감사하겠습니다.

해설 주어진 서신에 대한 이전 서신으로 적절한 것을 추론하는 유형이다. 거래 문의에 대한 신용조회를 위해 재무 정보를 요청하고 있으므로, 거래를 요청하는 내용이 이전 서신으로 적절함을 추론할 수 있다. 따라서 답은 ③번이다.

어휘 credit reference 신용조회처 financial statements 재무제표
reconsider 재고하다 credit terms 외상거래 조건
complete 완성하다, 작성하다

19 추론 문제

해석 밑줄 친 '재무 정보'에 포함되지 않는 것은 무엇인가?
① 대차대조표
② 손익계정
③ 현금흐름
④ 사업자등록증

해설 주어진 지문에서 추론할 수 있는 것을 찾는 유형이다. 사업자등록증은 금융 정보에 포함되지 않는다. 따라서 답은 ④번이다.

어휘 open an account with ~와 거래를 시작하다
trade references 동업자신용조회처 confidence 기밀, 비밀
balance sheet 대차대조표
business registration certificate 사업자등록증

20 추론 문제

해석 밑줄 친 '규칙'에 알맞은 것은 무엇인가?

명시된 서류가 제시되면서 지급할 것을 요청 받을 때, 은행은 서류의 일치성 여부에만 근거하여 지급 여부를 결정한다. 은행은 일반적으로 승인된 일련의 정의 및 수행 규칙에 동의하며 규칙들에 대한 엄격한 준수는 국제 무역 금융의 효율적인 운영의 핵심이다.

| A. UCP 600 | B. Incoterms 2010 |
| C. URC 522 | D. ISP 98 |

① A
② A+B
③ A+C+D only
④ 위의 것 전부

해설 주어진 지문을 바탕으로 적절한 것을 추론하는 유형이다. 은행이 지급 여부를 결정할 때 준수하는 규칙들은 UCP 600(신용장통일규칙), URC 522(추심에 관한 통일규칙) 그리고 ISP 98(보증신용장통일규칙)이며 Incoterms 2010은 매매계약에 대한 조건이므로 이에 해당하지 않는다. 따라서 답은 ③번이다.

어휘 conformity 일치 or otherwise 또는 그 반대, 달리
subscribe to 동의하다 strict 엄격한

21 Not / True 문제

해석 다음 중 URC 522에 규정된 은행의 의무에 대해 적합하지 않은 것은 무엇인가?
① 은행은 지시를 얻기 위해 서류를 검토한다.
② 물품이 은행으로 직접 송부되는 경우에 그 은행은 물품을 인수하여야 할 의무를 지지 않는다.
③ 은행은 접수된 서류가 추심지시서에 열거된 것과 외관상 일치하는지를 결정해야 한다.
④ 은행은 신의성실에 따라 행동하고 또 상당한 주의를 기울여야 한다.

해설 주어진 지문의 내용과 맞지 않은 것을 찾는 유형이다. URC 522 제4조에 따르면 은행은 지시를 얻기 위해 서류를 검토하지 않는다. 따라서 답은 ①번이다.

어휘 obligation 의무 collection instruction 추심지시서

22 추론 문제

해석 다음 중 준거법 조항으로 올바른 것은 무엇인가?

① 화재, 홍수, 파업, 노동, 분쟁 또는 기타 산업 장애, 불가피한 사고, 상품, 통상 금지, 봉쇄, 법적 제약, 폭동, 반란 또는 당사자의 통제를 벗어난 어떠한 이유로 인한 불이행이 발생했을 때 어느 당사자도 본 계약의 일부를 이행하지 않는 것에 대해 책임을 지지 않는다.
② 매도인과 매수인간에 우호적으로 합의가 이루어질 수 없는 모든 클레임은 서울에서 중재에 회부된다.
③ 특별히 명시하지 않는 한, 본 계약에 따른 정형거래 조건은 최신 Incoterms에 의해 규율되고 해석되며 본 계약의 성립, 유효성, 해석 및 이행은 CISG에 의해 규율된다.
④ 본 계약은 대한민국에서 체결된 계약으로 해석되고 효력을 발휘하며, 당사자들은 이로써 대한민국 법원의 관할권에 따른다.

해설 주어진 보기 중 맞는 것을 찾는 유형이다. 일반거래조건협정서에 따르면 본 계약에 따른 거래 조건은 최신 Incoterms에 의해 규율되고 해석되며, 계약의 성립, 유효성, 해석 및 이행은 CISG(국제물품매매계약에 관한 유엔협약)에 의해 규율된다. 따라서 답은 ③번이다.

어휘 strike 파업 inevitable 불가피한
embargo 통상 금지, 수출입 금지 blockade 봉쇄
insurrection 반란 amicably 우호적으로
construe ~로 해석하다 formation 성립
validity 유효성, 타당성 construction 해석, 구성
hereby 이로써 jurisdiction 재판관할권

23 추론 문제

해석 다음 문장은 계약서의 일부이다. 어떤 종류의 조항인가?

> 이 계약서의 특정 조항이 이후 특정 법원 또는 정부 기관에 의해 무효가 되거나 집행이 불가능하게 될 경우, 그러한 무효성 또는 집행 불능이 다른 조항의 유효성 또는 집행에 영향을 주지 않는다.

① 권리불포기 조항
② 권리침해 조항
③ 양도(제한) 조항
④ 가분 조항

해설 주어진 지문에서 추론할 수 있는 용어를 찾는 유형이다. 특정 조항이 무효이더라도 다른 조항에는 영향이 없다고 하였으므로 분리가능 조항에 해당한다. 따라서 답은 ④번이다.

어휘 clause 조항 subsequently 이후, 그 결과로
unenforceable 시행할 수 없는 authority agent 정부 기관
in no way 결코 ~ 않다 thereof 그것의

24 Not / True 문제

해석 UCP 600에 의해 정의된 것처럼, 일치하는 제시란 다음과 같은 제시이다:

A. 신용장의 조건
B. 적용 가능한 UCP 600의 규정
C. ISBP 745
D. 국제표준은행관행

① A   ② A+B
③ A+B+C   ④ A+B+D

해설 주어진 보기 중 적절한 것을 찾는 유형이다. UCP 600에서 일치하는 제시란 신용장의 조건, 적용 가능한 UCP 규정, 국제표준은행관행에 따른 제시를 의미한다. 따라서 답은 ④번이다.

어휘 applicable 적용 가능한, 해당하는 provision 규정, 조항

25 추론 문제

해석 UCP 600에 따르면, 개설은행이 해야 하는 것은 무엇인가?

> 3월 1일에 미화 50만 달러에 대해 다음 조건의 화환신용장 사전 통지가 개설되었다.
> – 분할선적 허용.
> – 최종 선적 일자 4월 30일.
> – 유효기일 5월 15일.
>
> 3월 2일에 신용장 개설의뢰인은 분할 선적을 금지하고 유효기일을 5월 30일로 연장하는 조건변경을 요청한다.

① 신용장 개설의뢰인과 제시 기한을 명확히 한다.
② 원래 지시된 대로 화환신용장을 개설한다.
③ 모든 조건변경을 포함하여 화환신용장을 개설한다.
④ 연장된 유효기일만을 포함하여 화환신용장을 개설한다.

해설 주어진 지문에서 추론할 수 있는 것을 찾는 유형이다. UCP의 규정상 은행은 사전통지한 내용대로 신용장을 개설하여야 한다. 따라서 답은 ②번이다.

어휘 issuing bank 개설은행 documentary credit 화환신용장
applicant 신용장 개설의뢰인 amendment (신용장의) 조건변경

<제2과목> 영작문

26 추론 문제

해석 밑줄 친 당사자는 누구인가?

> 귀하께,
> S/S Arirang에 의한 중고 가구 선적에 대해 말씀드리자면, 5월 21일 세네갈에 있는 Darkar로 출발할 예정입니다. 계약이 FOB를 기반으로 했기 때문에, 당사의 파트너 Socida사가 상품에 대해 보험을 부보할 것입니다. 그들은 귀사들 간에 상호 합의했던 요율로 전쟁 위험을 포함하여 ICC(B)로 해상 보험 계약을 체결하라고 당사에 지시했습니다.

① 수출자   ② 수입자

③ 화물 운송주선업자   ④ 보험업자

해설 주어진 서신에서 추론할 수 있는 것을 찾는 유형이다. 본선 인도 조건에 따라 Socida사가 보험을 계약할 것이라고 했는데, FOB에서는 매수인이 보험 계약을 체결해야 하므로 Socida 사가 수입자임을 알 수 있다. 따라서 답은 ②번이다.

어휘 freight forwarder 화물 운송주선업자   underwriter 보험업자

[27~28] 다음을 읽고 답하시오.

> Mr Kang께,
>
> 2018년 1월 10일 귀하의 팩스에 관하여, 귀하의 요구사항을 충족시켜 줄 선박을 확인했음을 알려드리게 되어 기쁩니다.
>
> 그것은 Arirang이며 현재 부산에 정박해 있습니다. 그것은 화물 (용량)이 7,000톤인 벌크 화물선입니다. 그것은 최대 24 노트의 속도를 내므로 귀하께서 언급한 기간에 10번의 항해가 틀림없이 가능할 것입니다.
>
> 팩스로 용선 계약을 확정해 주시면 용선계약서를 보내 드리겠습니다.

27 빈칸에 적절한 것 찾기

해석 다음 중 빈칸에 가장 적절한 것은 무엇인가?

    ① 용량   ② 입구
    ③ 허가   ④ 보험

해설 주어진 지문의 빈칸에 적절한 것을 찾는 유형이다. 화물선의 크기에 대해 설명하고 있으므로 용량이 7,000톤이라는 내용이 와야 적절하다. 따라서 답은 ①번이다.

28 추론 문제

해석 어떤 종류의 운송 계약이 가장 잘 맞겠는가?

    ① 항해용선   ② 정기용선
    ③ 쾌속용선   ④ 나용선

해설 주어진 서신에서 추론할 수 있는 것을 찾는 유형이다. 필자가 알려주는 선박이 언급한 기간 내에 10번의 항해가 가능할 것이라고 했으므로, 일정 기간을 정하여 선박을 용선하는 계약인 정기용선계약이 적합하다. 따라서 답은 ②번이다.

어휘 with reference to ~에 관하여   dock 정박하다   cargo 화물 charter 용선(계약)   charter party 용선계약(서) voyage charter 항해용선(계약)   time charter 정기용선(계약) bareboat charter 나용선(계약)

[29~31] 영어로 잘못 쓰여진 것을 고르시오.

29 다른 문장/같은 문장 찾기 문제

해석 ① 귀사의 서신에서 귀사가 면제품에 특별히 관심이 많다는 것을 알 수 있는데 이 분야에서는 당사가 전문가라 할 수 있습니다.

→ 귀사의 서신에서 귀사가 면제품에 특별히 관심이 많다는 것을 알 수 있는데 이 분야에서는 당사가 전문가라 할 수 있습니다.

② 당사는 25년 전에 설립된 전자제품 수출업체입니다.

→ 당사는 25년 전에 설립된 전자제품 수출업체입니다.

③ 현재 시장상황이 불경기임에도 불구하고 만일 귀사가 경쟁력이 있다면 당사는 귀사와 거래를 시작할 수 있습니다.

→ 현재 불경기이기 때문에, 귀사가 경쟁력이 있지 않는 한 당사는 귀사와 거래를 시작할 수 있습니다.

④ 귀사가 다른 회사들처럼 가격을 10% 정도 할인해 주시거나 60일의 인수인도조건을 허용해 주시면 귀사의 청약을 수락하겠습니다.

→ 귀사가 다른 회사들처럼 가격을 10% 정도 할인해 주시거나 60일의 인수인도조건을 허용해 주시면 귀사의 청약을 승낙하겠습니다.

해설 주어진 문장과 다른 내용을 찾는 유형이다. ③번은 현재 불경기이므로 귀사가 경쟁력이 있지 않는 한 거래를 시작할 수 있다는 내용으로 해석과 맞지 않고 어색하므로, are able to ~ unless(~하지 않는 한 할 수 있다)가 아닌 are not able to ~ unless(~하지 않는 한 할 수 없다)가 와야 한다. 따라서 정답은 ③번이다.

어휘 line 분야   dullness 불경기   D/A 인수인도조건

30 다른 문장/같은 문장 찾기 문제

해석 ① 계약이 체결되기 전까지 청약은 취소될 수 있습니다. 다만 이 경우에 취소의 통지는 피청약자가 승낙을 발송하기 전에 피청약자에게 도달하여야 합니다.

→ 피청약자에 의해 승낙이 발송되기 전에 취소가 피청약자에게 도달하지 아니하면, 계약이 체결되기 전까지 청약은 취소될 수 있다.

② 매매계약은 서면에 의하여 체결되거나 또는 입증되어야 할 필요가 없으며, 또 형식에 관하여도 어떠한 다른 요건에 구속받지 아니합니다.

→ 매매계약은 서면에 의하여 체결되거나 또는 입증되어야 할 필요가 없으며, 또 형식에 관하여도 어떠한 다른 요건에 구속받지 않는다.

③ 보험서류에서 담보가 선적일보다 늦지 않은 일자로부터 유효하다고 보이지 않는 한 보험서류의 일자는 선적일보다 늦어서는 안됩니다.

→ 보험서류에서 담보가 선적일 이전까지 유효하다고 보이면 보험서류의 일자는 선적일 이전이어야 한다.

④ 송하인의 지시식으로 작성되고 운임선지급 및 착하통지처가 발행의뢰인으로 표시된 무고장 선적 해상선하증권의 전통을 제시하십시오.

→ 송하인의 지시식으로 작성되고 운임선지급 및 착하통지처가 발행의뢰인으로 표시된 무고장 선적 해상선하증권의 전통을 제시하십시오.

해설 주어진 문장과 다른 내용을 찾는 유형이다. ③번은 보험서류에서 담보가 선적일보다 늦지 않은 일자까지 유효하면, 서류의 일자는 선적일보다는 늦어서는 안 된다는 내용으로 해석과 맞지 않고 어색하므로 if(만약)가 아닌 unless(~이 아닌 한)가 나와야 한다. 따라서 정답은 ③번이다.

어휘 conclude (계약을) 체결하다   revoke 취소하다
revocation 취소, 철회   dispatch 발송하다
freight prepaid 선지급운임

31 다른 문장/같은 문장 찾기 문제

해석 ① 동봉해 드린 주문서 양식에 정히 기입하셔서 즉시 반송해 주시길 바랍니다.
  → 동봉해 드린 주문서 양식에 정히 기입하셔서 즉시 반송해 주시길 바랍니다.
② 주문이 쇄도해서 귀사가 주문한 미니 컴퓨터는 매진되었습니다.
  → 주문이 쇄도해서 귀사가 주문한 미니 컴퓨터는 매진되었습니다.
③ 면셔츠 가격이 상당히 치솟았으나 종전 가격으로 귀사 주문품을 조달해 드리겠습니다.
  → 면셔츠 가격이 상당히 치솟았으나 종전 가격으로 귀사 주문품을 조달해 드리겠습니다.
④ 이번 구매로 상당한 이익이 될 것이며 더 많은 주문을 하게 될 것으로 믿습니다.
  → 이번 구매는 상당한 이익이 될 것이며 더 많은 주문이 원인일 것으로 믿습니다.

해설 주어진 문장과 다른 내용을 찾는 유형이다. ④번은 이번 구매가 더 많은 주문이 원인일 것이라는 내용으로 해석과 맞지 않고 어색하므로 'result from(~이 원인이다)'이 아닌 'result in(~을 야기하다)'이 와야 한다. 따라서 정답은 ④번이다.

어휘 straightway 즉시   enclosed 동봉된
duly 정히, 적절한 절차에 따라   soar (가격이) 치솟다
considerably 상당히   result from ~이 원인이다

32 Not/True 문제

해석 다음 신용장의 요건에 따르는 선하증권의 수하인란에 대한 문구로 올바른 것은 무엇인가?

> 미국상업은행에서 발행된 신용장은 "당행 지시식으로 개설의뢰인을 통지처로 하는 무고장 해상선하증권의 전통"인 서류를 요구한다.

① 미국상업은행 지시식
② 송하인 지시식
③ 지시식
④ 개설의뢰인 지시식

해설 주어진 지문에서 맞는 것을 찾는 유형이다. 개설은행인 미국상업은행이 자신의 지시식(to our order)인 서류를 요구했다. 따라서 답은 ①번이다.

어휘 B/L 선하증권   L/C 신용장   consignee 수하인
ocean bills of lading 해상선하증권

[33~34] 다음을 읽고 질문에 답하시오.

> 8월 18일 자 No. B 832 송장에 오류가 있었음을 알려드리게 되어 유감입니다. 100벌의 폴리에스테르 셔츠가 발송되었습니다. 폴리에스테르 셔츠 중자에 대한 정확한 청구 금액은 한 벌당 26.70 파운드이며, 기재된 26.00파운드가 아닙니다. 따라서 당사는 덜 받은 대금, 즉, (ⓑ 70.0)파운드에 대한 (ⓐ 차변표)를 동봉합니다.
> 이 실수는 입력 오류로 인한 것이며, 송장이 발송되기 전에 발견하지 못해서 죄송합니다.

33 빈칸에 적절한 것 찾기 문제

해석 빈칸에 가장 적절한 답을 채우시오.

① ⓐ 청구 요금 – ⓑ 26.70
② ⓐ 차변표 – ⓑ 70.0
③ ⓐ 결제 – ⓑ 26.0
④ ⓐ 대변표 – ⓑ 267.0

해설 주어진 지문의 빈칸에 적절한 것을 찾는 유형이다. 송장 작성 시 잘못하여 정당한 대가 이하로 기재한 경우 그 금액만큼 상대방 계정의 차변에 기장한다는 취지를 통지하고 있으므로 (ⓐ)에는 차변표가 와야 한다. 차변표(Debit Note)는 발행인이 그 상대방에 대하여 전표기재금액을 청구하는 권리가 있음을 표시한다. 셔츠 한 벌당 0.70파운드가 덜 청구되었으므로, (ⓑ)에는 총 100벌 분량의 청구액인 70.0 파운드가 기재되어야 한다. 따라서 답은 ②번이다.

어휘 undercharge 대가 이하로 청구하다   debit note 차변표
credit note 대변표

34 추론 문제

해석 서신의 발송인은 누구인가?

① 매수인
② 은행원
③ 공급자
④ 운송(대리)인

해설 주어진 서신에서 추론할 수 있는 것을 찾는 유형이다. 물품과 송장을 발송하였는데, 송장에 기재된 금액에 오류가 있었다고, 청구 금액을 수정하는 내용의 서신이므로 공급자가 작성한 서신임을 알 수 있다. 따라서 답은 ③번이다.

어휘 banker 은행원   shipping agent 운송(대리)인

[35～36] 다음을 읽고 질문에 답하시오.

Mr. Sheridan께,

당사는 현재 마당과 정원 트랙터를 임대 장비 라인에 추가할 계획입니다. 당사가 귀사의 Titan 트랙터 라인을 포함할 것임을 알려드리게 되어 기쁩니다.

Titan 트랙터의 전체 모델 목록, 사양 및 가격 조건을 포함한 카탈로그를 보내주십시오. 특히, 각 모델에 대해 첨부 파일로 된 정보가 필요합니다.

당사의 11월 카탈로그에 이것을 포함시키려면 늦어도 9월 30일까지는 이 정보가 필요합니다. 당사는 이러한 훌륭한 상품을 발견하게 된 것을 기쁘게 생각하며 즐겁고 유익한 비즈니스 관계를 기대합니다.

35 추론 문제

해석 밑줄 친 '이 정보'에 포함되지 않을 것은 무엇인가?

① 매매조건
② 신용 조회처
③ 상품
④ 제품 사양

해설 주어진 서신에서 추론할 수 있는 것을 찾는 유형이다. 글쓴이는 트랙터의 전체 모델 목록, 사양 및 가격 조건을 요청하고 있고, 신용 조회처는 해당하지 않는다. 따라서 답은 ②번이다.

어휘 specification 사양, 설명서 no later than 늦어도 ~까지는
credit reference 신용 조회처

36 추론 문제

해석 Mr. Sheridan은 누구일 것 같은가?

① 판매 담당자
② 신용 담당자
③ 인사 담당자
④ 회계사

해설 주어진 서신에서 추론할 수 있는 것을 찾는 유형이다. 귀사의 트랙터를 임대 라인에 추가할 것이므로 제품 카탈로그를 보내달라고 요청하고 있으므로 서신의 수신자인 Mr. Sheridan이 판매 담당자임을 알 수 있다. 따라서 답은 ①번이다.

어휘 credit manager 신용 담당자
personnel manager 인사 담당자 accountant 회계사

37 빈칸에 적절한 것 찾기 문제

해석 적절한 단어로 빈칸을 채우시오.

무역금융은 일반적으로 개인 거래·혹은 주기적으로 일어나는 일련의 거래에 대한 자금 조달을 가리킨다. 또한, 무역금융 대출은 종종 (자기회수적이다.) 즉, 대출 은행은 모든 매매대금은 추심되어 대출금 청산에 적용됨을 명시한다. 남은 금액은 수출자의 계좌로 입금된다.

① 자기회수적이다.
② 차후 상환된다.
③ 각자 더해진다.
④ 쉽게 취할 수 있다.

해설 주어진 지문의 빈칸에 적절한 것을 찾는 유형이다. 판매 수익이 추심되어 대출금 청산에 적용된다고 했으므로, 빈칸에는 '자기회수적이다'라는 내용이 와야 적절하다. 따라서 답은 ①번이다.

어휘 trade finance 무역금융 financing 자금 조달
sales proceed 매매 대금 loan 대출
self liquidating 자기회수적인, 곧 현금화되는

38 빈칸에 적절한 것 찾기 문제

해석 아래는 항해용선에 대한 설명이다. 맞는 단어로 빈칸을 채우시오.

항해용선은 선적항과 양륙항 사이의 항해를 위해 선박과 선원을 고용하는 것이다. 용선자는 선주에게 톤당 또는 선복 기준으로 지급한다. 선주는 항만비용, 연료비 및 인건비를 지불한다. 선박 사용에 대한 비용은 운임으로 알려져 있다. 항해용선계약은 화물의 선적과 양하를 위해 (정박 기간)으로 알려진 기간을 명시한다.

① 기한
② 환적 기간
③ 휴항
④ 정박 기간

해설 주어진 지문의 빈칸에 적절한 것을 찾는 유형이다. 항해용선계약에 대해 설명하고 있으므로, 화물 선적과 양하를 위해 배가 정박하는 기간을 알아야 한다는 내용이 와야 적절하다. 따라서 답은 ④번이다.

어휘 hire 고용하다 crew 선원, 승무원 discharge 양하
lump-sum 선복의, 일괄의 exclude 제외하다
specify 명시하다

39 빈칸에 적절한 것 찾기 문제

해석 아래는 해상보험에 대한 것이다. 맞는 단어(들)로 빈칸을 채우시오.

화물은 일반적으로 해상 특유의 자연적인 사고를 의미하는 해상 위험에 대해 보험 보장을 받는 반면에, 대부분의 선주들은 소유 선박에 대해 선박보험을 부보하고 (선주상호)보험을 구매하여 제3자의 보상 청구로부터 스스로를 보호한다.

① 선주상호
② 선박
③ 협회적하보험약관
④ 포괄예정보험

해설 주어진 지문의 빈칸에 적절한 것을 찾는 유형이다. 선박을 보유한 선주들은 자신의 선박에 대한 선박보험과 선주상호보험인 P&I(Protection and Indemnity) Club에 가입하여 제3자의 보상청구에 대비한다. 따라서 답은 ①번이다.

어휘 peril 위험   hull insurance 선박 보험

40 다른 문장/같은 문장 찾기 문제

해석 밑줄 친 단어를 가장 잘 대체할 수 있는 것은 무엇인가?

> 포페이팅은 상환청구 없이 매출 채권을 구매하는 것과 연관되는데, 이는 구매은행이나 금융회사는 ⓑ <u>무역 채무자</u>가 만기 시 의무를 이행하지 않거나 지불할 수 없는 경우 원래의 ⓐ <u>무역 채권자</u>를 상대로 청구할 수 없다는 것을 의미한다. 빈번히 발생하는 예외는, 거래에 있어 매도인이 적합한 물품을 선적하지 않았다거나, 또는 사기를 저질렀다고 주장하는 매도인과 매수인 사이에 발생한 분쟁으로 인하여 대금지급이 이루어지지 않은 경우이다.

① ⓐ 매도인-ⓑ 매수인
② ⓐ 은행-ⓑ 매도인
③ ⓐ 보험자-ⓑ 매수인
④ ⓐ 매수인-ⓑ 보험자

해설 주어진 단어와 같은 내용을 찾는 유형이다. 무역 채권자는 대금을 지급받는 매도인을, 무역 채무자는 대금을 지급하는 매수인을 의미한다. 따라서 답은 ①번이다.

어휘 recourse 상환청구   trade receivables 매출 채권, 영업 채권
purchasing bank 구매은행   creditor 채권자   debtor 채무자
obligation 의무   claim against ~을 상대로 청구하다
trade dispute 상거래상의 분쟁
non-payment 미납, 미불   commit fraud 사기를 치다
insurer 보험자

41 빈칸에 적절한 것 찾기 문제

해석 아래는 보험의 몇 가지 특성에 대해 설명하고 있다. (ⓐ)와 (ⓑ)에 적절한 짝을 고르시오.

> 일부 보험증권은 (ⓐ 소손해공제면책률) 또는 (ⓑ 소손해면책률) 약관을 포함한다. (ⓐ 소손해공제면책률)은 보험금에서 공제되어 무책임하고 부당한 소액 청구를 억제하는 데 사용되는 미리 정해진 금액을 나타낸다. (ⓑ 소손해면책률)은 손해 금액의 비율을 의미하며 비율 미만에 대해서는 지불이 되지 않으나 비율 초과에 대해서는 보상금 전액이 지불된다.

① ⓐ 소손해공제면책률 - ⓑ 소손해면책률
② ⓐ 소손해면책률 - ⓑ 소손해공제면책률
③ ⓐ 최저 - ⓑ 최고
④ ⓐ 최고 - ⓑ 최저

해설 주어진 지문의 빈칸에 적절한 것을 찾는 유형이다. 소손해공제면책률과 소손해면책률 약관에 대해 설명하고 있다. 따라서 답은 ①번이다.

어휘 deduct from ~에서 공제되다
irresponsible 무책임한   malicious 부당한, 악의적인
small claim 소액 청구   compensation 보상
excess clause 소손해공제면책률 약관
franchise clause 소손해면책률 약관

42 Not/True 문제

해석 다음은 신용장의 개설을 통지하는 서신이다. 알맞게 연결된 것은 무엇인가?

> 귀하께:
>
> ⓐ 당사는 귀하를 수익자로 하여 미화 125,000달러에 취소불능신용장을 ⓑ 뱅크오브아메리카에 개설하도록 하였습니다. 귀하의 도시에 있는 ⓒ 한국외환은행은 ⓓ 귀하가 며칠 내에 받게 될 신용장을 보낼 것입니다.

① ⓐ 당사 – 수익자
② ⓑ 뱅크오브아메리카 – 상환은행
③ ⓒ 한국외환은행 – 통지은행
④ ⓓ 귀하 – 개설의뢰인

해설 주어진 지문에서 옳은 것을 찾는 유형이다. 당사는 개설의뢰인, 뱅크오브아메리카는 개설은행, 한국외환은행은 통지은행, 귀하는 수익자이다. 따라서 답은 ③번이다.

어휘 Irrevocable Letter of Credit 취소불능신용장
beneficiary 수익자   reimbursing bank 상환은행

43 빈칸에 적절한 것 찾기 문제

해석 아래 빈칸에 가장 적절한 것은 무엇인가?

> 매수인이 물품을 검사하거나 심지어 팔 때까지 유예를 주는 (기한부신용장)의 경우 결제가 연기될 수 있다.

① 제한신용장
② 기한부신용장
③ 지정신용장
④ 취소가능신용장

해설 주어진 지문의 빈칸에 적절한 것을 찾는 유형이다. 서류나 환어음을 일단 인수하고 일정 기간 후 대금을 지급하는 신용장은 기한부신용장(Usance L/C)인데, 기한부신용장 거래의 경우 일단 물품을 인도하고 일정 기간 후 대금을 지급받는 신용공여가 나타나게 된다. 따라서 답은 ②번이다.

어휘 defer 연기하다   restricted L/C 제한신용장
usance L/C 기한부신용장   straight L/C 지정신용장
revocable L/C 취소가능신용장

44 빈칸에 적절한 것 찾기 문제

해석 문장을 완성하는 데 가장 적합한 단어의 조합을 고르시오.

> 운송인에게, (ⓐ 만재화물(FCL))은 단지 매도인/화주가 컨테이너 적입과 그것의 비용에 책임이 있음을 의미한다. 선사는 (ⓑ 컨테이너 야적장(CY))에서 컨테이너를 받고 그 내용물에 관해서는 자신이 책임지지 않는다. 반면에, (ⓒ 혼재화물(LCL))은 운송인이 컨테이너의 적합성 및 상태 및 그것의 적입에 책임이 있음을 의미한다. 컨테이너는 운송 업체의 구내, 이상적으로는 (ⓓ 화물집화소(CFS))에서 적입되고 채워진다. 따라서 (ⓔ 만재화물(FCL))과 (ⓕ 컨테이너 야적장(CY))을 그리고 (ⓖ 혼재화물(LCL))과 (ⓗ 화물집화소(CFS))를 결합하는 것이 받아들여지는 관행이 되었다.

	ⓐ	ⓑ	ⓒ	ⓓ	ⓔ	ⓕ	ⓖ	ⓗ
①	LCL	CY	FCL	CFS	LCL	CY	FCL	CFS
②	LCL	CFS	FCL	CY	LCL	CFS	FCL	CY
③	FCL	CY	LCL	CFS	FCL	CY	LCL	CFS
④	FCL	CFS	LCL	CY	FCL	CFS	LCL	CY

해설 주어진 지문의 빈칸에 적절한 것을 찾는 유형이다. 만재화물(FCL, Full Container Load)은 일반적으로 화주의 공장 또는 창고에서 적입이 완료되어 터미널 내의 컨테이너 야적장(CY, Container Yard)에 반입되는데, 이에 따라 컨테이너 내에 적입된 화물에 대해 이를 운송할 선박회사가 일일이 그 내용물을 확인할 수 없는 상황이므로 운송인은 이러한 상황에 대해서는 책임을 부담하지 않는다는 부지약관을 기입한다. 혼재화물(LCL, Less than Container Load)은 하나의 컨테이너에 여러 화주의 화물을 혼적하여 적입된 화물로, 화물집화소(CFS)에서 여러 화주의 화물을 하나의 컨테이너에 적입하는 혼적이 완료된 후 CY로 반입된다. 따라서 답은 ③번이다.

어휘 carrier 운송인, 운송업체 thereof (앞에 언급된) 그것의
shipping line 해운회사 commit oneself 책임지다, 구속되다
premise 구내

45 빈칸에 적절한 것 찾기 문제

해석 문장을 완성하는데 가장 적합한 단어의 조합을 고르시오.

> 선하증권은 (유통 가능한) 증권이며, 송하인으로부터 여러 당사자를 통해 이전될 수 있고, 각 당사자는 다음 당사자에게 권리를 양도하기 위해 (배서)한다. 유일한 조건은 당시에 (권리)를 가지고 있는 선하증권에 표기된 당사자에 의해서만 (권리)가 양도될 수 있다는 것이다. 이 조건을 준수하지 않으면 권리의 사슬이라고 알려진 것을 파기시킨다. 이러한 파기 후에 주장되는 모든 권리의 양도는 무효하다.

① 유통 가능한 – 배서하다 – 권리 – 권리
② 양도 가능한 – 명명하다 – 인도 – 인도
③ 양도 가능한 – 배서하다 – 인도 – 인도
④ 유통 가능한 – 명명하다 – 권리 – 인도

해설 주어진 빈칸에 적절한 것을 찾는 유형이다. 선하증권은 타인에게 권리를 양도할 수 있는 유통 가능한 증권이며, 그러기 위해서는 배서되어야 한다. 또한, 당시에 권리를 가지고 있는 당사자에 의해서만 권리가 양도될 수 있다. 따라서 답은 ①번이다.

어휘 bill of lading 선하증권 respect (법률 등을) 준수하다
title 권리, 소유권 assignment 양도 invalid 무효하다
negotiable 유통 가능한 endorse 배서하다
transferable 양도가능한

46 Not / True 문제

해석 적재의 관점에서 EXW를 설명하는 것으로 틀린 것을 고르시오.

① 매도인은 실제로 그렇게 할 수 있는 더 나은 입장일지라도, 매수인에게 물품을 적재할 의무가 없다.
② 매도인이 물품을 적재하는 경우, 매수인의 위험 부담과 비용으로 그렇게 한다.
③ 매도인이 물품을 적재할 수 있는 더 나은 입장에 있는 경우, FCA가 보통 더 적합하다.
④ EXW는 매도인이 자신의 위험과 비용으로 적재하도록 의무를 지운다.

해설 주어진 내용과 일치하지 않는 것을 찾는 유형이다. EXW에서 매도인은 매수인에 대하여 물품적재의무가 없으며, 매도인이 물품을 적재하는 경우에도 이는 매수인의 위험과 비용으로 적재하는 것이다. 따라서 답은 ④번이다.

어휘 obligation 의무 in practice 실제로, 실무에 있어
oblige 의무를 지우다

47 추론 문제

해석 다음이 가리키는 것은 무엇인가?

> 공동의 위험에서 위험에 처한 재산을 보호할 목적으로 이례적인 희생이나 비용이 자발적이고 합리적으로 행해지거나 발생한다.

① 전손
② 단독해손
③ 공동해손
④ 분손

해설 주어진 지문이 가리키는 것을 찾는 유형이다. 공동 위험을 벗어나기 위해 이례적인 희생이나 비용이 자발적이고 합리적으로 발생하는 것은 공동해손(General Average)이다. 따라서 답은 ③번이다.

어휘 voluntarily 자발적으로 reasonably 합리적으로
property 재산 total loss 전손
particular average 단독해손 general average 공동해손
partial loss 분손

[48~49] 다음을 읽고 답하시오.

> 가장 일반적인 운송 서류는 선하증권이다. 선하증권은 운송 회사에 의해 송하인에게 주어지는 (ⓐ 수령증)이다. 선하증권은 권리증권의 역할을 하며 지정된 항에서 누가 물품을 수령할지를 명시한다. 이는 비유통성 또는 유통성일 수 있다. ⓑ기명식 선하증권에서 매도인은 매수인에게 물품을 직접 송부한다. 이 유형의 선하증권은 보통 신용장 거래에 적합하지 않은데, 왜냐하면 이것은 (신용장 대금의) 상환에 대한 은행의 어떠한 동의도 없이 매수인이 물품의 점유를 획득하도록 하기 때문이다.

48 빈칸에 적절한 것 찾기 문제

해석 (ⓐ)에 가장 적합한 단어를 채우시오.
① 수령증   ② 증거
③ 증명   ④ 교환

해설 주어진 지문의 빈칸에 적절한 것을 찾는 유형이다. 선하증권은 운송인과 송하인의 해상운송계약의 증거서류로서, 운송회사의 화물 수령증이다. 따라서 답은 ①번이다.

어휘 document of title 권리증권   designated 지정된
non-negotiable 비유통성의
straight bill of lading 기명식 선하증권
consign 송부하다, 위탁하다   repayment 상환, 변제
possession 점유(권)

49 다른 문장 / 같은 문장 찾기 문제

해석 'ⓑ 기명식'을 대신하기에 가장 적절한 것은 무엇인가?
① 지시식   ② 기한부
③ 일람불   ④ 기명식

해설 주어진 문장과 같은 내용을 찾는 유형이다. Straight Bill of Lading과 Special Bill of Lading은 모두 기명식 선하증권을 의미한다. 따라서 답은 ④번이다.

어휘 order bill of lading 지시식 선하증권
special bill of lading 기명식 선하증권

50 빈칸에 적절한 것 찾기

해석 가장 적합한 단어로 빈칸을 채우시오.

> 적합한 법원의 국가에 대해 계약에서 침묵하고 있다면, 분쟁 당사자들은 성공 가능성이 가장 높다고 생각되는 국가의 법원 또는 자신들에게 가장 편리한 법원의 관할권을 적용하기를 요구할 수 있다. 이 관행은 (포럼 쇼핑)이라고 알려져 있다.

① 포럼 탐색
② 포럼 쇼핑
③ 법정 투어
④ 법정 참조

해설 주어진 서신의 빈칸에 적절한 것을 찾는 유형이다. 원고가 소송을 제기하는 데 있어서 다수의 국가 또는 주(州)의 재

판소 중에서 자신에게 가장 유리한 판단을 받을 수 있는 재판소를 선택하는 것을 포럼 쇼핑이라고 한다. 따라서 답은 ②번이다.

어휘 dispute 분쟁   invoke 적용하다, (법에) 호소하다
jurisdiction 관할권, 사법권

<제3과목> 무역실무

51 무역운송 / 선박의 종류와 적재방식

해설 총톤수, 순톤수에 대한 설명이다.

> ★ 더 알아보기   배수톤수
> 선체가 밀어내는 배수량으로 표시하는 톤수이며, 화물의 적재량을 산정하는 데 이용된다.

52 무역계약 / Incoterms 2010

해설 FCA 조건에서 위험과 비용의 분기점은 아래와 같다.
- 지정장소가 매도인의 영업구내인 경우에는 물품이 매수인이 제공한 운송수단에 적재되는 때
- 기타의 경우에는, 물품이 매도인의 운송수단에 실린 채 양륙 준비된 상태로 매수인이 지정한 운송인이나 제3자의 처분 하에 놓인 때

53 무역결제 / 계약이행보증

해설 계약이행보증(Performance Bond)에 관한 설명이다. 계약이행보증(Performance Bond)은 수출 계약 시 상대방의 확실한 이행을 보증하기 위하여 적립하여야 하는 보증금이나 보증서를 의미한다.

54 무역계약 / 무역계약의 성립요건

해설 착오에 의한 계약은 무효이다.

55 무역운송 / 국제복합운송

해설 복합운송이란 해상, 항공, 육상 등에서 복수의 운송방법(Mode)을 사용하여 화물을 목적지에 운송하는 것을 의미한다.

56 무역운송 / 선하증권의 수리요건

해설 선하증권의 일반적인 수리요건에는 용선계약에 따른다는 표시가 없어야 한다.

57 무역결제 / 송금결제방식

해설 COD와 CAD는 송금결제방식으로, 제3자(은행)의 개입 없이 수입자가 수출자에게 직접 물품의 대금을 결제하므로 환어음이 필요하지 않다.

58 무역계약 / 과부족 용인조건

해설 UCP 규정상 Bulk Cargo의 경우 ±5%의 과부족이 허용된다.

59 무역결제 / 회전신용장

해설 회전신용장(Revolving L/C)에 대한 설명이다.

> **★ 더 알아보기**
> - 선대신용장
>   수출자가 해당상품의 선적 전에 대금을 선지급받을 수 있도록 수권하고 있는 신용장이다.
> - 기탁신용장
>   수입자가 신용장을 개설할 때에 그 신용장에 의해 발행되는 환어음의 매입대금을 수익자(수출자)에게 지급하지 않고, 수익자 명의의 escrow 계정에 기탁하여 두었다가 그 수익자가 원신용장 개설자(수입자)로부터 수입하는 상품의 대금결제에만 사용하도록 규정한 신용장이다.
> - 토마스신용장
>   일방이 발행한 신용장의 수익자가 개설의뢰인 앞으로 일정액의 신용장을 일정기간 내에 개설하겠다는 보증서를 발행하도록 하는 조건의 신용장이다.

60 무역계약 / 매수인의 구제

해설 물품을 수령한 상태와 실질적으로 동등한 상태로 반환할 수 없는 경우에는 원칙적으로 대체품의 인도청구권을 행사할 수 없다.

61 무역계약 / Incoterms 2010

해설 a. 운송방식에 관계없이
　　 b. DAT
　　 c. DAP

62 무역계약 / 청약의 소멸사유

해설 청약의 효력 발생시기에 대해서는 도달주의 원칙이 적용되는데 청약의 철회는 청약의 효력이 발생하기 전의 상태에서 청약자가 임의로 청약의 의사 표시를 거두어들이는 것이다. 따라서 청약은 효력이 발생하지도 않았으므로 소멸사유에 해당하지 않는다.

63 무역결제 / 상업송장

해설 서명된 상업송장 3통이 제시되어야 하며, 원본여부에 대한 별도의 명시가 없는 경우에는 최소한 원본 1통과 나머지 통수의 사본 제시가 허용된다. 따라서 1통의 원본과 2통의 사본이 제시되면 된다.

64 무역운송 / 해상화물 운임

해설 운임톤(Revenue Ton)에 대한 설명이다.

65 무역보험 / 공동해손비용손해

해설 공동해손비용손해는 공동위험을 회피하기 위해 지출된 비용으로, 계약구조비용, 피난항비용, 대체비용, 자금조달비용, 정산비용 등이 있다.

66 무역계약 / 선적전검사비용

해설 매도인 → 매수인

67 무역운송 / 컨테이너 화물의 운송

해설 Forwarder's Consolidation은 포워더가 수출국의 여러 송하인의 화물을 혼재하여 수입국의 여러 수하인에게 운송하는 형태로, 수출항 CFS에서 수입항 CFS까지 CFS-CFS 방식으로 운송된다.

68 무역계약 / 무역클레임의 처리방안

해설 어느 한쪽 당사자가 심리에 출석하지 아니하거나 정하여진 기간 내에 서면상의 증거 등을 제출하지 아니하는 경우에도 중재판정부는 중재절차를 계속 진행하여 제출된 증거를 기초로 중재판정을 내릴 수 있다. 다만, 당사자 간에 다른 합의가 있거나 중재판정부가 상당한 이유가 있다고 인정하는 경우에는 그렇지 않다.

69 무역결제 / 원산지증명서

해설 원산지증명서에 수하인 정보를 기재할 경우 운송서류상의 수하인 정보와 충돌하지 않아야 한다. 다만, 신용장에서 지시식 운송서류 또는 개설은행 기명식을 요구하는 경우, 원산지증명서의 수하인으로 수익자 이외의 신용장에 기명된 어떤 자이건 기재가 가능하다.

70 무역운송 / 선하증권(B/L)

해설 수입화물선취보증서(Letter of Guarantee), 서렌더 선하증권(Surrendered B/L), 해상화물운송장(Sea Waybill)은 모두 화물의 수취를 위해 사용할 수 있는 서류들이지만, 파손화물보상장(L/I, Letter of Indemnity)은 무사고 선하증권의 발행을 요청하며, 그로 인해 발생하는 문제에 대해 모든 책임을 송하인이 부담하겠다는 각서이다.

71 무역규범 / 외국환거래법령상 무역금융 융자대상

해설 중계무역방식에 의한 물품의 수출은 무역금융 융자대상이 아니다.

> ★ 더 알아보기   무역금융 융자대상
> • D/P, D/A 방식에 의한 수출
> • 단순송금방식에 의한 수출
> • COD, CAD 방식에 의한 수출
> • 팩터링 방식에 의한 수출
> • 내국신용장(Local L/C) 또는 구매확인서에 의한 수출용 완제품 또는 원자재의 공급

72 무역결제 / 환가료

해설 출제오류로 모두 정답 처리되었다. (실제 출제된 문제는 '1) 거래금액 : USD 800,000'으로 출제됨)

73 무역결제 / 신용장 양도

해설 개설은행은 양도은행이 될 수 있다. 양도은행이란 신용장을 양도하는 지정은행을 말하며, 어느 은행에서나 이용할 수 있는 신용장의 경우에는 개설은행으로부터 양도할 수 있는 권한을 받아 신용장을 양도하는 은행을 말한다.

74 무역운송 / 운송약관

해설 Demise Clause(디마이즈약관)에 대한 설명이다.

> ★ 더 알아보기
> • Jason Clause(과실공동해손약관)
>   해상운송에서 운송인이 항해상 과실에 의해 발생한 공동해손을 화주에게 분담시킬 수 있다는 취지를 명문화한 약관이다.
> • Himalaya Clause(히말라야약관)
>   운송인보다 이행보조자(대리인, 사용인, 하청운송인 등)가 더 큰 책임을 지는 불합리한 경우를 대비해 선하증권 상 운송인의 이행보조자의 면책을 규정한 약관이다.
> • Indemnity Clause(보상약관)
>   선장이 용선자의 지시에 따름으로써 발생한 모든 손해에 대해 용선자가 선주에서 보상할 내용을 규정한 정기용선계약 상의 약관이다.

75 무역규범 / 수출실적 인정범위

해설 외화획득용 원료 등의 공급 중 수출에 공하여 지는 것으로는 내국신용장 또는 구매확인서에 의한 공급, 산업통상자원부장관이 지정하는 생산자의 수출 물품 포장용 골판지상자의 공급이 있다.

<제1과목> 영문해석

01 ①	02 ④	03 ④	04 ①	05 ④
06 ①	07 ④	08 ①	09 ②	10 ④
11 ④	12 ④	13 ②	14 ④	15 ④
16 ④	17 ③	18 ③	19 ④	20 ①
21 ②	22 ①	23 ④	24 ④	25 ④

<제2과목> 영작문

26 ①	27 ①	28 ①	29 ①	30 ①
31 ①	32 ①	33 ②	34 ①	35 ①
36 ②	37 ④	38 ④	39 ②	40 ③
41 ②	42 ④	43 ②	44 ①	45 ④
46 ③	47 ①	48 ④	49 ①	50 ①

<제3과목> 무역실무

51 ①	52 ④	53 ④	54 ②	55 ③
56 ③	57 ④	58 ④	59 ①	60 ④
61 ④	62 ④	63 ④	64 ②	65 ④
66 ④	67 ②	68 ③	69 ③	70 ④
71 ④	72 ①	73 ②	74 ④	75 ④

<제1과목> 영문해석

01 Not/True 문제

해석 Incoterms 2010에 대한 설명으로 틀린 것은 무엇인가?

① CIF: 매도인은 물품이 사전운송이 되는 동안 그 상태에 책임이 없다.

② CIF: CFR과 동일하나, 보험부보를 제외한다.

③ CPT: FCA Incoterms의 직접적인 확장이다. 이것은 계약상의 주운송 업무가 매수인에게서 매도인으로 옮겨진다.

④ CPT: 매도인은 물품들이 이전 운송인에게 인도된 이후에 선적이 이루어질 때 본선 적재 동안의 물품 상태에 책임이 없다.

해설 주어진 보기 중 틀린 것을 찾는 유형이다. CIF에서는 매도인이 본선에 물품을 적재한 때에 매수인에게 위험이 이전되므로, 매도인이 본선 적재 이전의 사전운송 중 물품 상태에 대한 책임이 없다는 것은 틀리다. 따라서 답은 ①번이다.

어휘 be responsible for ~에 책임이 있다 condition 상태
in transit 운송 중의 except for ~을 제외하고
insurance coverage 보험담보 extension 확장, 연장
contract 계약 vessel 본선, 선박 loading 적재, 선적
deliver 인도하다 carrier 운송인

02 목적/주제 찾기 문제

해석 다음 중 나머지와 다른 주제를 가지는 것은 무엇인가?

① 11월 1일까지 물품을 인도할 수 있다는 말씀을 드리게 되어 기쁘며, 귀하께서는 크리스마스 판매 기간을 위한 재고를 보유하실 수 있습니다.

② 부산에서 뉴욕까지의 정기 항해가 있기 때문에, 당사는 귀하께서 명시하신 시간 내에 물품이 귀하께 잘 도달할 수 있을 것이라고 확신합니다.

③ 당사는 그 재료의 재고를 보유하고 있으며, 귀하의 주문을 받는 대로 즉시 그것들을 선적해드리겠습니다.

④ 모든 표시 가격은 FOB 부산으로 견적이 내어졌고 신용장에 의해 결제되는 경우 25% 거래 할인 대상입니다.

해설 주어진 보기 중 다른 주제를 가진 것을 찾는 유형이다. 나머지는 주문에 대한 인도가 가능하다는 내용이므로, 견적과 할인에 대해 이야기하는 내용은 주제가 다르다. 따라서 답은 ④번이다.

어휘 regular 정기의, 정기적인 specify 명시하다
on receipt of ~을 받는 대로 list price 표시 가격, 정가
quote 견적을 내다 be subject to ~의 대상이다
letter of credit 신용장

[03 ~ 04] 다음을 읽고 답하시오.

Mr. Han께,

당사는 상기 주문이 SS Marconissa선에 선적되어 귀사에 30일 이내에 도달할 것이라는 말씀을 드리게 되어 기쁩니다.

그동안에, 당사의 은행은 관련 서류와 합의된 거래 및 수량 할인을 포함하는 미화 3,000,000달러의 환어음을 귀사의 인수를 위해 서울 HSBC로 발송하였습니다.

당사는 귀사가 화물에 매우 만족하실 것이라 확신하며 귀사의 다음 주문을 기대합니다.

행운을 빕니다.

William Cox 드림
Daffodil 컴퓨터

03 추론 문제

해석 결제방식으로 추론할 수 있는 것은 무엇인가?
① 현품인도지급방식(COD)
② 서류상환지급방식(CAD)
③ 서류지급인도조건(D/P)
④ 서류인수인도조건(D/A)

해설 주어진 서신에서 추론할 수 있는 것을 찾는 유형이다. 본 문에서 은행을 통해 서류와 환어음을 송부하였고 매수인의 인수(acceptance)를 요구하고 있으므로 서류인수인도조건(D/A) 방식이다. 따라서 답은 ④번이다.

04 Not / True 문제

해석 다음 중 밑줄 친 '관련 서류'와 가장 거리가 먼 서류는 무엇인가?
① 환어음
② 상업송장
③ 포장명세서
④ 선하증권

해설 주어진 서신을 바탕으로 적절하지 않은 것을 찾는 유형이다. 무역거래에서 수출자가 수입자에게 제시해야 하는 서류에는 선하증권, 포장명세서, 상업송장 등이 있다. 따라서 답은 ①번이다.

어휘 forward 발송하다　relevant 관련된　draft 환어음
quantity 수량, 양　acceptance 인수　consignment 화물
bill of exchange 환어음　commercial invoice 상업송장
packing list 포장명세서　bill of lading 선하증권

05 Not / True 문제

해석 다음 중 수출신용보험의 관행과 가장 거리가 먼 것은 무엇인가?
① 매수인에 의한 미지급의 재정적 비용을 보호한다.
② 수출자들이 매수인에게 경쟁력 있는 결제조건을 제공할 수 있게 한다.
③ 은행으로부터 기업운전자금대출을 얻도록 도와준다.
④ 운송 중의 물품 손상으로 인한 손실을 보호한다.

해설 주어진 보기 중 일치하지 않는 것을 찾는 유형이다. 수출신용보험은 매도인이 대금을 받지 못하여 발생되는 손실을 보상하는 보험이다. 따라서 답은 ④번이다.

어휘 export credit insurance 수출신용보험
enable ~할 수 있게 하다　competitive 경쟁력 있는
payment terms 결제조건　obtain 얻다, 획득하다
working capital loan 기업운전자금대출

06 추론 문제

해석 A는 누구인가?

> 운송서류는 물품이 제대로 운송되고 있다는 것을 보장하는 것과 A를 위해 목적지에서 물품의 점유를 청구하는 것 모두 요구된다.

① 매수인　　　　　② 매도인
③ 운송인　　　　　④ 은행

해설 주어진 지문에서 추론할 수 있는 것을 찾는 유형이다. 운송서류는 수하인이 목적지에서 운송인에게 화물의 인도를 청구할 수 있도록 한다. 매수인이 수하인이 되는 경우가 일반적이므로 답은 ①번이다.

어휘 assure 보장하다, 확인하다　properly 제대로, 적절하게
claim 주장하다, 요구하다　possession 점유, 소유(권)
destination 목적지

07 빈칸에 적절한 것 찾기 문제

해석 (A)에 들어갈 말로 가장 적절한 것은 무엇인가?

> 추가 정의 없이 "송장"을 요구하는 신용장은 (A)를 제외한 모든 유형의 송장의 제시로 충족될 것이다.

① 세관송장　　　　② 세금송장
③ 영사송장　　　　④ 견적송장

해설 주어진 지문의 빈칸에 적절한 것을 찾는 유형이다. 견적송장은 계약체결 전에 수입가격을 계산하거나 수입허가 또는 외화배정을 받기 위해서 수출자에게 견적을 요청하는 경우 송장의 형식으로 발행한 견적서이기 때문에 정식의 유효한 송장이 아니다. 따라서 답은 ④번이다.

어휘 definition 정의　customs invoice 세관송장
tax invoice 세금송장, 세금계산서　consular invoice 영사송장
pro-forma invoice 견적송장

08 Not / True 문제

해석 국제물품매매계약에 관한 UN협약(CISG)에 따르면 맞는 것은 무엇인가?

> 7월 1일에 매도인이 매수인에게 청약하였는데, 이는 2018년 9월 30일까지 유효한 것이다. 7월 15일에 매수인은 "가격이 너무 높기 때문에 귀사의 제안을 승낙할 수 없습니다"라는 서신을 보냈지만 8월 10일에 매수인은 다시 "7월 1일 자의 귀사의 이전 청약을 승낙합니다"라고 보냈다. 매도인은 매수인의 이전 거절 때문에 이 "승낙"을 처리할 수 없다고 즉시 답신했다.

① 매수인은 자신의 마지막 승낙을 주장할 수 없다.
② 매도인은 매수인의 승낙을 수용하여야 한다.
③ 청약이 유효한 한, 매수인은 그의 마지막 승낙을 주장할 수 있다.
④ 매수인은 그의 첫 번째 승낙을 철회할 수 있다.

해설 주어진 지문과 일치하는 것을 찾는 유형이다. 청약은 거절의 통지가 청약자에게 도달한 때에는 그 효력이 상실된다. 따라서 답은 ①번이다.

어휘　**valid** 유효한　**accept** 승낙하다　**rejection** 거절
　　　insist 주장하다　**accommodate** 수용하다　**withdraw** 철회하다

09　추론 문제

해석　(a)~(d)를 가장 잘 묘사한 것을 고르시오.

> (a) 당사는 뉴욕주 (b) 뉴욕은행으로 신용장 089925번 하에서 미화 35,000달러의 일람불 환어음을 발행하였고 그것을 한국 서울의 (c) 한국외환은행을 통해 매입 의뢰했습니다.
> 첨부된 사본과 같이 신용장에 필요한 모든 서류는 당사의 (d) 매입은행으로 송부되었다는 것을 유념해주시기 바랍니다.

① (a)는 신용장의 개설의뢰인이다.
② (b)는 환어음의 지급인이다.
③ (c)는 환어음의 발행인이다.
④ (d)는 뉴욕은행이다.

해설　주어진 지문에서 추론할 수 있는 것을 찾는 유형이다. 뉴욕은행으로 환어음을 발행하였다고 했으므로 환어음의 지급인은 뉴욕은행이다. 따라서 답은 ②번이다.

어휘　**draw** 발행하다, 인출하다　**draft at sight** 일람불 환어음
　　　Letter of Credit(L/C) 신용장
　　　negotiate 매입하다　**negotiating bank** 매입은행
　　　applicant 개설의뢰인　**Bill of Exchange** 환어음
　　　drawee (환어음의) 지급인　**drawer** (환어음의) 발행인

10　Not / True 문제

해석　다음 상황에서, 수출자의 요구에 가장 맞는 것은 무엇인가?

> 수출자는 매수인에게 선적서류를 직접 인도할 의향이 있지만, 매수인이 만기일에 지급하지 않는 경우 보증을 보유하기를 원한다.

① 선대신용장
② 양도가능신용장
③ 확인신용장
④ 보증신용장

해설　주어진 지문에서 맞는 것을 찾는 유형이다. 채무자의 개설 의뢰를 받은 은행이 채권자 앞으로 개설하여 채권자에게 지급을 보증하는 신용장은 보증신용장(Standby L/C)이다. 따라서 답은 ④번이다.

어휘　**shipping document** 선적서류　**retain** 보유하다
　　　Red Clause L/C 선대신용장
　　　Transferable L/C 양도가능신용장
　　　Confirmed L/C 확인신용장　**Standby L/C** 보증신용장

11　추론 문제

해석　이 최종 청구에 대해 가능한 최고 금액은 얼마인가?

> 수익자는 화환신용장의 1년의 유효기간 중 매월 미화 20,000달러를 청구할 수 있는 취소불능 화환신용장을 받았다. 그 화환신용장은 또한 회복이 누적적 기준에

의한 것임을 나타낸다. 총액의 월간 청구는 첫 번째, 두 번째, 네 번째, 다섯 번째, 그리고 일곱 번째 달 동안 이루어졌으며 이외 다른 청구는 없었다. 화환신용장 유효기간의 마지막 달에는, 수익자가 최종 선적을 하는 것으로 기대된다.

① 미화 80,000달러
② 미화 100,000달러
③ 미화 120,000달러
④ 미화 140,000달러

해설　주어진 지문에서 추론할 수 있는 것을 찾는 유형이다. 매월 2만 달러 금액을 청구할 수 있는 회전신용장(Revolving L/C)이 개설되었고, 매월 총 청구가능금액에 미달한 경우 잔액이 다음 달로 이월되는 누적적 방식이다. 총 1년의 유효기간 동안 매달 2만 달러를 청구할 수 있고, 실제 청구는 5개월에 대해 이루어졌으므로 최종 월에 나머지 7개월 × 2만 달러=14만 달러에 대한 청구를 할 수 있다. 따라서 답은 ④번이다.

어휘　**beneficiary** 수익자
　　　irrevocable documentary credit 취소불능화환신용장
　　　validity 효력, 유효성　**reinstatement** 복구, 회복
　　　cumulative 누적적의, 누적의

12　추론 문제

해석　아래는 어떤 종류의 계약인가?

> 수탁자는 판매된 물품에 대해 위탁자에게 돈을 지급하고 팔리지 않은 물품을 반환할 것이라는 합의 하에 판매를 위해 물품을 다른 사람(수탁자)에게 위탁하는 것.

① 매매계약
② 점검매매조건부청약
③ 독점대리점계약
④ 위탁판매계약

해설　주어진 지문에서 추론할 수 있는 용어를 찾는 유형이다. 지문은 상품 판매를 위탁하기 위해 상호 간 협의 사항을 작성하여 계약관계를 체결하는 위탁판매계약을 설명하고 있다. 따라서 답은 ④번이다.

어휘　**bailment** 위탁　**bailee** 수탁자　**bailor** 위탁자
　　　offer on approval 승인조건부청약　**sole agent** 독점대리점
　　　consignment contract 위탁판매계약

13　추론 문제

해석　아래는 서신에 대한 답신이다. 다음 중 이전 서신에 가장 적절한 제목은 무엇인가?

> Bespoke Solutions사에 대한 당사의 솔루션에 관심을 보여주셔서 감사합니다. 당사는 조직의 목표를 지원하기 위해 대응력 있는 솔루션을 개발하여 인상적인 실적을 보유한 선도적인 소프트웨어 개발 회사입니다. 당사는 광범위한 웹사이트 개발 솔루션을 제공합니다.
> 첨부된 것은 당사의 종합 가격표이니, 확인해주십시오.

① 승낙요청
② 견적요청
③ 구매주문
④ 선적통지

해설 주어진 서신의 이전 서신에서 찾을 수 있는 것을 추론하는 유형이다. 종합 가격표를 전달하고 있으므로, 이전 서신은 견적요청에 관한 것임을 추론할 수 있다. 따라서 답은 ②번이다.

어휘 leading 선도적인 track record 실적
responsive 대응력 있는 broad 광범위한
comprehensive 종합의, 전체의

[14~15] 다음을 읽고 질문에 답하시오.

Chapman씨께,
당사는 트랜지스터 세트의 추가 공급을 위한 귀사의 4월 15일 자 주문을 받게 되어 기쁘지만, 현재 귀사의 잔액이 미화 400,000 달러 이상인 것으로 나타나서, 당사가 추가 공급품에 대한 신용 승인을 하기 전에 귀사가 그것을 줄이실 수 있기를 바랍니다. 귀사가 당사에 빚진 금액의 절반에 해당하는 수표를 보내주실 수 있다면 감사하겠습니다. 당사는 그런 다음에 귀사가 현재 요청하신 물품들을 공급하기 위해 준비할 수 있고 귀사의 계정에 그 것들을 청구하겠습니다.
Brown Kim 드림

14 다른 문장/같은 문장 찾기 문제

해석 다음 중 밑줄 친 '청구하다'와 가장 비슷한 것은 무엇인가?
① 삭제하다
② 허락하다
③ 입금하다, 대변에 기재하다
④ 인출하다, 차변에 기재하다

해설 주어진 단어와 같은 단어를 찾는 유형이다. 외상으로 장부에 기재하다와 인출하다는 대금을 요청하다는 의미이다. 따라서 답은 ④번이다.

15 Not/True 문제

해석 다음 중 서신에 대해 가장 적절하지 않은 것은 무엇인가?
① Chapman은 Brown에게 주문했다.
② 필자는 신용(외상)제공을 연장하는 것을 꺼린다.
③ 이 서신의 행위는 미납된 이전 계정으로부터 초래되었다.
④ Brown Kim은 이번에 미납금액이 최소한 미화 200,000달러까지 줄여지기를 원한다.

해설 주어진 서신과 일치하지 않는 것을 찾는 유형이다. 미화 400,000달러인 잔액을 줄이기를 바란다고 하였고 빚진 금액의 절반에 해당하는 수표를 보내라고 하였지만 빚진 금액은 알 수 없다. 따라서 답은 ④번이다.

어휘 balance 잔액 account (거래)계정
stand at 나타나다, 보여 주다 grant 주다, 허용하다
check 수표, 청구서 charge 청구하다
remove 삭제하다, 제거하다 be reluctant to ~하는 것을 꺼리다

16 Not/True 문제

해석 다음 중 문법적으로 옳지 않은 것은 무엇인가?

> 저는 (b) 저희 계약서의 최종 버전에서 누락된 단어가 있다는 것을 (a) 알아차리게 되어 유감입니다. (c) 저는 귀하께서 그것을 한번 살펴보시기를 바라고 (d) 그것이 논쟁을 일으키기에 충분히 중대한지 결정해주시기를 바랍니다. 다시 한번, 불편함을 드려 진심으로 사과드립니다.

① (a)　　② (b)　　③ (c)　　④ (d)

해설 주어진 서신에서 틀린 것을 찾는 유형이다. 충분히 중대한지라는 의미가 되어야 하므로 big enough가 되어야 한다. 따라서 답은 ④번이다.

어휘 determine 결정하다 dispute 논쟁, 분쟁

[17~18] 다음을 읽고 질문에 답하시오.

Mr. Edwards씨께,
귀하의 회사에 완벽하지 않은 상태로 도착한 장미꽃에 대해 제게 알려주셔서 감사합니다. 귀하의 구입가 전액에 대한 환불 수표를 동봉 드립니다.
물품을 실은 당사의 배송 밴이 지난 목요일 이례적인 기온 상승과 결부되어 수리에서 예상치 못한 지연이 있어서, 귀하의 장미 꽃의 품질 저하를 유발했습니다. 당사의 사과와 이런 일이 다시 생기는 것을 예방하기 위한 조치들이 취해질 것이라는 확약을 받아들여 주시기 바랍니다.
지난 15년간, 귀중한 고객 중에 귀하를 포함할 수 있어 기뻤고, 그분들의 만족은 당사가 달성하기 위해 끊임없이 노력하는 목표입니다. 저는 귀하의 요구사항을 위해 계속해서 당사를 믿어 주시기를 진심으로 바랍니다.
Thomas Sagarino 드림

17 Not/True 문제

해석 서신에 대해 가장 맞지 않은 것은 무엇인가?
① Mr. Edwards는 오랜 고객이다.
② Thomas는 Edwards가 정당한 불평을 했다고 생각한다.
③ Mr. Edwards는 장미꽃 일부가 누락되었기 때문에 교환을 요청했다.
④ Thomas Sagarino는 공급자이다.

해설 주어진 서신에 대해 틀린 것을 찾는 유형이다. 장미꽃이 완벽하지 않은 상태로 도착했다고 했으므로, 장미꽃 일부가 누락되었다는 내용은 맞지 않다. 따라서 답은 ③번이다.

18 목적/주제 찾기 문제

해석 서신의 주요 목적은 무엇인가?
① 고객에 대한 선의
② 주문 확인
③ 손상된 물품에 대한 사과
④ 거래에 대한 감사

해설 주어진 서신의 목적을 찾는 유형이다. 장미꽃의 품질 저하를 유발한 점에 대해 사과하고 있으므로, 손상된 물품에 대해 사과하기 위한 서신이다. 따라서 답은 ③번이다.

어휘 **enclose** 동봉하다 **deterioration** 품질 저하, (가치) 하락
assurance 확약, 보증 **valued** 귀중한, 소중한
constantly 끊임없이, 계속해서 **strive** 노력하다, 애쓰다
count on ~을 믿다, ~을 확신하다 **legitimate** 정당한, 합법적인
goodwill 선의, 호의 **confirm** 확인하다 **appreciation** 감사

19 Not/True 문제

해석 다음 중 Incoterms 2010 하에서 EXW와 FCA의 차이점에 대해 가장 틀린 것은 무엇인가?
① EXW에 있어, 매도인에 의한 물품 인도의 의무가 매도인의 영업구내에서 물품을 준비하는 것으로만 제한된다.
② FCA에 있어, 수출통관을 마친 물품이 매도인에 의해 계약서에 언급된 지정되고 정의된 장소에서 운송인에게 인도된다.
③ FCA에 있어, 매수인과 매도인 사이에 상호간 동의가 있었다면, 물품의 인도는 또한 매도인의 영업구내에서 행해질 수 있다.
④ 매수인이 직접적으로든 간접적으로든, 수출 통관절차를 이행할 수 없다면, EXW 조건은 그러한 사업상 계약에서 채택된다.

해설 주어진 보기 중 틀린 것을 찾는 유형이다. EXW 조건에서는 매수인이 수출통관을 모두 이행하고 모든 비용과 위험을 부담하므로, 매수인이 수출통관을 이행할 수 없다면 EXW 조건이 채택된다는 내용은 틀리다. 따라서 답은 ④번이다.

어휘 **obligation** 의무, 책무 **premise** 부지, 구내 **cleared** 통관된
mutually 상호적으로 **export formalities** 수출 통관절차
opt 채택하다

[20~21] 다음을 읽고 질문에 답하시오.

당사는 귀사의 차변표 123번을 동봉한 5월 23일 자 서신을 받았습니다. 당사는 (a)에 의해 귀사의 지난 계정이 지급되지 않았음에 유감입니다.
이런 계정들에 대한 결제로서, 당사는 (b) 2018년 5월 말까지 귀사의 송장에 대한 미화 5,000,000달러의 수표를 동봉합니다.
당사는 귀사가 우편 회신으로 저희에게 영수증을 보내주신다면 감사히 여기겠습니다.

20 빈칸에 적절한 것 찾기 문제

해석 다음 중 (a)에 가장 적절한 것은 무엇인가?
① 실수   ② 요청
③ 신용   ④ 주문

해설 주어진 서신의 빈칸에 적절한 것을 찾는 유형이다. 실수에 의해 지난 계정이 지급되지 않아서 유감이라는 내용이 와야 적절하다. 따라서 답은 ①번이다.

21 다른 문장/같은 문장 찾기 문제

해석 (b)에 대한 한글 번역이 가장 적절한 것은 무엇인가?
① 2018년 5월 말까지 보내올 송장을 해결하기 위하여
② 2018년 5월 말까지 귀사의 송장 대금을 결제하는
③ 2018년 5월 말에 보낼 귀사의 송장에 포함시키기 위하여
④ 2018년 5월 말에 보내 주신 송장을 처리하기 위하여

해설 주어진 문장과 같은 내용을 찾는 유형이다. 'cover your invoice'는 당신의 송장 대금을 결제한다는 뜻이다. 따라서 답은 ②번이다.

어휘 **Debit Note** 차변표
cover 다루다. (대금 등을) 감당하다. (보험에) 부보하다
oblige 감사히 여기게 하다 **oversight** 실수

22 목적/주제 찾기 문제

해석 다음 중 아래 서신의 가장 적절한 목적은 무엇인가?

Alice께,

오늘 오후에 전화 주신 것과 저의 사업 개발 서비스에 대한 귀하의 관심에 감사드립니다. 귀하와 이야기를 나누고 귀하의 사업 컨셉과 Alize Catering사의 확장 계획에 대해 논의할 수 있어 좋았습니다.

저희의 유선 대화 중에 논의된 것처럼, 귀하께서는 제가 Alize Catering사를 위한 세부적인 사업 계획을 발전시키기를 바라셨습니다.
사업 계획은 운영 계획, 생산 계획, 마케팅 계획, 그리고 재정 계획에 관하여 Alize Catering사의 운영을 위한 지침을 세울 것입니다.

사업 계획의 개발을 위한 총비용은 3개월 할부로 지급되는 미화 3,000달러이고, 첫 할부 기한은 이 계약의 확인 즉시이며, 두 번째 기한은 초안 서류를 받는 즉시, 그리고 세 번째는 최종 서류의 인도 시입니다.

① 구두 계약을 확인하기 위해
② 새로운 상품에 대해 알리기 위해
③ 상품의 무료 견본을 요청하기 위해
④ 주문을 취소하기 위해

해설 주어진 서신의 목적을 찾는 유형이다. 유선 대화 중에 논의된 세부적인 사업 계획의 비용과 지급 기한을 언급하고 있으므로, 구두 계약을 확인하고 있다. 따라서 답은 ①번이다.

어휘 **expansion** 확장 **set out** 세우다. 준비하다 **guideline** 지침
installment 할부 **engagement** 계약, 약속
on receipt of ~을 받는 즉시 **verbal** 구두의

23 Not / True 문제

해석 가장 적절하지 않은 연결은 무엇인가?

> (a) 운송주선업자는 (c) 그의 고객을 대신하여 2×20′ 크기의 도하행 컨테이너를 (b) 해운 회사에 예약했다. 해운 회사 직원의 실수 때문에, 그 해운 회사는 도하행에 1×20′를 선적했고 다른 1×20′는 다른 고객들의 몇몇 컨테이너와 함께 브레머하펜행에 선적했다. 그 운송주선업자가 이 실수를 알아차렸을 때, 그 컨테이너는 이미 (d) 브레머하펜으로 가는 중이었다. 그 해운 회사는 이 컨테이너의 항로가 변경될 것임을 통지했지만 컨테이너가 도하에 도달하려면 만일 그것이 곧바로 갔을 때의 원래 운송 시간인 20일이 아닌 약 60일이 걸릴 것이다.
>
> ① (a)는 무선박운송인(NVOCC)이다.
> ② (b)는 실제 운송인(VOCC)이다.
> ③ (c)는 수출자이다.
> ④ (d)는 원래 도착지이다.

해설 주어진 문장 중 틀린 것을 찾는 유형이다. 운송업자가 컨테이너를 도하행 해운 회사에 예약했지만, 해운 회사 직원의 실수로 브레머하펜행에 선적되었다고 했으므로, 브레머하펜이 원래 도착지라는 내용은 맞지 않는다. 따라서 답은 ④번이다.

어휘 forwarder 운송업자　shipping line 해운 회사
reroute 항로를 변경하다. 다른 길로 수송하다　transit 운송
NVOCC 무선박운송인　VOCC 실제 운송인

24 다른 의도 찾기 문제

해석 다음 중 다른 것들과 의도가 다른 것은 무엇인가?
> ① 그들은 귀하의 신뢰와 귀하께서 언급하신 총액의 신용을 가질 자격이 있습니다.
> ② 그 회사는 이곳 사업 분야에서 훌륭한 명성이 자자합니다.
> ③ 귀하께서는 이 계약에서 전술한 신용을 승인하는 데 위험이 거의 없을 것입니다.
> ④ 석 달의 지연 경험 이후에, 당사는 그들로부터 신용 특권을 어쩔 수 없이 철회했습니다.

해설 주어진 보기 중 다른 의도를 가진 것을 찾는 유형이다. 회사의 신용이 높다는 내용이므로, 신용 특권을 철회했다는 내용은 의도가 다르다. 따라서 답은 ④번이다.

어휘 deserve 가질 자격이 있다. 받을 만하다　reputation 명성
grant 승인하다
be obliged to 어쩔 수 없이 ~하다. 부득이 ~하다
withdraw 철회하다　credit privilege 신용 특권

25 추론 문제

해석 다음 중 매도인이 가장 작성한 것 같지 않은 것은 무엇인가?
> ① 강화 널빤지 케이스는 귀하의 요구를 충족할 것이고 순수한 나무 케이스보다 가격이 훨씬 더 낮을 것입니다.

> ② 1파운드짜리 캔의 화학제품은 각각 24개의 캔이 들어가는 튼튼한 상자에 담겨 선적될 것입니다.
> ③ 주문의 모든 물품이 당사의 공장에서 모아질 때, 당사는 인도를 위해 그것들을 적당한 크기로 담을 것입니다.
> ④ 각 케이스의 총 용적은 80cm(길이) × 50cm(너비) × 40cm(깊이)를 초과해서는 안 됩니다.

해설 주어진 보기에서 추론할 수 없는 것을 찾는 유형이다. 제한의 내용이므로 매도인이 아닌 운송인이 작성한 운송조건 등의 일부인 것을 추론할 수 있다. 따라서 답은 ④번이다.

어휘 batten - reinforced 강화 널빤지　chemical 화학물질
carton 상자　measurement 용적

<제2과목> 영작문

[26 ~ 28] 다음을 읽고 답하시오.

> 일람불 환어음은 화물이 목적지에 도달하여 결제가 이루어질 때까지 수출자가 화물에 대한 권리를 보유하기를 원할 때 사용된다. 실제 관행에서, 해양선하증권은 수출자에 의해 배서되어 수출자의 은행을 거쳐 매수인의 은행으로 발송된다. 이는 매수인 또는 그 매수인의 국가에 의해 명시된 일람불 환어음, 상업송장, 그리고 다른 증빙서류를 수반한다. 그 외국은행은 이러한 서류를 받았을 때 매수인에게 통지한다. 환어음이 지급되자마자, 그 (A) 외국은행은 선하증권을 넘김으로써 매수인이 화물을 획득할 수 있게 한다.
> 일람불 환어음이 화물의 소유권을 양도하는 것을 제어하는 데 사용될 때에 여전히 어떤 위험이 있다. 매수인의 능력과 결제 의향이 제품이 선적되는 시점으로부터 환어음이 결제를 위해 제시되는 시점까지 변할지도 모르는데, (B).

26 Not / True 문제

해석 상기 거래를 위한 적절한 결제방식은 무엇인가?
> ① 서류지급인도조건(D/P)
> ② 서류인수인도조건(D/A)
> ③ 일람지급신용장(Sight L/C)
> ④ 기한부신용장(Usance L/C)

해설 주어진 지문에서 추론할 수 있는 결제방식을 찾는 유형이다. 수출자가 물품을 선적한 후 일람불 환어음을 발행하여 추심의뢰은행(수출자 거래은행)에 추심을 의뢰하고, 추심의뢰은행은 환어음을 추심은행(수입자 거래은행)에게 송부하여 추심을 의뢰하는 결제방식은 서류지급인도조건(D/P)이다. 따라서 답은 ①번이다.

27 추론 문제

해석 (A)는 누구인가?
> ① 추심은행　　　　　② 추심의뢰은행
> ③ 개설은행　　　　　④ 매입은행

해설 주어진 지문에서 추론할 수 있는 것을 찾는 유형이다. 수출지의 추심의뢰은행(Remitting Bank)으로부터 서류를 받은 수입지의 은행을 추심은행(Collecting Bank)이라고 하므로, 외국은행은 추심은행임을 추론할 수 있다. 따라서 답은 ①번이다.

28 빈칸에 적절한 것 찾기 문제

해석 빈칸 (B)에 가장 적절한 문장은 무엇인가?
① 매수인을 대신해서 결제하겠다는 은행약속이 없다.
② 제시은행은 매수인의 결제에 대해 책임이 있다.
③ 매도인은 제시은행에 물품을 반송하기를 요청해야 할 것이다.
④ 운송인은 매수인에게 상품의 인도를 위한 보상을 제공하도록 요청한다.

해설 주어진 지문의 빈칸에 적절한 것을 찾는 유형이다. 서류지급인도조건(D/P)방식 추심의 한 종류이므로 매수인을 대신해서 결제를 약속하는 은행은 없다는 내용이 적절하다. 따라서 답은 ①번이다.

어휘 sight draft 일람불 환어음 retain 보유하다 title 소유권, 권리
practice 관행 ocean bill of lading 해양선하증권
endorse 배서하다 invoice 상업송장 turn over 넘기다, 주다
transfer 양도하다 D/P 서류지급인도조건
D/A 서류인수인도조건 Sight L/C 일람지급신용장
Usance L/C 기한부신용장 collecting bank 추심은행
remitting bank 추심의뢰은행 issuing bank 개설은행
nego bank 매입은행 on behalf of ~을 대신해서
presenting bank 제시은행 be liable for 책임이 있는
indemnity 보상, 배상(금)

29 다른 문장/같은 문장 찾기 문제

해석 밑줄 친 부분을 대체하기에 적절하지 않은 것은 무엇인가?

> 팀 여러분께,
> 우리 회사는 동아시아 국가들에 정기 선적을 앞두고 있으므로 운송 및 보험에 대한 비용 계획을 검토할 필요가 있습니다.
> 다음 주 월요일 오전 9시에 제 사무실에서 회의가 열릴 것임을 확인해 주시기 바랍니다.
> Tony Han
> 부장

① 관습적인 ② 통상적인
③ 일반적인 ④ 시간을 지키는

해설 주어진 단어와 다른 단어를 찾는 유형이다. 정기 선적을 앞두고 있어서, 운송과 보험 비용을 검토해야 한다고 했으므로, 시간을 지킨다는 것은 맞지 않는다. 따라서 답은 ④번이다.

어휘 cost scheme 비용 계획 in relation to ~에 관하여

30 Not / True 문제

해석 다음 중 Incoterms 2010에 대한 진술 중 맞지 않는 것은 무엇인가?

> ⓐ Incoterms 2010 규칙은 물품이 판매되고 운송될 때 무역업자들을 돕기 위해 고안된 표준 선적 조건이다. ⓑ 각각의 Incoterms 규칙은, 각 당사자의 의무(예를 들어 운송, 수입과 수출 통관 등과 같은 서비스에 책임이 있는지)를 명시하고, ⓒ 매도인에게서 매수인으로 위험이 이전되는 운송 중의 지점을 명시한다. ⓓ Incoterms 규칙에 동의하고 매매계약에 그것들을 포함시킴으로써, 매수인과 매도인은 각 당사자 의무와, 멸실 및 손상 또는 다른 작은 사고의 경우에 책임이 어디에 놓이는지에 대한 정확한 이해에 도달할 수 있다.

① ⓐ ② ⓑ ③ ⓒ ④ ⓓ

해설 주어진 보기 중 틀린 것을 찾는 유형이다. Incoterms 2010 규칙은 물품매매거래의 당사자들 간의 인도 위험 비용, 운송, 보험, 수출입통관 등에 대한 의무를 규정하고 있으므로 "표준선적조건"이라는 표현은 적합하지 않다. 따라서 답은 ①번이다.

어휘 specify 명시하다 clearance 통관 incorporate 포함시키다
be obliged to 의무를 부담하다 in event of ~의 경우에
mishap 작은 사고

[31～32] 다음을 읽고 답하시오.

> Mr. Cho께,
>
> 당사는 귀하의 성함을 F. Lynch & Co. Ltd사의 선임바이어인 Mr. L. Crane (A) 전달받았고, 그분께서는 당사가 그들의 청구서를 90일 환어음으로 결제할 수 있도록 요청하셨습니다.
> 귀하께서 이 회사가 만기일에 즉각적으로 결제하는지, 거래에서 미화 50,000달러까지의 신용을 (B)하기에 충분히 견실한지 확인해주시면 감사하겠습니다.
>
> 정보에 대해 미리 감사드립니다.

31 추론 문제

해석 Mr. Cho는 가장 누구인 것 같은가?
① 신용조회인 ② 매도인
③ 중개인 ④ 지급인

해설 주어진 서신에서 추론할 수 있는 것을 찾는 유형이다. 회사가 만기일에 결제를 잘하고 있는지 등을 묻고 있으므로, Mr. Cho는 신용조회인임을 알 수 있다. 따라서 답은 ①번이다.

32 빈칸에 적절한 것 찾기 문제

해석 빈칸 (A)와 (B)에 맞는 단어를 채우시오.
① ~에 의해 - 충족하다
② ~로부터 - 채우다

③ ~에 의해 - 승인하다

④ ~로부터 - 허락하다

해설 주어진 서신의 빈칸에 적절한 것을 찾는 유형이다. (A)에는 수동태 표현의 대상과 함께 오는 전치사 by가 와야 하고, (B)는 신용(외상거래)을 충족하기에 충분히 견실하다는 의미이므로, 각각 '~에 의해', '충족하다'라는 내용이 와야 적절하다. 따라서 답은 ①번이다.

어휘 chief 선임의　settle account 청구서를 결제하다　Bill of Exchange 환어음　promptly 즉시　sound 견실한, 견고한　credit (외상거래를 위한) 신용　referee 신용조회인　drawee 지급인

33 빈칸에 적절한 것 찾기 문제

해석 다음 중 아래 빈칸에 가장 적절한 단어는 무엇인가?

> 팩토링회사들은 자본을 확보하고 현금 유동성을 개선하기 위해 유동적이고 비용 효율적인 방법을 제공한다. 팩토링은 미지급 송장들에 대한 자금을 제공함으로써 사업체가 자금을 모으고 현금 유동성에 도움을 주도록 하는 (인보이스 금융)의 한 형태이다. 은행들은 그런 다음 대금 결제를 추적(추심)하는 시간과 번거로움을 아끼면서, 당신을 위해 고객으로부터 대금을 회수한다. 대금이 회수되면 은행은 합의된 수수료를 제외한 송장가격의 잔액을 지급한다.
>
> ① 환어음 금융　　　② 인보이스 금융
> ③ 주문 서비스　　　④ 당좌대월 서비스

해설 주어진 지문의 빈칸에 적절한 것을 찾는 유형이다. 인보이스 금융이란 기업으로부터 매출 채권을 매입하여 이를 바탕으로 자금을 빌려주는 제도로, 기업이 상거래 시 현금 대신 받은 매출 채권을 신속히 현금화할 수 있도록 하는 단기 금융 제도이다. 따라서 답은 ②번이다.

어휘 free up 확보하다　cash flow 현금 유동성　hassle 번거로움　overdraft 당좌대월

[34~35] 다음을 읽고 답하시오.

> Herr Kim께,
>
> 당사는 2월 15일 연례 만찬에 당신을 초대하고 싶으며, 당신이 우리의 초청 연사 중 한 분이 되어 주실지 궁금합니다.
>
> 올해 저희의 주제는 '미화의 영향'이며, 이것이 수출회사에 어떤 영향을 끼치는지에 대한 당신의 분야에서의 공헌을 잘 알고 있습니다.
>
> 당신이 연설을 하실 수 있으신지 가능한 한 빨리 알려주시기 바랍니다.
> 당신과 손님을 위한 공식 초청장이 (A).

34 다른 문장/같은 문장 찾기 문제

해석 밑줄 친 부분이 가장 잘 쓰인 것은 무엇인가?

① 당신이 우리의 초청 연사 중 한 분이 되어 주실지 궁금합니다.

② 당신이 우리의 초청 연사 중 한 분이 되실지 의심스럽습니다.

③ 당신이 우리의 연사 중 한 분으로 받아들여질 것을 원합니다.

④ 질문은 우리의 주 연사 중 한 분으로서 당신의 수락에 대한 것입니다.

해설 주어진 문장과 같은 내용을 찾는 유형이다. 주어진 부분과 같은 의미가 되어야 하므로, 초청 연사가 되어 줄 수 있는지 여부를 묻는 내용의 보기가 적절하다. 따라서 답은 ①번이다.

35 빈칸에 적절한 것 찾기 문제

해석 빈칸 (A)에 가장 맞는 것은 무엇인가?

① 동봉된 것을 발견하실 것입니다.

② 첨부된 것은 우리의 파일입니다.

③ 당신은 꺼내실 수 있습니다.

④ 당신이 서명할 수 있다면 감사하겠습니다.

해설 주어진 서신의 빈칸에 적절한 것을 찾는 유형이다. 초청 연사로 초대하고 싶다고 했으므로, 공식 초대장이 동봉된 것을 발견할 것이라는 내용이 와야 적절하다. 따라서 답은 ①번이다.

어휘 contribution 공헌, 기여

36 빈칸에 적절한 것 찾기 문제

> (ⓑ) 해손이 순전히 돌발적이고 예측하지 못한 손해인 반면, (ⓐ) 해손은 임의적이고 의도적인 손해이다.
> (ⓒ) 해손은 전적으로 화주에게 귀속된다.
> (ⓓ) 해손에서는 모든 화주들에 의해 손해가 나누어질 것이다.

	ⓐ	ⓑ	ⓒ	ⓓ
①	공 동	단 독	공 동	단 독
②	공 동	단 독	단 독	공 동
③	단 독	공 동	공 동	단 독
④	단 독	공 동	단 독	공 동

해설 주어진 지문의 빈칸에 적절한 것을 찾는 유형이다. 단독해손은 피보험 위험에 의해서 불의에 발생되는 것이고 손해를 입은 자가 단독으로 부담하는 손해인 반면, 공동해손은 공동의 안전을 위해 고의적이고 합리적으로 이례적인 공동해손 행위를 취하는 과정에서 발생하는 공동손해를 말하며 이해당사자가 공동으로 부담하는 손해이다. 따라서 답은 ②번이다.

어휘 average loss (분손인) 해손　voluntary 임의적인, 자발적인　deliberate 의도적인　purely 순전히　accidental 돌발적인　unforeseen 예측하지 못한　fall upon ~의 책임이다　entirely 전적으로　cargo 화물

37 Not / True 문제

해석 협회적하약관 ICC(B)와 협회적하약관 ICC(C) 간 차이점이 아닌 것은?

① ICC(B)와 ICC(C) 간 유일한 차이점은 ICC(B)는 적하보험증권하에서 담보되는 추가 위험이다.

② ICC(C)는 시장에서 이용 가능한 최소담보 적하보험증권이다.

③ ICC(B)는 선박, 배, 선창, 운송수단, 컨테이너 혹은 저장 공간으로의 해수 및 호수나 강물의 침입에 의해 초래된 보험의 목적에 대한 손해나 손상을 담보하지만 ICC(C)는 그렇지 않다.

④ ICC(B)는 공동해손희생에 의해 초래된 보험의 목적에 대한 손해나 손상을 담보하지만 ICC(C)는 그렇지 않다.

해설 주어진 보기 중 틀린 것을 찾는 유형이다. ICC(C)는 ICC(B)와 마찬가지로 공동해손을 보상한다. 따라서 답은 ④번이다.

어휘 cargo insurance 적하 보험
subject - matter insured 피보험 목적물, 보험의 목적
conveyance 운송수단
general average sacrifice 공동해손희생 손해

[38~39] 다음을 읽고 질문에 답하시오.

> 당사의 모델명 HW-118에 대해 문의하는 3월 20일 자 귀사의 서신에 매우 감사드립니다.
> (a) 당사는 첨부한 가격표와 같이, 최적의 가격과 조건으로 견적을 내었습니다. (b) 당사는 귀사를 위해 특별 가격으로 견적을 내었으니 귀하와 거래하고자 하는 당사의 열의를 알아보실 것이라 믿습니다.
> 사실상, (d) 올해 초 원자재 가격이 비싸진 (c) 이래로 당사는 가격을 인상해야만 할지도 모릅니다. 그러므로, 당사는 귀하께서 지체 없이 (e) 하시기를 요청드립니다.

38 Not / True 문제

해석 다음 중 문법적으로 틀린 것은 무엇인가?

① (a)　　② (b)　　③ (c)　　④ (d)

해설 주어진 서신에서 틀린 것을 찾는 유형이다. 올해 초 이래로라는 의미가 되어야 하므로 from을 since로 고쳐야 한다. (전치사 from은 early this year과 함께 쓸 수 없어 since로 고쳐야 함) 따라서 답은 ④번이다.

39 빈칸에 적절한 것 찾기 문제

해석 다음 중 빈칸 (e)에 가장 잘 맞는 답은 무엇인가?

① 이월 주문을 하다.

② 첫 주문을 하다.

③ 대량 주문을 받다.

④ 대량 주문을 받다.

해설 주어진 지문의 빈칸에 적절한 것을 찾는 유형이다. 원자재 가격이 비싸진 이래로 가격을 인상해야만 할지도 모른다고 했으므로, 지연 없이 첫 주문을 하기를 요청한다는 내용이 와야 적절하다. 따라서 답은 ②번이다.

어휘 quote 견적을 내다, 매기다　egearness 열의, 간절함
do business with ~와 거래하다　backorder 이월 주문
bulk order 대량 주문　volume order 대량 주문

---

40 다른 문장 / 같은 문장 찾기 문제

해석 다음 문장과 같은 의미를 가지는 것은 무엇인가?

> 선적은 매도인의 통제를 넘어서는 상황을 제외하고, 계약서에 규정한 기간 내에 이루어져야 한다.

① 선적은 예외 없이 기간 내에 이루어져야 한다.

② 매도인이 약속된 자재를 확보하지 못한다면, 선적은 나중에 이루어지도록 허용된다.

③ 불가항력의 상황에서 매도인은 선적의 지연에 책임이 없다.

④ 매수인은 매도인이 어떠한 양해를 요구하든지 무시할 것이다.

해설 주어진 문장과 같은 내용을 찾는 유형이다. 매도인의 통제를 넘어서는 상황이란 천재지변, 전쟁 등의 불가항력을 의미한다. 따라서 답은 ③번이다.

어휘 force majeure 불가항력　excuse 양해, 변명

---

41 다른 문장 / 같은 문장 찾기 문제

해석 다음 문장과 가장 유사한 것은 무엇인지 답을 고르시오.

> 늦어도 10월 10일 이전까지의 선적

① 10월 10일 이후 어느 때이든 선적

② 선적은 10월 10일까지 이루어져야 한다.

③ 선적은 10월 10일에 이루어져야 한다.

④ 선적은 10월 10일 이후이다.

해설 주어진 문장과 같은 내용을 찾는 유형이다. 늦어도 10월 10일 이전까지 선적이 되어야 한다는 것은 10월 10일까지 이루어져야 한다는 것이다. 따라서 답은 ②번이다.

어휘 not later than ~이전에

---

42 빈칸에 적절한 것 찾기 문제

해석 빈칸을 가장 적절한 답으로 채우시오.

> 귀사의 주문 번호 HW-07133에 관하여, 당사는 귀사께 제품이 선적 준비를 마쳤다는 것을 알려드리게 되어 기쁩니다.
> 그러한 단기의 통지에 불구하고, 당사는 귀사께서 요구하신 인도 기한을 지키기 위해 특별한 노력을 기울였다는 점을 유념해 주시기 바랍니다.
> 당사 제품의 훌륭한 품질과 패셔너블한 디자인이 귀사의

고객들에게 충분한 만족을 줄 것이라 믿습니다. 귀사의 (선적지시서)를 받아볼 수 있도록 해주시기 바랍니다.

① 이 주문에 대한 견적서
② 신용장
③ 가능한 한 빠른 송장
④ 선적지시서

해설 주어진 서신의 빈칸에 적절한 것을 찾는 유형이다. 선적지시서는 수출업체가 항만업체에 선적업무를 대행시킬 때에 제출하는 화물 반출·선적사항을 기재한 의뢰서이고, 제품 선적 준비를 마쳤다고 하였다. 따라서 답은 ④번이다.

어휘 quotation 견적서 letter of credit 신용장
shipping instruction 선적의뢰서

[43~46] 다음 중 영어로 가장 부적절한 번역은 무엇인가?

43 다른 문장/같은 문장 찾기 문제

① 선적되어 온 것을 풀어보고 당사는 제품이 귀사의 견본과 품질이 동등하지 않다는 것을 발견하였습니다.
→당사가 선적된 것을 풀어보는 동안에, 당사는 제품의 품질이 귀사의 견본과 동일하지 않다는 것을 깨달았습니다.
② 이 지연으로 말미암아 당사는 큰 불편을 겪었습니다. 더 이상 지연되면 당사는 판매 기회를 많이 놓친다는 점을 이해해 주십시오.
→이 지연은 당사에 큰 불편을 초래했습니다. 인도가 더 미뤄진다면 귀사는 그것들을 판매할 많은 기회를 잃게 될 것이라는 점을 이해해 주십시오.
③ 귀하께서 당사의 클레임의 타당성을 인정하실 수 있도록 동봉한 견본을 조사해 주시기 바랍니다.
→동봉된 견본을 조사하여 귀사가 당사의 클레임의 타당성을 인정하시기를 요청드립니다.
④ 이 문제를 해결하기 위하여 귀사가 생각하고 있는 할인액을 알려주시기 바랍니다.
→이 문제를 해결하는 데 귀사가 고려하고 있는 할인액을 기꺼이 듣겠습니다.

해설 주어진 문장과 다른 내용을 찾는 유형이다. 불편은 disconvenience가 아닌 inconvenience를 사용하며, 이 지연으로 말미암아 당사는 판매 기회를 잃게 될 것이라고 하였으므로, 'you would lose much of your chance'가 아닌 'We would lose much of our chance'가 적절하다. 따라서 답은 ②번이다.

어휘 disconvenience 부적합. 부조화 put off 미루다
reasonableness 타당성 allowance 할인액 settle 해결하다

44 다른 문장/같은 문장 찾기 문제

① 당사는 영국에 거래처가 없으므로 귀사께서 당사가 이 특수 분야의 영업을 할 수 있는 기회를 얻도록 협력해 주신다면 감사하겠습니다.
→당사는 영국에 거래처가 없으므로, 귀사께서 당사가 이 특정 분야의 영업을 할 수 있는 기회를 가지도록 만들어주실 수 있는 모든 도움에 매우 감사할 것입니다.
② 우리들 상호의 이익을 도모하기 위하여 빠른 시일 내에 귀사와 거래를 시작하기를 바랍니다.
→우리들 상호의 이익을 도모할 것이라고 확신하는 귀사와 곧 거래할 수 있기를 바랍니다.
③ 당사는 서울에 위치한 무역회사로 세계의 주요 무역 중심지에 지점들을 두고 있으며 광범위하고 다양한 상품을 취급하고 있습니다.
→당사는 세계의 주요 무역중심지에 지점들을 둔 서울의 무역회사로 다양한 제품을 광범위하게 다루고 있습니다.
④ 당사는 일반 상품. 기계류 및 장비의 수출입상으로 20년이 넘는 역사를 가지고 있습니다.
→당사는 우리 업계에서 일반 상품, 기계류와 장비를 취급하는 수출입상으로서 20년이 넘는 자랑스러운 역사를 가지고 있습니다.

해설 주어진 문장과 다른 내용을 찾는 유형이다. 전치사 in 다음에는 명사 형태가 와야 하므로, 'let'이 아닌 'letting'이 와야 한다. 따라서 답은 ①번이다.

어휘 enter into 시작하다 equipment 장비. 용품

45 다른 문장/같은 문장 찾기 문제

① 보증에 대한 정보도 받아보고 싶습니다.
→당사는 또한 보증에 대한 정보를 받아보는 데에도 관심이 있습니다.
② 귀하의 주문품을 오늘 신속히 항공 속달편으로 발송하였습니다.
→당사는 오늘 항공 속달편으로 귀하의 주문품을 즉시 발송하였습니다.
③ 선적이 지연된 이유는 최근 오클랜드 항구 직원들의 파업 때문입니다.
→선적 지연은 최근 오클랜드 항구 직원들의 파업 때문입니다.
④ 거듭된 시도에도 불구하고, 귀사로부터 아무런 답변도 받지 못했습니다.
→반복된 시도에도 불구하고, 귀사로부터 답변을 받을 수 없었습니다.

해설 주어진 문장과 다른 내용을 찾는 유형이다. '~하지 못하다'라는 표현은 be unable to이다. 받지 못했다라는 과거형이 와야 하므로, 'have unable to'가 아닌 'were unable to'가 와야 한다. 따라서 답은 ④번이다.

어휘 warranty 보증 promptly 신속히 air express 항공 속달편
strike 파업 attempt 시도

46 다른 문장/같은 문장 찾기 문제

① 귀사가 2개월 전 당사에 공급한 배터리에 문제가 있었습니다.

→ 귀사가 2개월 전에 당사에 공급한 배터리에 문제가 있었습니다.

② 당사 기록을 철저하게 검토한 결과, 추가 금액이 실수로 청구된 것이 확실합니다.

→ 당사의 기록을 철저하게 조사한 결과, 실수로 추가 금액이 청구되었다는 것을 확신합니다.

③ 귀사의 22-A01번 주문에 대한 청구서를 보내드린 지 2주가 되었습니다.

→ 당사가 귀사의 22-A01번 주문에 대한 청구서를 보내드린 지 2주가 되었습니다.

④ 사무실 책상과 의자 품목의 사진을 보내주시겠습니까?

→ 사무실 책상과 의자 품목의 사진을 보내주시는 것이 괜찮으실까요?

해설 주어진 문장과 다른 내용을 찾는 유형이다. 청구서를 보내드린 지 2주가 되었다는 뜻이 되어야 하므로 'was'가 아니라 'has been'이 와야 하며, 'have sent'가 아니라 'sent'가 와야 한다. 또한, 'billing'은 청구서의 발행 행위를 의미하므로 청구서를 의미하는 'bill'이 와야 한다. 따라서 답은 ③번이다.

어휘 thorough 철저하게   billing 청구서 발행(행위)

47 다른 문장/같은 문장 찾기 문제

해석 밑줄 친 부분과 같은 의미를 가지지 않은 것을 고르시오.

> 결제가 되지 않은 경우, 당사는 유감스럽지만 부도에 대해 소송절차를 시작할 수밖에 없습니다.

① 협상을 재개하다.   ② 법적 절차를 밟다.
③ 고소하다.   ④ 소송을 제기하다.

해설 주어진 문장과 다른 내용을 찾는 유형이다. 소송절차를 시작하는 것과 협상을 재개하는 것은 다른 내용이다. 따라서 답은 ①번이다.

어휘 have no choice but to ~할 수밖에 없다
proceedings (소송)절차   dishonor (어음의) 부도
resume 재개하다   sue 고소하다
bring an action 소송을 제기하다

48 Not/True 문제

해석 환적에 대한 설명으로 가장 적절하지 않은 것은 무엇인가?

① 환적은 보통 송하인과 수하인의 국가 간에 직접적인 항공, 육지 또는 해상 연결이 없는 곳에서 이루어진다.
② 예정된 입국항이 차단된 경우 환적할 수 있다.
③ 물품이 컨테이너로 운송되지 않는 한, 신용장 업무에서 환적이 허용되지 않는다.
④ 환적은 운송품의 피해율을 낮춘다.

해설 주어진 설명 중 틀린 것을 찾는 유형이다. 환적 시에 화물이 손상을 입을 확률이 증가한다. 따라서 답은 ④번이다.

어휘 transhipment 환적   consignor 송하인   consignee 수하인
containerise 컨테이너로 수송되다

49 추론 문제

해석 밑줄 친 부분이 의미하는 것은 무엇인가?

> 원인 거래는 신용장의 개설의뢰인과 수익자 사이의 거래이다. 신용장은 원인 거래와 관계없다고 여겨진다.

① 매매계약   ② 운송계약
③ 협상계약   ④ 결제조건

해설 주어진 지문에서 추론할 수 있는 것을 찾는 유형이다. 신용장은 매매계약과는 독립된 별개의 거래라는 독립성의 원칙을 가지고 있다. 따라서 답은 ①번이다.

어휘 deal 거래   account party 개설의뢰인
independent of ~와 관계없이

50 빈칸에 적절한 것 찾기 문제

해석 빈칸에 적절한 것은 무엇인가?

> 매입을 다루는 방법 중 하나는 수출자가 신용장에 제시된 조건에 불일치하는 서류에 대해 (유보부매입) 함으로써 매입은행에서 할인을 받을 수 있다는 것이다.

① 유보부매입   ② 포페이팅
③ 팩터링   ④ 확인

해설 주어진 지문의 빈칸에 적절한 것을 찾는 유형이다. 수출자가 제시한 서류에 하자가 있더라도 개설은행에서 지급 거절 시 매입은행에 상환을 전제로 매입하는 것으로, 유보부매입이 와야 적절하다. 따라서 답은 ①번이다.

어휘 negotiating bank 매입은행   exporter 수출자
discrepant 불일치한   present 제시하다
documentary credit 화환신용장

<제3과목> 무역실무

51 무역결제/양도가능신용장

해설 양도가능신용장의 양도는 1회에 한하여 허용되며, 제2수익자의 요청에 의해 그 이후 수익자로의 재양도는 불가능하다.

52 무역계약/Incoterms 2010

해설 'Provision of Goods in Conformity with the Contract'는 Incoterms 2010상 매도인의 의무가 아니다.

53   무역계약 / 계약체결지법

해설   계약체결지법에 대한 설명이다.

54   무역결제 / 계약이행보증

해설   Performance Bond(계약이행보증서)에 대한 설명이다.

55   무역결제 / 환가료

해설   환가료＝매입금액 × 매매기준율 × 환가요율
           × 추심일수/360
         ＝3,600,000 × 1,000/100 × 2/100 × 128/360
         ＝256,000원

56   무역운송 / 헤이그–비스비 규칙

해설   헤이그–비스비 규칙상 운송인은 상당한 주의 의무를 다하였다는 것만 입증하면 면책된다.

57   무역운송 / 선하증권의 법적 성질

해설   금전증권은 선하증권의 법적 성질에 해당하지 않는다.

58   무역결제 / 신용장

해설   신용장에 의해 발행되는 환어음의 만기가 "at 90 days after sight"라면 'Usance Credit'이 된다.

59   무역결제 / 신협회적하약관

해설   General Average(공동해손)에 해당하지 않는 사고일 경우, 화주가 손해를 보상받을 수 있는 해상적하보험조건은 ICC(A)와 ICC(B)이다.

60   무역운송 / 해상운임

해설   THC(Terminal Handling Charge)는 터미널화물처리비로, 해상운임에 포함되어 있는 것이 아닌 컨테이너 화물의 추가운임이다.

61   무역계약 / 무역클레임의 처리방안

해설   중재조항과 같은 분쟁해결조항을 계약이 무효가 된 경우에도 유효하게 효력이 유지된다.

62   무역결제 / Incoterms 2010

해설   FAS 조건에서 매도인은 본선이 외항에 정박하고 있을 때 본선이 있는 곳까지의 부선료(Lighterage)를 부담하여야 한다.

63   외국환거래법 / 내국신용장

해설   내국신용장은 개설의뢰인을 지급인으로 하고 개설은행을 지급장소로 하는 일람출급환어음이어야 한다.

64　무역계약 / 매수인의 구제

해설　추가기간설정권은 매도인과 매수인 모두 청구할 수 있는 구제권이므로, 매수인은 매도인의 의무이행을 위한 추가기간을 지정할 수 있다.

65　무역계약 / 품질의 결정방법

해설　점검매매에 대한 설명이다.

> ★ 더 알아보기　점검매매(Sales by Inspection)
> • 매수인이 상품을 직접 점검하고 구매여부를 결정하는 방식으로, 보세창고도(BWT)조건 거래나 현물상환지급방식(COD) 거래 등에서 사용될 수 있다.
> • 또한, 신상품 판매활동이나 신시장 개척 시 견본승인 조건부청약(Offer on Approval)을 할 경우 주로 사용된다.

66　무역결제 / Incoterms 2010

해설　Incoterms 2010 중 EWX, DDP 규칙을 제외한 나머지 규칙에서는 수출통관은 매도인이, 수입통관은 매수인이 한다.

67　무역계약 / 수량조건

해설　Square는 넓이를 측정할 때 사용하는 수량단위이다.

68　무역운송 / 해상화물 운임

해설　Lump-Sum Charge(총괄운임)는 선복 또는 항해를 단위로 하여 포괄적으로 적용하는 운임으로, 용선자는 공적운임에 대해서도 계약운임의 전액을 지급해야 한다.

69　무역결제 / Incoterms 2010

해설　Incoterms 규칙은 매매대금이나 그 지급 방법, 물품의 소유권 이전이나 계약위반에 따른 결과에 대한 내용도 다루지 않는다. 이런 문제는 당해 매매계약상 명시된 규칙이나 그 준거법에 따라 처리된다.

70　무역운송 / 컨테이너운송

해설　운송주선인은 집단 선하증권(Master B/L)을 근거로 운송주선인은 개별화주에게 혼재 선하증권(House B/L)을 발급해 줄 수 있다.

71　무역결제 / 해상운송

해설　은행은 비록 신용장의 조건에 의해 용선계약서의 제시가 요구되더라도 용선계약서를 심사하지 않는다.

72　무역계약 / 개별계약과 포괄계약

해설　개별계약서에는 단가 등을 명기하고, 포괄계약서에는 청약 및 주문의 방식 등이 명기되어야 한다. 만약 포괄계약과 개별계약이 서로 모순될 경우 개별계약의 내용이 우선한다.

73　무역결제 / 신용장

해설　ⓛ ⓒ ⓜ은 리네고(재매입)가 발생할 수 있는 신용장이다.
　　ⓐ Sight Payment는 직접 돈을 수령하는 일람지급방식으로, 리네고(재매입)가 발생하지 않는다.
　　ⓔ "Available with / by Any Bank(모든 은행) by Negotiation"은 자유매입 신용장으로, 자유매입 신용장은 매입은행에 아무런 제한이 없고, 리네고(재매입)가 발생하지 않는다.

74　무역운송 / 해상화물 운임

해설　입체지불 수수료(Disbursement Fee)에 대한 설명이다.

> ★ 더 알아보기
> • THC(Terminal Handling Charge)
> 항공화물이 수출 및 수입통관을 위하여 항공사 직영의 보세장치장에 반입되었을 때 화주들에게 부담시키는 화물조작료이다.
> • CFS Charge
> LCL화물을 CFS에서 혼적 또는 분류하는 데 발생하는 비용이다.
> • Documentation Fee(서류발급비)
> 선적 서류와 관련하여 서류 작성에 따른 비용으로, 선사에서 선하증권(B/L) 및 화물 인도지시서(D/O) 발급 시 소요되는 행정 비용을 보전하기 위해 부가하는 비용이다.

75　무역계약 / 청약의 요건

해설　청약의 요건에는 '1인 이상의 특정인에 대한 의사표시', '계약의 내용을 결정할 수 있을 정도의 사항을 포함하는 구체적·확정적 의사표시', '승낙이 있는 경우 이에 구속된다는 의사표시'가 있다.

<제1과목> 영문해석

01 ③	02 ②	03 ④	04 ④	05 ④
06 ①	07 ④	08 ①	09 ①	10 ①
11 ④	12 ④	13 ②	14 ④	15 ②
16 ④	17 ②	18 ④	19 ④	20 ②
21 ③	22 ①	23 ④	24 ③	25 ③

<제2과목> 영작문

26 ①	27 ①	28 ①	29 ①	30 ①
31 ①	32 ②	33 ①	34 ③	35 ④
36 ①	37 ①	38 ④	39 ③	40 ④
41 ④	42 ③	43 ①	44 ①	45 ②
46 ①	47 ④	48 ②	49 ④	50 ③

<제3과목> 무역실무

51 ④	52 ④	53 ③	54 ①	55 ④
56 ③	57 ③	58 ①	59 ④	60 ②
61 ④	62 ④	63 ①	64 ③	65 ③
66 ①	67 ①	68 ④	69 ④	70 ②
71 ④	72 ④	73 ②, ③	74 ④	75 ③

<제1과목> 영문해석

01 Not / True 문제

해석 "선착순판매조건부오퍼"와 관련된 것은 무엇인가?
① 2018년 9월 30일까지 회신을 받는 조건부로 귀사에 확정오퍼를 함을 기쁘게 생각합니다.
② 당사의 최종확인조건부로 귀사에 아래 물품들을 오퍼를 함을 기쁘게 생각합니다.
③ 재고잔류조건부로 귀사에 아래 물품들을 오퍼하여 기쁩니다.
④ 2018년 9월 30일까지 회신을 받는 조건부로 귀사에 아래 물품들을 오퍼하여 기쁩니다.

해설 주어진 보기 중 적절한 것을 찾는 유형이다. 선착순판매조건부오퍼는 당해 물품의 재고가 남아 있는 경우에 한하여 계약이 성립되는 방식이다. 따라서 답은 ③번이다.

어휘 offer subject to prior sale 선착순판매조건부오퍼
confirmation 확인

02 다른 의도 찾기 문제

해석 다른 것들과 다른 주제를 다루는 것은 무엇인가?
① 당사는 현금(결제) 기반으로만 공급할 준비가 되어있을 것입니다.
② 당사의 공장은 일주일에 3만 개를 만들어 낼 수 있는 시설이 없습니다.
③ 당사가 제조하는 셔츠는 한 가지 색상당 12개 단위로 판매됩니다. 당사가 개인용 의류를 결코 판매하지 않는 것은 유감입니다.
④ 당사의 공장은 자를 수 없는 30미터짜리 롤로만 재료를 판매합니다.

해설 주어진 보기 중 다른 의도를 가진 것을 찾는 유형이다. 공급자의 판매 조건을 설명하는 내용으로, 생산 시설이 없다는 내용은 의도가 다르다. 따라서 답은 ②번이다.

어휘 turn something out ~을 만들어 내다   garments 의류
cut up 자르다

03 Not / True 문제

해석 비지니스 서신의 마무리 부분에 사용될 때 가장 어색한 것은 무엇인가?
① 이것이 귀사에 대한 여러 주문 중 첫 번째가 되기를 희망합니다.
② 이것이 당사에게 만족스럽게 완료된다면 추가 주문을 할 것입니다.
③ 판매 목표가 달성되면, 당사는 가까운 장래에 추가 주문을 할 것입니다.
④ 카펫은 포장되어야 하며, 마모를 방지하기 위해 양 끝의 포장은 보강되어야 합니다.

해설 주어진 보기 중 적절하지 않은 것을 찾는 유형이다. 비지니스 서신의 마무리는 다음 거래를 기약하는 내용이 적합하므로, 포장 관련 요청사항을 전달하는 내용은 적합하지 않다. 따라서 답은 ④번이다.

어휘 reinforce 보강하다, 강화하다   wear 마모, 손상

04 다른 의도 찾기 문제

해석 다른 것들과 다른 주제를 가진 것은 무엇인가?
① 크리스마스 판매 기간을 위해 11월 초 이전에 제품이 인도되어야 하는 것은 필수적입니다.

② 2월 28일 이전의 인도는 이 주문의 확고한 조건이며, 당사는 그 이후에 인도된 제품을 거절할 권리가 있습니다.

③ 매장의 개점이 4월 초에 계획되어 있으므로, 3월 말 이전에 작업을 완료할 수 있는지 확인해 주십시오.

④ 25%의 거래 할인이 매우 만족스럽다는 것을 확실히 하고 싶습니다.

해설 주어진 보기 중 다른 의도를 가진 것을 찾는 유형이다. 기한 내의 배송 조건을 설명하는 내용으로, 할인에 대한 만족을 표현하는 내용은 의도가 다르다. 따라서 답은 ④번이다.

어휘 trade discount 거래 할인, 영업 할인
satisfactory 만족스러운

05 추론 문제

해석 다음이 가리키는 것은 무엇인가?

> 선적된 물품이 송하인의 지시 또는 그의 이익에 따라 목적항이 아닌 다른 장소로 운송되는 경우, 송하인은 운임을 지불해야 할 책임이 있다.

① 부적운임　　　　　② 선복운임
③ 풋옵션 운임　　　　④ 반송운임

해설 주어진 지문이 무엇인지 추론하는 유형이다. 원래의 목적항이 아닌 다른 항으로 운송할 때 적용하는 운임은 반송운임이다. 따라서 답은 ④번이다.

어휘 port of destination 목적항　Dead freight 부적운임
Lump-sum freight 선복운임　Back freight 반송운임

06 Not/True 문제

해석 Incoterms 2010의 CIP에 대한 설명으로 틀린 것은 무엇인가?

① 매도인은 합의된 목적지로부터 물품 운송 계약을 체결하거나 조달해야 한다.

② 운송 계약은 매도인의 비용으로 통상적인 조건으로 체결되어야 하며 통상적인 항로로 관습적인 방법으로 체결되어야 한다.

③ 매도인은 자신의 비용으로 최소한 최소담보조건에 따른 적하보험을 취득하여야 한다.

④ 매수인은 수출국에 의하여 강제되는 것을 제외하고 강제적인 선적전검사에 드는 비용을 부담하여야 한다.

해설 주어진 보기 중 적절하지 않은 것을 찾는 유형이다. CIP는 매도인이 합의된 장소에서 물품을 자신이 지정한 운송인이나 제3자에게 인도하고 지정목적지까지 물품을 운송하는 데 필요한 계약 및 보험계약을 체결하고 그에 따른 비용을 부담하여야 하는 조건을 의미하는 것이므로, 합의된 목적지의 지점으로부터 운송계약을 체결해야 한다는 설명은 옳지 않다. 따라서 답은 ①번이다.

어휘 procure 조달하다, 입수하다　customary 관습적인
mandatory 강행적인, 법에 정해진

07 Not/True 문제

해석 Incoterms 2010에 대한 설명으로 틀린 것은 무엇인가?

① DAT는 매도인이 합의된 목적지까지 인도될 때까지 모든 운송 관련 비용과 위험을 부담하도록 요구하는데, 이는 매수인의 국가일 수 있다.

② CPT에서 해당되는 경우에 물품의 수출통관은 매도인이 하여야 한다. 그러나 매도인은 물품을 수입통관하거나, 수입관세를 지급할 의무가 없다.

③ FOB에서 매도인은 물품을 본선에 적재하여 인도하거나 이미 그렇게 인도된 물품을 조달해야 한다.

④ CIF에서 당사자들은 목적항을 명시해야 하는데, 이는 위험이 매수인에게 이전하는 곳이다.

해설 주어진 보기 중 적절하지 않은 것을 찾는 유형이다. 운임·보험료포함인도(CIF)에서 위험은 매도인이 물품을 본선에 적재한 때에 이전되지만, 매도인은 수입국 지정목적항까지 운송비를 부담하여야 하므로 목적지에서 위험이 이전하지 않는다. 따라서 답은 ④번이다.

어휘 clear 통관하다　obligation 의무　specify 명시하다

08 Not/True 문제

해석 다음 중 FCA 조건 하에서 신용장 매입을 위한 제시 시 선적서류로 적합하지 않은 것은 무엇인가?

① 선적선하증권
② 상업송장
③ 포워더의 화물수취증
④ 포장 명세서

해설 주어진 보기 중 적절하지 않은 것을 찾는 유형이다. FCA 조건에서 매도인에게는 물품인도를 증명하는 물품수령증의 인도가 요구될 뿐, 선하증권과 같은 운송서류의 인도가 요구되지는 않는다. 따라서 답은 ①번이다.

어휘 Bill of Lading 선하증권　commercial Invoice 상업송장
packing list 포장 명세서

[09~10] 다음을 읽고 질문에 답하시오.

> Mr. Merton께,
>
> Canada, Ontario, Dawson, Whale Drive 1-5에 위치한 저희의 의뢰인 Mackenzie Bros사의 주문서(R1432)를 첨부했습니다.
>
> 그들은 저희에게 주문한 그릇 60세트가 6개의 상자에, 즉 상자당 10세트씩, 포장되어야 하고, 각 상자는 개별적으로 포장되어야 하며, 상자에는 그들의 명칭, '깨지기 쉬운'과 '그릇', 그리고 번호 1-60이 분명히 표시되기를 요청했습니다.
>
> Mackenzie Bros사에 선적 또는 결제와 관련된 추가 서신을 직접 보내주시고 저희에게 상업 송장 한 부를 준비되는대로 보내주십시오.
>
> David Han

09 추론 문제

해석 Mackenzie Bros사는 누구인 것 같은가?

① 매수인 ② 매도인
③ 화물 운송주선업자 ④ 운송인

해설 주어진 지문에서 추론할 수 있는 것을 찾는 유형이다. 의뢰인인 Mackenzie Bros사가 주문한 물품에 대한 포장 조건을 나열한 것을 통해, Mackenzie Bros사는 매수인임을 추론할 수 있다. 따라서 답은 ①번이다.

10 추론 문제

해석 왜 David Han은 상업 송장 사본을 원하는가?

① 추후에 Mackenzie Bros사에 청구할 대행 수수료를 계산하기 위해
② 물건을 공급한 후 Mr. Merton에게 대행 수수료를 요청하기 위해
③ 의뢰인을 위해 기록을 보관하기 위해
④ 그의 고객에 대한 수입세를 계산하기 위해

해설 주어진 보기에서 추론할 수 있는 것을 찾는 유형이다. David Han은 자신이 대리인이라고 하였으므로, Mackenzie Bros사에 청구할 대행 수수료를 계산하기 위함임을 추론할 수 있다. 따라서 답은 ①번이다.

어휘 principal (위임계약의) 본인, 의뢰인 crockery 그릇 crate 상자
fragile 깨지기 쉬운 correspondence 서신
commercial invoice 상업 송장
freight forwarder 화물운송주선업자 commission 수수료

11 Not/True 문제

해석 CISG에 따르면 매도인의 의무가 아닌 것은?

① 물품의 인도
② 인도 관련 서류의 교부
③ 물품의 소유권 이전
④ 도착 후의 물품 검사

해설 주어진 지문에서 틀린 것을 찾는 문제이다. CISG는 매수인의 검사의무를 규정하고 있는데 매수인은 그 사정에 따라 실행가능한 단기간 내에 물품을 검사해야 한다. 따라서 답은 ④번이다.

어휘 hand over 인계하다 property 소유권

12 추론 문제

해석 다음이 가리키는 것은 무엇인가?

> 통상적으로 관세(부과) 목적으로 특정 외국에서 요구되는 문서로, 특정 물품이 수출국에서 제조, 가공 또는 생산된 국가를 증명한다.

① 상업송장 ② 환어음
③ 선하증권 ④ 원산지증명서

해설 주어진 지문에서 추론할 수 있는 것을 찾는 유형이다. 거래되는 물품의 수출국에서 생산, 제조되었음을 증명하는 서류는 원산지증명서이며, 수입국에서 협정관세의 적용이나 수입물품의 관리를 위해 제출을 요구한다. 따라서 답은 ④번이다.

어휘 tariff 관세 certify 증명하다 manufacture 제조하다
process 가공하다 Certificate of Origin 원산지증명서

13 Not/True 문제

해석 CISG에 규정된 구제권리 중 맞지 않는 것을 고르시오.

① 매수인은 물품의 부적합이 본질적 계약위반에 해당할 경우에만 대체품 인도를 청구할 수 있다.
② 매수인은 물품의 부적합이 본질적 계약위반에 해당할 경우에만 물품의 하자보완을 요구할 수 있다.
③ 물품의 불인도가 본질적 계약위반에 해당할 경우, 매수인은 계약해제를 선언할 수 있다.
④ 매수인은 물품의 부적합이 본질적 계약위반에 해당하지 않을 때에도 손해 배상을 청구할 수 있다.

해설 주어진 보기 중 틀린 것을 찾는 유형이다. 매수인의 하자보완권은 물품의 부적합이 본질적 계약위반에 해당하는지와 관계없이 행사할 수 있다. 따라서 답은 ②번이다.

어휘 remedy 구제권리 regulate 규정하다
CISG 국제물품매매계약에 관한 국제연합협약
delivery of substitute goods 대체품 인도
fundamental breach of contract 본질적 계약위반
avoidance of contract 계약해제
claim for damage 손해 배상을 청구하다

14 Not/True 문제

해석 UCP 600 하에서 화환신용장에 대한 다음 설명 중에 옳은 것은 무엇인가?

① 개설은행이 지급할 수 없는 경우에도 통지 은행에 대하여 집행할 수 있는 약정이다.
② 개설은행이 지급하기를 꺼리는 경우에도 개설의뢰인에 대하여 집행할 수 있는 약정이다.
③ 개설은행이 지급하고자 하는 경우에도 지정은행에 대해 집행할 수 있는 보증이다.
④ 확인은행이 지급을 꺼리는 경우에도 개설은행에 대하여 집행할 수 있는 취소 불능한 약정이다.

해설 주어진 보기 중 맞는 것을 찾는 유형이다. 신용장은 일치하는 제시에 대해 결제하겠다는 개설은행의 확약이다. 따라서 답은 ④번이다.

어휘 documentary credit 화환신용장
issuing bank 개설은행 advising bank 통지은행
enforceable 집행할 수 있는 undertaking 약정
nominated bank 지정은행 confirming bank 확인은행
irrevocable 취소 불능의

15 Not / True 문제

해석 다음 중 지시식 선하증권에 대해 옳지 않은 것은 무엇인가?

① 유통 가능한 운송서류이다.
② "to order"로 발행된 경우 매수인이 배서할 수 있다.
③ 화물은 선하증권이 배서된 당사자에게만 이전될 수 있다.
④ 발급된 원본 중 적어도 1통이 제시된 때 화물이 인도될 수 있다.

해설 주어진 보기 중 맞지 않는 것을 찾는 유형이다. 지시식 선하증권은 수하인란에 특정 수하인명이 기재되지 않고 "to order"와 같이 지시인이 기재되지 않은 경우 별도의 배서가 요구되지 않는다. 따라서 답은 ②번이다.

어휘 order B/L 지시식 선하증권
negotiable 유통 가능한, 양도 가능한
transfer 양도하다, 넘겨주다   endorse 배서하다
surrender 넘겨 주다, (서류 등을) 제출하다

16 Not / True 문제

해석 UCP 600에 따르면, 다음 중 양도된 화환신용장에서 감액되거나 단축될 수 있는 조건이 아닌 것은 무엇인가?

① 신용장의 금액
② 모든 단가
③ 최종 선적일
④ 보험부보가 되어야 하는 비율

해설 주어진 보기 중 맞는 것을 찾는 유형이다. UCP 600에 따르면 양도된 신용장은 원 신용장의 조건을 그대로 반영하여야 한다. 단, 신용장의 금액, 단가, 유효기일, 제시를 위한 기간, 최종선적일 또는 주어진 선적기간 중 일부 또는 전부는 감액되거나 또는 단축될 수 있다. 또한 보험부보가 이행되어야 하는 비율은 신용장 또는 UCP에 규정된 부보 금액을 충족시킬 수 있도록 증가될 수 있다. 따라서 답은 ④번이다.

어휘 curtail 단축시키다, 삭감하다   documentary credit 화환신용장
unit price 단가

17 Not / True 문제

해석 환어음에 대해 옳은 것은 무엇인가?

(a) 국제무역에서만 사용된다.
(b) 환어음(Draft)은 환어음(Bill of Exchange)의 또 다른 이름이다.
(c) 지급보증으로 사용된다.
(d) 매입신용장상의 지급인은 개설의뢰인이다.

① (a)　　② (b)　　③ (c)　　④ (d)

해설 주어진 보기 중 맞는 것을 찾는 유형이다. Bill of Exchange와 Draft는 모두 환어음이라는 의미이다. 따라서 답은 ②번이다.

어휘 Bill of Exchange 환어음   draft 환어음
payment guarantee 지급보증   drawee 지급인
negotiation L/C 매입신용장   applicant 개설의뢰인

[18~19] 다음을 읽고 질문에 답하시오.

> Mr. Brown께,
> 7월 5일 자 귀하의 문의에 대해 대단히 감사드리며, 귀하가 당사의 제품에 관심이 있다는 소식을 듣게 되어 기쁩니다.
> 귀하의 서신에서, 귀하는 정가보다 5% 할인된 특별 가격을 요구하셨습니다. 당사의 제품에 대한 귀하의 관심에는 감사하지만, 당사는 이미 가격을 가능한 한 최저로 낮추었으며, 이 물건들은 이 가격으로 다른 곳에서는 구할 수 없다는 점을 언급해야겠습니다.
> 하지만, 만일 한 번에 10만 개 이상으로 귀하의 주문을 늘릴 준비가 되셨'다면', 요청하신 대로 수량 할인 5%를 해드릴 수 있음을 알려드립니다.
> Mike Son

18 Not / True 문제

해석 '만일 ~라면'과 의미가 유사하지 않은 것은 무엇인가?

① ~에도 불구하고
② ~라면
③ 만약 ~라면
④ ~일 때

해설 주어진 보기 중 맞지 않는 것을 찾는 유형이다. 'in case'는 '만일 ~라면'이라는 의미인 반면, 'in spite'는 '~에도 불구하고'라는 의미를 가지고 있다. 따라서 답은 ①번이다.

19 Not / True 문제

해석 서신에 대해 가장 적합한 것은 무엇인가?

① Mr. Brown은 Mike Son에게 가격을 인상할 것을 요청했다.
② 글쓴이는 Mr. Brown의 청약을 승낙한다.
③ Mike Son은 매수인이다.
④ Mike Son은 수량 할인을 제안한다.

해설 주어진 지문에 대해 맞는 것을 찾는 유형이다. 서신의 글쓴이이자 매도인인 Mike Son은 가격 할인을 요청한 매수인 Mr. Brown에게 주문 수량을 늘리면, 수량 할인을 해줄 수 있다며, 수량 할인을 제안하고 있다. 따라서 답은 ④번이다.

어휘 list price 정가   point out 언급하다   obtainable 구할 수 있는
volume 양, 용량

20 빈칸에 적절한 것 찾기 문제

해석 다음 단어 중 아래 빈칸에 적합하지 않은 것은 무엇인가?

> 신용장 거래에서 선하증권은 직접적으로 "지시식" 또는 보통 (ⓐ 송하인) 또는 (ⓑ 매수인)으로 지정된 당사자의 "지시식"으로 송부된다.
> "지시식" 또는 "(ⓐ 송하인)의 지시식"이라는 문구는 상품의 소유권이 적합한 (ⓓ 배서)에 의하여 여러 번 양도되는 것을 허용하는 (ⓒ "유통가능")을 의미한다.

① ⓐ 송하인
② ⓑ 매수인
③ ⓒ "유통가능"
④ ⓓ 배서

해설 주어진 지문의 빈칸에 적절하지 않은 것을 찾는 유형이다. 선하증권 내 수하인란에는 "to order"라고 기재되거나 "to order of~"로 기재되는 경우는 지시식 선하증권이 되며, 지시식 선하증권은 선의의 소지인이 배서를 통해 양도가능한 유통성의 선하증권이다. 따라서 답은 ②번이다.

어휘 letter of credit 신용장 bill of lading 선하증권
consign ~에게 보내다 designated 지정된 party 당사자
signify 의미하다 title 소유권 by means of ~에 의하여
endorsement 배서

21 Not / True 문제

해석 다음 중 서신에 대해 가장 적합하지 않은 것은 무엇인가?

> Mr. Steve께,
> 당사는 한 통당 미화 9,000달러에 "Kleenkwick" 청소용 파우더를 견적 내주신 5월 22일 자 귀하의 서신에 대해 감사하게 여기지만, 이 가격에는 주문할 수 없다는 것에 대해 유감스럽게 생각합니다. 귀사의 가격이 당사의 조건에 맞는다면, 당사는 정기적으로 대량 주문을 할 수 있습니다.
> 그러므로 귀사의 견적을 재고해주시고, 매달 최소 40통의 주문을 한다는 것에 근거하여 계산된 저렴한 가격을 제공할 수 있도록 해 주시기를 바랍니다.
> Grace Yang

① Mr. Steve는 Grace에게 이전에 견적을 보냈고, 가격이 Grace가 예상했던 것보다 약간 높다.
② Grace는 가격을 낮출 것을 요청한다.
③ Mr. Steve는 승낙할 수 없다는 것에 대해 유감을 표한다.
④ Grace는 가격이 인하되면 확정 청약을 할 것이다.

해설 주어진 서신의 내용과 맞지 않은 것을 찾는 유형이다. 서신에 따르면, Mr. Steve는 Grace에게 견적을 보냈고, 이에 대해 Grace는 해당 가격으로는 주문할 수 없다는 것에 대해 유감을 표한다. 따라서 답은 ③번이다.

어휘 be obliged for 고맙게 여기다 quote 견적을 내다
place an order 주문하다 quotation 견적
on the basis of ~에 근거하여 firm offer 확정 청약

22 추론 문제

해석 다음은 계약서 일부이다. 밑줄 친 가격 조건을 고려할 때 운송을 위해 어떤 서류가 가장 적절하겠는가?

> 명세:TV 모니터(품목 번호 123-ABS)
> 수량:2,000개
> 가격:개당 장당 미화 200달러 FCA 대전
> 목적지:뉴욕

① 복합운송선하증권
② 항공화물운송장
③ 해상선하증권
④ 내륙수로운송증권

해설 주어진 지문에서 추론할 수 있는 것을 찾는 유형이다. FCA 대전은 매도인이 화물을 대전에서 운송인에게 인도하는 조건이므로 여러 가지 운송수단을 사용하는 복합운송에 적합한 조건이다. 따라서 답은 ①번이다.

어휘 description 명세, 종류
multimodal transport bill of lading 복합운송선하증권
air waybill 항공화물운송장 ocean bill of lading 해상선하증권
inland waterway transport documents 내륙수로운송증권

23 Not / True 문제

해석 다음 중 Incoterms 2010의 FCA 조건 하에서 매수인의 의무로 적합하지 않은 것은 무엇인가?

① 매도인이 물품을 인도한 시점부터 물품과 관련된 모든 비용의 지불
② 매수인의 처분 하에 놓인 때 물품 인도를 수령하지 못해서 발생하는 추가 비용의 지불
③ 수입 시 통관 절차를 이행하는 비용 지불
④ 매도인의 구내에서 물품을 적재할 때 매도인에 의해 발생하는 모든 비용의 상환

해설 주어진 보기에서 적합하지 않은 것을 찾는 유형이다. FCA 조건에서는 매도인의 구내에서 인도하는 경우 매도인이 적재의무를 지므로 매수인은 매도인의 적재비용을 상환할 의무가 없다. 따라서 답은 ④번이다.

어휘 obligation 의무 incur 발생시키다
customs formalities 통관 절차 premise 구내

24 추론 문제

해석 다음과 관련된 결제 방법은 무엇인가?

> 12월 12일에 귀하께서 송장을 보내신 물품이 이곳에 도착했음을 알려드립니다. 송장 금액에 대한 결제로서 외환 은행은 선적서류와 함께 귀하의 미화 35,800달러의 일람후 120일 환어음을 인수했습니다. 그에 따라 대금은 만기일에 보내질 것입니다.

① 연지급신용장 ② 보증신용장
③ 기한부신용장 ④ 지급인도조건

해설 주어진 보기 중 적절한 것을 찾는 유형이다. 서류를 제시하고 일정 기간(일람후 120일) 후 대금을 지급받는 인수신용장을 설명하고 있으므로 이는 기한부신용장 거래이다. 따라서 답은 ③번이다.

어휘 invoice 송장(을 발행하다) settlement (대금의) 결제, (분쟁의) 해결
shipping document 선적서류 proceeds 대금
at maturity 만기일에
Deferred payment credit 연지급신용장
Usance credit 기한부신용장 D/P 지급인도조건

25 Not / True 문제

해석 다음 중 서신에 대해 가장 적합하지 않은 것은 무엇인가?

> Mr. Kirchoffer께:
>
> 당사가 귀하의 장기 연체된 계정에 주의를 환기한 것은 이번이 세 번째입니다. 지금까지 당사는 귀하의 수표도, 정중한 회신도 받지 못했습니다.
> 신용과 우호적인 관계는 상호보완적인 노력입니다. 당사는 저희의 역할을 다 한 것으로 느끼며, 공정한 사업가로서 귀하의 의무를 다 하실거라 믿겠습니다.
> 이번 주까지 수표를 보내주십시오. 그렇지 않으면 법적 조치를 취하겠습니다.
> Anthony T. Legere

① Kirchoffer의 계좌는 오래 전에 만기가 경과되었다.
② Anthony는 Kirchoffer에게 지불을 요청하는 몇 번의 독촉장을 보냈다.
③ Kirchoffer는 Anthony에게 회신했지만 수표를 보내지 않았다.
④ 이것은 추심을 위한 엄중한 최후통첩이다.

해설 주어진 지문에 대해 틀린 것을 찾는 유형이다. Anthony는 서신에서 Kirchoffer로 부터 수표도, 회신도 받지 못했다고 했다. 따라서 답은 ③번이다.

어휘 overdue 연체된, 지불 기한이 지난
complementary 상호 보완적인 count on 믿다
fair-minded 공정한 obligation 의무 reminder 독촉장, 알림
collection 추심 stern 엄중한 ultimatum 최후통첩

<제2과목> 영작문

26 추론 문제

해석 다음 비용 내역에서 매도인의 DDP 조건 하의 가격은 얼마인가? (옵션 비용 제외)

> 물품 비용:미화 100달러
> 운임:미화 10달러
> 보험:미화 5달러
> 수출 관세:미화 5달러
> 매도인의 국가에서의 터미널 처리비용:미화 5달러
> 수입 관세:미화 5달러

① 미화 125달러   ② 미화 130달러
③ 미화 120달러   ④ 미화 115달러

해설 주어진 지문에서 추론할 수 있는 것을 찾는 유형이다. DDP(관세지급인도)에서 매도인은 지정목적지에서 매수인의 처분 하에 놓이기 전까지 모든 비용과 위험을 부담한다. 따라서 DDP 가격은 물품 비용, 운송비, 수출 관세, 매도인 국가에서의 터미널 처리비용(THC), 수입 관세를 모두 합한 125달러이다. 매도인은 보험계약을 체결해야 할 의무는 없으며 주어진 조건에서 option(선택적) 비용은 제외한다고 했으므로 보험비용은 제외한다. 따라서 답은 ①번이다.

어휘 THC 터미널 처리비용

[27~28] 다음을 읽고 답하시오.

> Mr Couper께,
>
> 상기 주문은 완료되었고 부산으로 보내져서 7월 6일에 런던으로 출항하여 7월 30일에 도착할 SS 아리랑선에 적재되기를 기다리고 있습니다. 필요 서류가 준비되면 여기 (A) 서울은행으로 송부하겠으며, 그들이 추심을 위해 런던 HSBC로 그것들(서류)을 송부할 것입니다.
> 당사는 물품이 귀하의 지시사항(에 따라) 포장되었는지 확인하기 위해 특별히 주의를 기울였습니다. 6개의 상자에는 귀하의 이름이 표시되어 있습니다. 추가 정보가 필요하시면, 연락주시기 바랍니다.
> Peter Han

27 추론 문제

해석 결제방식으로 D/A가 채택된다면 (A) 서울은행의 역할은 무엇인가?
① 추심의뢰은행
② 통지은행
③ 추심은행
④ 확인은행

해설 주어진 보기에서 추론할 수 있는 것을 유형이다. D/A방식(서류인수인도조건)에서는 서울은행은 수출국의 은행이며 추심에서 수출국의 은행은 추심의뢰은행의 역할을 한다. 추심의뢰은행은 추심은행(수입자 거래은행)에 서류를 송부하여 추심을 의뢰한다. 따라서 답은 ①번이다.

28 빈칸에 적절한 것 찾기 문제

해석 빈칸을 적합한 단어로 채우시오.
① ~에 따라
② ~에 관하여
③ ~을 참고로 하여
④ ~으로

해설 주어진 서신의 빈칸에 적절한 것을 찾는 유형이다. 물품이 지시사항에 따라 포장되었는지 확인했다는 내용이 문맥에 맞다. 따라서 답은 ①번이다.

어휘　**load** 적재하다　**collection** 추심
Remitting Bank 추심의뢰은행　**Advising Bank** 통지은행
Collecting Bank 추심은행　**Confirming Bank** 확인은행
as per ∼에 따라

29　빈칸에 적절한 것 찾기 문제

해석　어떤 단어가 빈칸에 가장 잘 맞는가?

> Simon Lee께,
>
> 저는 앞으로 몇 달 안에 귀사에 상당한 주문을 할 예정입니다.
>
> 아시다시피, 지난 2년 동안 저는 귀사에 많은 주문을 했으며 신속하게 지불했으므로, 이것이 귀사에 저의 평판을 쌓았기를 바랍니다. 그럼에도 불구하고, 필요하다면, 저는 기꺼이 (신용조회처)를 제공하겠습니다.
> 가능하다면, 분기별 명세서(에 대한) 지불로 3개월마다 미래의 계정을 정산하고 싶습니다.

　① 신용 – ∼를 위해
　② (신용)조회처 – ∼에 대한
　③ 신용 – ∼에 대한
　④ 채무 – ∼로 부터

해설　주어진 서신의 빈칸에 적절한 것을 찾는 유형이다. 지난 2년 동안 신용을 쌓았지만 필요하다면 신용조회처를 제공하겠다는 내용이 문맥상 적절하다. 또한, 분기(3개월)에 한 번씩 결제하겠다는 내용이 적절하다. 따라서 답은 ②번이다.

어휘　**settle** (대금을) 결제하다　**establish reputation** 평판을 쌓다
quarterly 분기별의　**statement** 명세서

30　추론 문제

해석　다음 할증료의 명칭은 무엇인가?

> 일반적인 운임 이외에, 자국의 통화와 운임이 지불되는 미국 달러의 환율 변동으로 인한 환차손을 보상하기 위해 운송회사에 의해 추가할증료가 부과된다.

　① 통화할증료
　② 유류할증료
　③ 인플레이션 할증료
　④ 통화할증료

해설　주어진 지문에서 추론할 수 있는 용어를 찾는 유형이다. 환차손을 보상하기 위해 부과되는 추가할증료는 CAF(currency adjustment factor)이다. 따라서 답은 ①번이다.

어휘　**apart from** ∼이외에　**additional** 추가의　**surcharge** 할증료
levy 부과하다, 징수하다　**fluctuation** 변동

[31∼32] 다음을 읽고 질문에 답하시오.

> 저는 여기 인기 있는 (제품)으로 판명된 'SleepAid' 침대 7개의 추가 1555번 주문서를 동봉하였고, 평소대로 송장에 대해 결제할 것입니다. 하지만, 추후 귀사가 저에게 월별 명세서로 지불하게 할 것인지 궁금한데, 이것이 저에게 더 편하기 때문입니다. 저희는 얼마 동안 서로를 대해 왔으므로, (사후송금) 방식을 기반으로 하여 거래하는 것에 동의해주시기를 바랍니다.

31　추론 문제

해석　밑줄 친 'on invoice'가 의미하는 것은 무엇인가?

　① 현금으로 결제
　② 일람불 신용장으로 결제
　③ 일람불 환어음으로 결제
　④ 사후송금으로 결제

해설　주어진 지문에서 추론할 수 있는 것을 찾는 유형이다. on invoice 즉 인보이스에 대해 결제하겠다는 의미는 각각의 개별 주문마다 발행되는 인보이스에 대해 건별로 결제하겠다는 것이며, 송금방식 주로 이용된다. 따라서 답은 ①번이다.

32　빈칸에 적절한 것 찾기 문제

해석　빈칸을 적절한 단어로 채우시오.

　① 제품 – 에스크로계정
　② 제품 – 사후송금
　③ 오퍼 – 에스크로계정
　④ 안건 – 사후송금

해설　주어진 서신의 빈칸에 적절한 것을 찾는 유형이다. 첫 번째 빈칸에는 'SleepAid' 침대를 가리키는 '제품'이 들어가야 하고, 두 번째 빈칸에는 서신에서 얼마 동안 서로 거래를 해왔다고 했고, 신뢰할 수 있는 당사자 간 사용하는 방식으로, 거래대금을 당장 결제하지 않고, 외상거래에 의한 사후송금 방식으로 결제할 수 있을지 문의하고 있다. 따라서 답은 ②번이다.

어휘　**enclose** 동봉하다　**invoice** 송장　**line** 제품(군)
open account(O/A) 사후송금　**agenda** 안건, 의제

[33∼34] 다음을 읽고 질문에 답하시오.

> Mr Cooper께,
>
> 당사는 귀하께 10월 21일과 11월 14일 두 차례, 상기 계정에 관해 서신을 보냈는데, 이는 현재 미화 3,541.46달러의 미지불 잔액이 있으며 동봉된 송장 사본으로 구성되어 있습니다. 당사는 잔액이 왜 결제되지 않고 있는지 설명하는 답변 (또는) 송금을 3개월간 기다려왔는데, (둘 중 어느 것도) 받지 못했습니다.
> 당사는 금액을 회수하기 위해 법적 조치를 취하는 것을 꺼려하지만, 귀하는 당사에 대안을 남겨 두지 않습니다. 10일 이내에 당사가 귀하의 송금을 받지 못한다면, 당사는 변호사들에게 법적 절차를 시작하도록 지시할 것입니다.

33 빈칸에 적절한 것 찾기 문제

해석 빈칸에 가장 적절한 답을 고르시오.

① 둘 중 어느 하나 – 또는 – 둘 중 어느 것도 아니다.
② 둘 중 어느 것도 아니다 – ~도 아닌 – 둘 중 어느
  하나
③ 둘 중 어느 하나 – 또는 – 둘 중 어느 것도 아니다.
④ 둘 중 어느 것도 아니다 – 그리고 – 둘 중 어느 하나

해설 주어진 서신의 빈칸에 적절한 것을 찾는 유형이다. 서신의 문맥상 답변이나 송금 중 하나라도 받기를 기다렸는데, 둘 중 어느 것도 받지 못했다는 내용이 적절하다. 'either A or B'는 'A 또는 B 둘 중 하나'라는 의미이고, 'neither'는 '둘 중 어느 것도 – 아니다'라는 의미이다. 따라서 답은 ①번이다.

34 추론 문제

해석 글쓴이는 왜 '송장 사본'을 동봉했는가?

① 이중 결제를 요청하기 위해
② 송장 사본이 송장 원본보다 더 잘 증명한다.
③ 이전에 보냈던 송장 원본을 뒷받침하기 위해
④ 송장 사본이 송장 원본보다 비용을 더 절약해준다.

해설 주어진 서신에서 추론할 수 있는 것을 찾는 유형이다. 서신에서 글쓴이는 이미 두 차례 청구서에 대해 서신을 보냈다고 했으므로, 이전에 보냈던 송장 원본을 뒷받침하기 위해 송장 사본을 동봉했음을 추론할 수 있다. 따라서 답은 ③번이다.

어휘 account 계정, (외상)거래 outstanding 미지불된
balance 잔액 clear 결제하다, 해결하다 remittance 송금
reluctant 꺼리는, 주저하는 recover 회수하다
solicitor 변호사 proceeding (법적) 절차
back up 뒷받침하다

35 빈칸에 적절한 것 찾기 문제

해석 빈칸을 적절한 단어로 채우시오.

파손화물보상장은 운송회사가 무사고 선하증권을 발행할 것을 유도할 목적으로 물품 송하인에 의해 증기선회사에 발행되고, 달리 명시하지 않는 경우, 이 문서는 보증의 형태로서 역할을 하는데, 그것으로 인하여 송하인은 무사고 선하증권의 발행으로부터 발생한 선하증권의 (소지인)에 의한 선사에 대한 클레임에 대해 보상하는 것을 합의한다.

① 운송인   ② 양도인
③ 송하인   ④ 소지인

해설 주어진 지문의 빈칸에 적절한 것을 찾는 유형이다. 파손화물보상장은 무사고 선하증권 발행을 요청하며, 그로 인해 발생하는 문제에 대하여 모든 책임을 송하인이 부담하겠다는 각서이다. 따라서 답은 ④번이다.

어휘 Letter of Indemnity 파손화물보상장 carrier 운송인
clean bill of lading 무사고 선하증권 inducement 유도, 유인
whereby 그것으로 인하여 issuance 발행
grantor 양도인 consignor 송하인
claim against ~을 상대로 (손해배상 등의) 클레임을 제기하다

36 추론 문제

해석 이것은 무엇인가?

이것은 마약 밀매와 같은 범죄를 통해 얻은 돈을 숨기기 위한 범죄를 묘사할 때 사용되는 용어이다.

다시 말해, 강탈, 내부 거래, 마약 밀매 그리고 불법 도박과 같은 특정 범죄를 통해 얻은 돈은 '더럽다.'

① 자금 세탁
② 사기
③ 불법 투자
④ 비정상적 송금

해설 주어진 지문에서 추론할 수 있는 것을 찾는 유형이다. 범죄를 통해 얻은 돈을 숨기는 것이라고 했으므로 자금 세탁에 대한 내용임을 알 수 있다. 따라서 답은 ①번이다.

어휘 offence 범죄 conceal 숨기다 drug trafficking 마약 밀매
extortion 강탈 insider trading 내부 거래 laundering 세탁
remittance 송금

37 다른 문장 / 같은 문장 찾기 문제

해석 한국어 뜻에 대한 영어 작문으로 틀린 것을 고르시오.

당사의 정보에 따르면, 해당 상사는 제때에 채무를 변제하고 있습니다.

① 당사의 정보에 따르면, 그들은 시간을 엄수하여 신용을 지키고 있습니다.
② 당사의 정보에 의하면, 그들은 시간을 엄수하여 채무를 이행하고 있습니다.
③ 당사의 기록에 따르면, 그들은 시간을 엄수하여 의무를 이행하고 있습니다.
④ 당사의 정보에 의하면, 그들은 시간을 엄수하여 의무를 이행하고 있습니다.

해설 주어진 문장과 다른 의미를 찾는 유형이다. 제때에 채무를 변제하고 있다고 했으므로, 시간을 엄수하여 신용을 지키고 있다는 것은 다른 내용이다. 따라서 답은 ①번이다.

어휘 punctually 시간을 엄수하여 As far as ~에 관한 한
meet one's liabilities 채무를 이행하다
commitment (재정적) 의무, 이행 약속
meet one's obligation 의무를 이행하다

38 Not / True 문제

해석 포페이팅에 관한 다음 진술 중 옳지 않은 것은 무엇인가?

① 수출자가 할인된 가격으로 채권을 포페이팅 회사에 판매함으로써 현금유동성을 확보할 수 있도록 돕는다.

② 포페이팅은 광범위한 무역 관련 및 순수 금융 채권에 적용될 수 있다.

③ 포페이팅은 국제 거래와 국내 거래 모두에 적용될 수 있다.

④ 포페이팅 계약 하에서 100% 자금 조달이 매도인에 대한 상환청구와 함께 이루어진다.

해설 주어진 보기 중 틀린 것을 찾는 유형이다. 포페이팅방식(Forfaiting)이란 현금을 대가로 채권을 포기 또는 양도한다는 것을 뜻하는 것으로, 수출거래에 따른 환어음이나 약속어음을 수출자에게 상환청구 없이 고정이자율로 할인 매입하는 금융기법을 말한다. 따라서 답은 ④번이다.

어휘 cash flow 현금유동성 receivable 채권
a wide range of 광범위한, 다양한 domestic 국내의
financing 자금 조달 recourse 상환청구(권)

39 Not / True 문제

해석 UCP 600에 대한 다음 진술 중 옳지 않은 것은 무엇인가?

① UCP 600 규정은 자발적으로 계약에 포함되며 신용장이 금융(조달)을 위해 사용되는 경우 무역 금융 계약에서 구체적으로 기술되어야 한다.

② UCP 600에 수반하는 것은 ISBP이며, 이는 문서가 신용장 조건에 일치하는지 여부를 이해하는 데 도움을 준다.

③ UCP 600 규정은 보증 신용장을 제외한 모든 화환 신용장에 적용된다.

④ UCP 600에 의해 개설되고 규율되는 신용장은 UCP 600에 포함된 전체 조항에 따라 해석될 것이다. 그러나 규정에 대한 예외는 명시적인 수정 또는 제외를 통해 적용될 수 있다.

해설 주어진 보기 중 틀린 것을 찾는 유형이다. UCP 600은 화환신용장과 적용 가능한 경우 보증신용장에도 적용된다. 따라서 답은 ③번이다.

어휘 outline 기술하다, 약술하다
accompaniment 수반하는 것, 부속물
comply with 일치하다, 준수하다
documentary credit 화환신용장
standby letter of credit 보증 신용장 in line with ~에 따라
article 조항 express 명시적인 modification 수정

40 Not / True 문제

해석 Incoterms 2010을 고려할 때, 다음 문장 중 아래의 경우에 대해 옳지 않은 것은 무엇인가?

> "CIF, Long Beach, California Incoterms 2010" 규칙으로 캘리포니아 롱비치로 운송하기 위해 영국 Felixstowe에서 인수된 물품을 고려하시오.

① 매도인은 롱비치로 화물을 준비하고 운송료를 지불할 것이다.

② 매도인은 수출 통관 절차를 준비하고 비용을 지불할 것이다.

③ 매수인은 수입국 내 그의 구내로의 내륙 운송을 준비하고 비용을 지불할 것이다.

④ 롱비치에서 운송인에게 물품이 인도되면 위험은 매도인으로부터 매수인에게로 이전될 것이다.

해설 주어진 보기 중 틀린 것을 찾는 유형이다. CIP조건에서 위험의 분기점은 매도인이 물품을 운송계약을 체결한 운송인에게 합의된 기일 또는 기간 내에 인도한 때이므로 Felixstowe에서 위험이 이전된다. 따라서 답은 ④번이다.

어휘 freight 운임 clearance 통관

41 흐름에 맞지 않는 문장 찾기 문제

해석 다음 중 무엇이 가장 적합하지 않은가?

> 오늘 당사가 받은 견직물의 견본과 가격표에 대해 감사드립니다. (a) 그것들을 검사할 때 직물과 마감 모두에 있어서의 귀사 제품의 우수성을 알았지만, (b) 귀사의 가격이 이탈리아 원산지 것들에 비해 상당히 높다는 것을 말해야겠습니다.
> 당사는 (d) 귀사의 표시 가격의 5% 할인가가 부여되면 귀사와 (c) 거래할 가능성이 거의 없음을 유감으로 생각합니다.

① (a)   ② (b)   ③ (c)   ④ (d)

해설 주어진 서신에서 흐름에 맞지 않는 문장을 찾는 유형이다. 문맥상 가격의 '5% 할인가가 부여되지 않으면 거래할 가능성이 없다'는 내용이 나와야 하는데, 부정의 의미인 unless와 not이 동시에 쓰여서 이중 부정 즉 긍정의 의미인 '5% 할인가가 부여되면'이라는 의미가 되었다. "unless five percent discount off your list prices is granted" 또는 "if five percent discount off your list prices is not granted."이 와야 흐름에 맞다. 따라서 답은 ④번이다.

어휘 silk fabrics 견직물 material 직물 list price 표시 가격

42 빈칸에 적절한 것 찾기 문제

해석 다음 단어들 중 아래 빈칸에 적합하지 않은 것은 무엇인가?

> Incoterms 규칙을 사용하는 가장 흔한 실수 중 하나는 "모든 운송 방식" 규칙 (ⓑ FCA) 대신에 컨테이너 화물에 (ⓐ FOB)와 같은 전통적인 "해상 및 내륙 수로만" 규칙을 사용하는 것이다. 이로 인해 수출자는 불필요한 위험에 노출되었다. 극적인 최근 사례는 2011년 3월의 일본 쓰나미였는데, 이는 센다이 컨테이너 터미널을 파괴했다. 발송을 기다리는 수백 건의 위탁 화물들이 파손되었다. (ⓒ FCA)를 사용하고 있던 수출자들은 피할 수 있던 손해에 대한 그들의 책임을 발견했다!
> 또 다른 흔한 실수는 매도인이 GST 또는 VAT 지불과 같이 매수인의 국가에서 필요한 모든 절차를 밟을 수 있는지 여부를 고려하지 않고 (ⓓ DDP)를 사용하려고 시도하는 것이다.

① ⓐ 본선인도(FOB)
② ⓑ 운송인인도(FCA)
③ ⓒ 운송인인도(FCA)
④ ⓓ 관세지급인도(DDP)

해설 주어진 지문의 빈칸에 적절하지 않은 것을 찾는 유형이다. 쓰나미로 인해 선적 대기 중이던 화물들이 파손되었는데, 그 손실을 피하지 못했다는 내용이므로, 수출자들이 "모든 운송 방식" 규칙인 FCA가 아닌 "해상 및 내륙 수로" 규칙인 FOB를 사용하고 있었다는 것이 적합하다. 따라서 답은 ③번이다.

어휘 containerized 컨테이너에 적입된
wreck 파괴하다, 망가뜨리다   consignment 위탁 화물, 운송물
despatch 발송   formality 절차, 형식

[43~44] 다음을 읽고 질문에 답하시오.

> Mr Cupper께,
>
> 죄송하지만, 현재로서는 귀사의 5월 9일 자 송장번호 1555번을 결제할 수 없습니다. 그 이유는 최근 폭우 이후에 당사의 창고가 침수되었고, 많은 재고품들이 손상되었거나 파괴되었기 때문입니다.
>
> 불행히도, 당사는 (보험자)로부터 보상을 받을 때까지 당사의 공급 업체 중 어느 누구에게도 대금지급을 할 수 없습니다. 그들은 4주 이내로 약속했습니다. 지불을 받자마자, 송장을 전부 정산할 것입니다.
>
> 상황을 이해해 주시기를 바랍니다.

---

43 목적/주제 찾기 문제

해석 이 서신의 주된 목적은 무엇인가?

① 부채를 결제할 시간을 더 요청하기 위해
② 공급업체가 보상금을 받지 못한 이유를 설명하기 위해
③ 미결제계정에 대한 지불을 재촉하기 위해
④ 보험 회사에 보험금을 청구하기 위해

해설 주어진 서신의 목적을 찾는 유형이다. 홍수로 인한 재고품들의 파괴로 인해 보험자로부터 보상을 받을 때까지 결제를 할 수 없으며, 보험금을 받자마자 정산하겠다고 하고 있으므로, 결제할 시간을 더 요청하고 있음을 알 수 있다. 따라서 답은 ①번이다.

---

44 빈칸에 적절한 것 찾기 문제

해석 빈칸을 알맞은 단어로 채우시오.

① 보험자
② 보험계약자
③ 검사관
④ 피보험자

해설 주어진 서신의 빈칸에 적절한 것을 찾는 유형이다. 홍수피해로 인한 재고 손실의 보상을 받는다고 하였으므로 보험자(보험회사)가 와야 한다. 따라서 답은 ①번이다.

어휘 settle 지불하다, 정산하다   stock 재고(품)
settle a debt 부채를 청산(결제)하다   compensation 보상금
chase payment 결제를 독촉하다, 추심하다
unsettled account 미결제계정
insurance policy holder 보험계약자
surveyor 검사관, 감정인   insured 피보험자

---

45 빈칸에 적절한 것 찾기 문제

해석 다음 중 아래 메시지의 빈칸에 적합한 단어의 조합은 무엇인가?

> 신용장(L/C)과 환어음(B/E)은 매수인과 매도인 간의 국제 거래를 용이하게 한다. 둘 사이의 가장 큰 차이점은 (ⓐ 신용장(L/C))은 결제 방법이고, 반면에 (ⓑ 환어음(B/E))은 결제 수단이라는 것이다.
>
> (ⓒ 신용장(L/C))은 결제를 위해 충족되어야 할 조건을 설정하며 실제 결제 자체는 아니다. 반면, (ⓓ 환어음(B/E))은 매도인이 은행과 (ⓔ 환어음(B/E))을 할인하여 결제 받을 수 있는 결제 수단이다. 만기에 (ⓕ 환어음(B/E))은 거래가 가능한 유통 가능한 지불 수단이 되고 (ⓖ 환어음(B/E)) 소지인 (매수인 또는 은행 중 어느 한 쪽)은 결제를 받게 된다.

	ⓐ	ⓑ	ⓒ	ⓓ	ⓔ	ⓕ	ⓖ
①	L/C	B/E	FCL	L/C	B/E	B/E	L/C
②	L/C	B/E	L/C	B/E	B/E	B/E	B/E
③	B/E	L/C	L/C	B/E	B/E	B/E	L/C
④	B/E	L/C	B/E	L/C	B/E	B/E	B/E

해설 주어진 빈칸에 적절한 것을 찾는 유형이다. 신용장은 일치하는 서류제시와의 상환으로 수출자에 대금지급을 약속하는 조건부 지급확약서로, 결제 방법(mechanism)이지만, 실제 결제 자체는 아니다. 환어음은 발행인이 지급인에게 대금을 청구하는 결제 수단이다. 따라서 답은 ②번이다.

어휘 letter of credit(L/C) 신용장   bill of exchange(B/E) 환어음
facilitate 용이하게 하다   mechanism 방법, 절차
instrument 수단, 도구   discount (어음을) 할인하다
maturity 만기

46 빈칸에 적절한 것 찾기 문제

해석 알맞은 표현으로 빈칸을 채우시오.

> 귀하의 1555번 주문품은 급행 철도 화물로 보내지고 있
> 으며 내일 9시 이후에 인도될 수 있습니다.
> 동봉된 것은 051202번 탁송 화물 운송장인데, 이는 인
> 도 시 제시되어야 합니다. 문제가 발생하면 바로 당사에
> 연락 주셔야 합니다.
> 주문해주셔서 감사 드리며, 장차 (더 도와드릴 일이 있
> 기를) 바랍니다.

① 더 도와드릴 일이 있기를
② 문제가 곧 해결되기를
③ 향상된 신용 한도를
④ 연장된 신용 기간을

해설 주어진 지문의 빈칸에 적절한 것을 찾는 유형이다. 주문품
을 발송하였고, 문제가 발생하면 연락 달라고 했으므로, 장
차 더 도울 일이 있기를 바란다는 내용이 와야 내용상 적절
하다. 따라서 답은 ①번이다.

어휘 rail-freight 철도 화물   consignment note 탁송 화물 운송장
sort out 해결하다, 처리하다
allowance 허락된 금액, 공제/할인액

47 빈칸에 적절한 것 찾기 문제

해석 각각의 빈칸에 틀린 단어를 고르시오.

> 환어음은 (ⓐ 발행인)으로 불리는 제1당사자의 서면
> 지시를 의미하며, (ⓑ 지급인)(은행과 같은)으로 불리
> 는 제2당사자에게 (ⓒ 수취인)으로 불리는 제3자에게
> 금전을 지불할 것을 지시한다. 발행인에 의해 서명된,
> (ⓓ) 또는 확정된 때에 지불해야 하는, 확정된 금액의
> 총액을 지불하라는 지시

① ⓐ 발행인
② ⓑ 지급인
③ ⓒ 수취인
④ ⓓ 장래

해설 주어진 지문의 빈칸에 적절하지 않은 것을 찾는 유형이다.
환어음은 발행인이 수취인에게 요구불(일람불), 또는 일정
한 날짜에 일정한 금액을 지불할 것을 지급인에게 위탁하
는 어음을 말하는 것이므로 (ⓓ)에는 요구불을 의미하는
'On Demand'가 들어가는 것이 적절하다. 따라서 답은
④번이다.

어휘 draft 환어음   party 당사자
payable 지불해야 하는, 지불할 수 있는   drawer 발행인
drawee 지급인   payee 수취인

48 흐름에 맞지 않는 문장 찾기 문제

해석 (a)~(d)에서 틀린 부분을 고르시오.

> (a) 좌초란 해안이나 물가에서 배의 표류, 주행, 또는 돌
> 아다님을 의미한다. (b) 이 용어는 (c) 조수의 상승과 하
> 락으로 인해 (b) 장애물에 부딪치거나, 단순한 물밑에 살
> 짝 스치며 나아가는 것 또는 교사를 포함한다. (d) 선박
> 은 상당한 시간 동안 튼튼하고 빨라야 한다.

① (a)   ② (b)   ③ (c)   ④ (d)

해설 주어진 지문에서 흐름에 맞지 않는 문장을 찾는 유형이다.
좌초는 선박의 밑부분이 암초 또는 해저에 닿아서 움직일
수 없게 된 상태를 의미한다. 따라서 답은 ②번이다.

어휘 stranding 좌초   drifting 표류   strand 물가, 해변
bump 부딪치다   bar 장애물
touch and go (배 따위가) 물밑에 살짝 스치며 나아가다
ground 교사(배가 얕은 여울에 걸리는 것)   tide 조수
appreciable 상당한

49 빈칸에 적절한 것 찾기 문제

해석 빈칸 (ⓐ)와 (ⓑ)를 알맞은 단어로 채우시오.

> 보험증권이 피 보험재산의 가치의 범위를 명시하는 경
> 우, 증권은 (ⓐ 기평가보험증권)이라고 하며 보험증권
> 이 보험의 목적을 표시하거나 선언하지 않는 경우, 증권
> 을 (ⓑ 미확정 보험증권)이라고 한다.

① ⓐ 미확정보험증권, ⓑ 기평가보험증권
② ⓐ 기평가보험증권, ⓑ 기간보험증권
③ ⓐ 미평가보험증권, ⓑ 기평가보험증권
④ ⓐ 기평가보험증권, ⓑ 미확정보험증권

해설 주어진 지문의 빈칸에 적절한 것을 찾는 유형이다. 보험가
액을 미리 정하여 체결된 보험은 기평가보험증권이라고 하
고, 보험의 목적, 보험금액 등 보험계약의 내용, 명세가 확
정되지 않은 채로 개괄적으로 그 범위를 정하여 보험계약
을 체결하는 것을 미확정보험증권이라고 한다. 따라서 답은
④번이다.

어휘 insurance policy 보험증권   specify 명시하다
insured property 피보험재산
subject-matter insured 피보험 목적물
floating policy 미확정보험증권, 예정 보험증권
valued policy 기평가보험증권   time policy 기간보험증권
unvalued policy 미평가보험증권

50 Not/True 문제

해석 다음 중 '양도가능신용장'에 대한 진술로 적합하지 않은 것
은 무엇인가?

① 양도가능신용장은 수익자("제1수익자")의 요청에 따
라 다른 수익자("제2수익자")에게 전부 또는 일부가
이용되도록 할 수 있다.

② 양도은행은 신용장을 양도하는 지정은행 또는 모든 은행에서 이용 가능한 신용장의 경우에는 개설은행에 의해 양도할 것을 특별히 권한을 받고 신용장을 양도한 은행을 의미한다.

③ 양도 시에 달리 합의된 경우를 제외하고, 양도와 관련하여 발생한 모든 수수료(요금, 보수, 경비 또는 비용 등)는 개설은행에 의해 지불되어야 한다.

④ 양도가능신용장은 양도은행에 의해 제2수익자에게 이용 가능하게 만들어진 신용장을 의미한다.

해설　주어진 보기에서 틀린 것을 찾는 유형이다. 양도가능신용장은 양도 시에 달리 합의된 경우를 제외하고, 양도와 관련하여 발생한 모든 수수료는 제1수익자가 지급해야 한다. 따라서 답은 ③번이다.

어휘　transferable credit 양도가능신용장　beneficiary 수익자　transferring bank 양도은행　nominated bank 지정은행　authorized 권한을 받은　issuing bank 개설은행　charge 비용　commission 수수료

<제3과목> 무역실무

51　무역계약 / 화인

해설　주의표시는 화인의 필수 기재사항이 아니다.

> **★ 더 알아보기**
> • 화인의 필수 기재사항
> – 주화인(Main Mark)
> – 화번(Case Number)
> – 항구표시(Port Mark)
> – 원산지표시(Origin Mark)
> • 화인의 임의 기재사항
> – 부화인(Counter Mark)
> – 중량표시(Weight Mark)
> – 주의표시(Attention Mark)
> – 기타의 표시

52　무역계약 / 청약의 요건

해설　청약이 충분히 확정적이기 위해서는 물품을 표시하여야 하고, 명시적 또는 묵시적으로 그 수량과 대금을 정하고 있거나 이를 결정하기 위한 규정을 두어야 한다.

53　무역보험 / 물적손해

해설　위부가 행해지는 경우 보험목적물 및 제3자에 관한 일체의 권리와 함께 잔존물을 보험자에게 양도해야 한다.

54　무역보험 / 환변동보험

해설　수출환 변동보험은 환율하락에 따른 손실을 방지하고, 수입환 변동보험은 환율상승에 따른 손실을 방지한다.

55　무역계약 / Incoterms 2010

해설　CPT 규칙에서 매수인이 인도시기, 인도장소를 결정할 권리가 있음에도 이를 매도인에게 통지하지 않는 경우, 매수인은 합의된 인도기일(선적기일)이나 합의된 인도기간(선적기간)의 만료일부터 물품의 멸실 또는 손상의 모든 위험을 부담한다.

56　무역계약 / 선적품질조건과 양륙품질조건

해설　CFR, CIF, CPT, CIP는 선적품질조건(Shipped Quality Terms)에 해당한다.

57　무역운송 / 정기선 운임의 할증료

해설　체화할증료(Demurrage Charge)에 대한 설명이다.

> **★ 더 알아보기**
> • 장척할증료(Lengthy Surcharge)
> 화물의 단위당 길이가 긴 경우 특별 장비를 사용함으로써 추가로 부과되는 운임
> • 항만변경료(Diversion Charge)
> 지정된 항구를 선적 후에 변경할 경우 추가로 부과되는 운임

58　무역결제 / 환어음의 필수기재사항

해설　환어음의 필수기재사항으로는 환어음의 표시문구, 일정한 금액을 지급할 것을 뜻하는 무조건적인 위탁 문구, 지급인, 수취인의 명칭(지급을 받을 자 또는 지급 받을 자를 지시할 자의 명칭), 지급만기일, 지급지, 발행일 및 발행지의 표시, 발행인의 기명날인이 있다.

59　무역운송 / 정기선운송과 부정기선운송

해설　부정기선운송의 운임은 계약체결 당시 수요와 공급에 따라 수시로 변동되며, 일반적으로 정기선 요율보다 낮다.

60　무역계약 / 계약자유원칙

해설　무역계약의 계약자유원칙으로는 계약체결의 자유, 불평등 초래 약관을 제외한 계약내용 결정의 자유, 계약체결방식의 자유, 계약 상대방 선택의 자유가 있다.

61 무역운송 / 신용장

해설 UCP의 규정상 용선계약에 따른다는 표시가 되어 있는 복합운송증권(MTD), 선하증권(B/L), 해상화물운송장(SWB)은 수리가 거절된다.

62 무역결제 / 양도가능신용장

해설 ④는 옳은 설명이다.
① "Transferable"이라는 문언이 있어야만 양도가능신용장으로 본다.
② 신용장의 전부 또는 일부를 양도할 수 있다. (분할 선적이 금지되지 않은 경우 분할양도 또한 가능)
③ 양도는 1회에 한하여 허용되며, 제2수익자의 요청으로 인한 그 이후 수익자로의 재양도는 불가능하다.

63 무역계약 / 품질조건

해설 a : 선적지 인도조건에 해당하는 조건은 E조건(EXW), F조건(FCA, FAS, FOB), C조건(CPT, CFR, CIP, CIF)이 있다.
b : 곡물류의 선적품질조건에 해당하는 것은 TQ(Tale Quale) 및 SD(Sea Damage)이다.
c : SD는 원칙적으로 선적품질조건으로서, 일부 양륙품질조건을 절충하여 운송 중 조류 또는 응결로 인해 화물에 발생하는 손해를 매도인이 부담하는 조건이다.

64 무역운송 / 해상운송의 수출입절차

해설 수출 컨테이너화물의 선적 시 진행순서는 'S/R(선적요청서) – Booking Note(선복예약서) – EIR(기기수도증) – Dock's Receipt(부두수취증) – B/L' 순이다.

65 무역운송 / 항공운송주선인

해설 운송주선인은 복합운송인, 수출입신고 수속의 알선, 창고업무섭외 등의 역할을 하며 Inspector(검사관) 업무는 하지 않는다.

> ★ 더 알아보기
> • Customs Brokerage Provider 수출입신고 알선자
> • Port Agent 항구대리인
> • Multimodal Transport Operator 복합운송업자

66 무역결제 / 결제(Honour)

해설 UCP 600 제2조 결제의 정의는 아래와 같다.
① 신용장이 일람지급으로 이용 가능하다면→일람출급으로 지급하는 것

② 신용장이 연지급으로 이용 가능하다면→연지급을 확약하고 만기에 지급하는 것
④ 신용장이 인수에 의해 이용 가능하다면→수익자가 발행한 환어음을 인수하고 만기에 지급하는 것

67 무역계약 / 무역클레임

해설 임시적 처분(Interim Measure)에 대한 설명이다.

68 무역보험 / 무역보험의 역선택 문제

해설 통지의무는 보험기간 중 피보험자가 보험사고발생의 위험이 현저하게 변경 또는 증가된 사실을 보험회사에게 통지해야 할 의무로서 역선택의 방지를 위한 내용으로 볼 수 없다.

69 무역결제 / 신용장 서류심사기준

해설 서류는 신용장 개설일 이전 일자에 작성된 것일 수는 있지만 제시일자보다 늦은 일자에 작성된 것이어서는 안 된다.

70 무역계약 / 매수인의 구제

해설 CISG상 매수인은 인도된 물품의 부적합이 본질적(근본적) 계약위반에 해당하는지에 관계없이, 모든 상황을 고려하여 불합리한 경우를 제외하고, 매도인에게 하자 보완을 청구할 수 있다.

71 무역결제 / 추심결제방식

해설 D/P, D/A는 무역보험공사의 수출보험 대상에 해당한다.

> ★ 더 알아보기 무역보험공사의 단기수출보험
> 무역보험공사는 L/C, D/A, D/P 등의 방식으로 수출대금 결제기간이 2년 이내인 단기거래에서 수출하는 경우 수입자의 신용위험과 수입국의 비상위험으로 인해 수출하지 못할 위험과 수출하여도 대금을 받을 수 없을 때 입게 되는 손실을 보상한다.

72 무역계약 / 분쟁해결조항

해설 Warranty Disclaimer Clause는 통상적으로 요구되는 정도의 안정성 또는 기능이라 하더라도 명시적으로 약속한 것 이외에는 보장하지 않는다는 내용을 명시한 조항이다.

73 무역계약 / 수량조건

해설 ② 영국식(Long Ton) 1ton의 무게는 1,016kg이다.
③ 순중량(Net Weight)은 포장이 없는 상태의 상품의 무게를 대금계산의 중량으로 하는 조건이다.

74 무역운송 / 헤이그-비스비 규칙

해설   불내항성이란 선박이 화물의 운송을 안전하게 수행할 수
        없는 상태를 말하며, 운송인은 발항 전과 발항 시에 감항성
        을 확보하기 위해 상당한 주의의무를 부담한다.

75 무역결제 / 통화스왑

해설   통화스왑(Currency Swap)에 대한 설명이다.

<제1과목> 영문해석

01 ③	02 ③	03 ③	04 ④	05 ④
06 ③	07 ④	08 ①	09 ④	10 ③
11 ②	12 ②	13 ④	14 ③	15 ②
16 ①	17 ②	18 ④	19 ①	20 ③
21 ④	22 ②	23 ④	24 ①	25 ④

<제2과목> 영작문

26 ②	27 ③	28 ①	29 ③	30 ②
31 ①	32 ③	33 ②	34 ②	35 ④
36 ②	37 ④	38 ③	39 ④	40 ①
41 ①	42 ①	43 ④	44 ②	45 ③
46 ③	47 ①	48 ②	49 ②	50 ④

<제3과목> 무역실무

51 ④	52 ②	53 ①	54 ④	55 ⑤
56 ①	57 ④	58 ④	59 ③	60 ②
61 ③	62 ③	63 ④	64 ②	65 ⑤
66 ④	67 ②	68 ③	69 ④	70 ⑤
71 ②	72 ②	73 ④	74 ①	75 ②

<제1과목> 영문해석

01 추론 문제

해석 어떤 상황에서 다음이 적용되는가?

> Incoterms 2010 규칙은 관련된 Incoterms 규칙에서 물품을 선적하는 의무의 대안으로서 선적된 물품을 조달하는 의무를 포함한다.

① 운송인에게 인도
② 본선 적재 인도
③ 운송 중 매도된 물품의 매매
④ 매도인 구내에서 물품 준비

해설 주어진 지문에서 추론할 수 있는 것을 찾는 유형이다. 인도의무의 대안으로서 조달하여 인도하는 것은 1차산품매매에 있어 자주 일어나는 운송 중 매매(전매)에 대응하기 위한 것이다. 따라서 답은 ③번이다.

어휘 obligation 의무 procure 조달하다 alternative 대안
relevant 관련된 carrier 운송인 commodity 물품, 1차 산품
premise 구내

02 Not / True 문제

해석 아래는 국제적으로 사용되는 청구보증에 대한 설명이다. 틀린 것은 무엇인가?

> A. 청구보증은 수익자에 대해 비부종적인 의무이다.
> B. 보증인은 신청인의 의무가 어떤 이유로 없어진다 하더라도 계속 법적 책임이 있다.
> C. 보증인은 반대나 항변(권)을 가지고 첫 번째 요구에 대해 지불해야 한다.
> D. URDG 758은 청구보증 아래에서 당사자의 권리와 의무를 통제하는 ICC에 의해 제정된 국제 규칙이다.

① A
② A + B
③ C
④ C + D

해설 주어진 보기 중 적절하지 않은 것을 찾는 유형이다. 수익자가 보증인에게 서면으로 청구할 경우(서류가 보증조건에 일치하게 제시되기만 하면) 보증인은 청구원인 사실을 따지지 않고 무조건 지급하여야 하며, 항변권은 인정되지 않는다. 따라서 답은 ③번이다.

어휘 demand guarantee 청구보증
non-accessory 비부종적, 종속적이 아닌 obligation 의무
beneficiary 수익자 guarantor 보증인
liable 법적 책임이 있는 applicant (보증)신청인
extinguish 없애다 objection 반대 defence 항변(권), 방어
ICC 국제상업회의소 govern 통제하다 party 당사자

03 추론 문제

해석 청구보증과 유사한 기능을 하는 것은 무엇인가?

> A. 보증서   B. 상업신용장
> C. 보증신용장   D. 어음보증

① A
② B
③ C
④ 모두

해설 청구보증과 유사한 기능을 하는 것을 찾는 유형이다. 보증신용장(Standby L/C)은 금융 또는 채무보증 등을 목적으로 발행되는 특수한 형태의 무화환 신용장을 의미한다. 따라서 답은 ③번이다.

어휘 Surety Bond (계약 이행) 보증서 Commercial L/C 상업신용장
Standby L/C 보증신용장 Aval 어음보증

04 Not/True 문제

해석 다음 중 아래 상황에 따르면 옳지 않은 것은 무엇인가?

> "CIP Long Beach California Incoterms 2010" 가격 조건으로 캘리포니아 롱 비치로 운송하기 위해 한국 대구에서 물품이 인수된다.

① 매도인은 운송을 준비할 것이다..
② 매도인은 롱 비치로 가는 운임을 지불할 것이다.
③ 대구에서 운송인에게 물품이 인도되면 위험은 매수인에게로 이전될 것이다.
④ 매수인은 물품이 롱 비치에 도착하는 때부터 위험을 부담할 것이다.

해설 주어진 보기 중 틀린 것을 찾는 유형이다. CIP 조건에서 위험의 분기점은 매도인이 물품을 운송계약을 체결한 운송인에게 합의된 기일 또는 기간 내에 인도한 때이므로 대구에서 위험이 이전된다. 따라서 답은 ④번이다.

어휘 transportation 운송　freight 운임　risk 위험　carrier 운송인

05 추론 문제

해석 다음이 설명하는 것은 무엇인가?

> 이것은 비유통성 운송서류이고 단순히 물품이 운송 중이라는 증거가 되며 소유권과 자금 조달이 문제가 되지 않을 때에만 사용되어야 한다. 이 서류의 기능은 해상 운송되는 물품의 계약, 수취증, 송장이다.

① 복합운송증권　　　② 선하증권
③ 항공화물운송장　　④ 해상화물운송장

해설 주어진 지문에서 추론할 수 있는 용어를 찾는 유형이다. 유통성 선하증권 대신에 사용되며 도착지에서 서류의 제시가 필요 없는 비유통성 서류인 해상화물운송장에 대한 내용이다. 따라서 답은 ④번이다.

어휘 transport document 운송서류
non-negotiable 비유통성, 양도 불가능한
evidence 증거가 되다　title 소유권, 권리　financing 자금 조달
function 기능　contract 계약　receipt 수취증
invoice 송장, 명세서　Charter party B/L 복합운송증권
Bill of Lading 선하증권　Air Waybill 항공화물운송장
Sea Waybill 해상화물운송장

06 Not/True 문제

해석 매도인과 매수인이 'FCA 부산 컨테이너기지'를 포함하는 판매 계약을 체결할 때, 다음 운송서류 중 매수인이 수리할 수 있는 것은 무엇인가?

> A. '목적지 운임 지불'이라고 표시된 항공화물운송장
> B. 운임이 지불되었다고 표시된 선하증권
> C. 운임이 목적지에서 지불되어야 한다고 표시된 복합운송선하증권
> D. 운임이 지불되었다고 표시된 복합선하증권

① A　　　　　　　② A + B
③ C　　　　　　　④ C + D

해설 주어진 보기 중 적절한 것을 찾는 유형이다. FCA 규칙에서는 매수인이 운임을 부담하므로 운송서류상 운임은 후불로 표시될 것이다. 또한 부산컨테이너 기지가 인도지이므로 복합운송에 적합하다. 따라서 답은 ③번이다.

어휘 Air Waybill 항공화물운송장　freight 운임　destination 목적지
Bill of Lading 선하증권

07 Not/True 문제

해석 Incoterms는 국제무역규칙과 관련하여 국제상업회의소(ICC)에 의해 발행된 일련의 미리 정의된 상업 조건이다. Incoterms 2010에 대한 설명으로 틀린 것은 무엇인가?

① Incoterms는 소유권이 어떤 경우에 이전하는지 자체적으로 정의하지 않는다.
② Incoterms는 매도인으로부터 매수인에게로 물품의 인도에 관련된 각각의 의무, 비용과 위험을 정의함으로써 판매 계약을 뒷받침한다.
③ Incoterms는 매매 계약에 사용되고, 적절한 INCOTERM 규칙과 장소 혹은 항구가 명시된다.
④ DDP와 DAP는 매도인이 수입(통관)에 대한 책임을 갖는 Incoterms이다.

해설 주어진 보기 중 틀린 것을 찾는 유형이다. 매도인이 수입통관 및 수입시 지불하여야 하는 관세 및 제세에 대해 의무를 부담하는 조건은 DDP뿐이며, DAP에서는 매수인이 의무를 부담한다. 따라서 답은 ④번이다.

어휘 define 정의하다　title 소유권, 권리　transfer 이전하다
contract 계약　respective 각각의　obligation 의무
risk 위험　delivery 인도　seller 매도인　buyer 매수인
suitable 적절한　specify 명시하다　responsibility 책임
import 수입

08 추론 문제

해석 아래는 환어음에 대한 설명이다. 밑줄 친 당사자는 누구인가?

> 환어음은 한 당사자가 다른 당사자에게 송부하는, 송부하는 사람에 의해 서명된, 받은 사람이 일람불로 혹은 정해진 날짜에 특정 금액을 지급하도록 요구하는 무조건적인 서면의 지시이다.

① 발행인 　　　　　② 지급인
③ 수취인 　　　　　④ 지급인

해설 주어진 지문에서 추론할 수 있는 것을 찾는 유형이다. 환어음은 소지인이 발행인에게 대금을 지급하도록 규정하는 무조건적인 서면 지시이므로 밑줄 친 사람은 환어음 발행인임을 추론할 수 있다. 따라서 답은 ①번이다.

어휘 Bill of Exchange 환어음 unconditional 무조건적인 address 송부하다 drawer (환어음의) 발행인 drawee 지급인 payee 수취인 payor (약속어음의) 지급인, 발행인

09 Not / True 문제

해석 Incoterms 2010을 적용할 때 주목해야 할 점이 아닌 것은 무엇인가?

① DDP(관세지급인도) : VAT와 같은 몇몇 세금들은 현지에 등록된 기업체에 의해서만 지불될 수 있으므로, 매도인이 지불하는 방법이 없을 수도 있다.
② CPT(운송비지급인도) : 매수인은 물품의 도착 후 분쟁을 피하기 위해 CPT 가격이 THC(터미널화물처리비용)를 포함하는지 문의해야 한다.
③ EXW(공장인도) : 매도인이 물품을 적재할 의무를 부담하지 않음에도 불구하고, 매도인이 그렇게 한다면, 매수인의 위험으로 하도록 권장된다.
④ FOB(본선인도) : 물품이 컨테이너에 (적재되어) 있으면, FOB가 적절할 수 있다.

해설 주어진 보기 중 틀린 것을 찾는 유형이다. 물품이 컨테이너에 적재되는 경우에는 매도인이 물품을 본선적재하여서가 아니라 터미널에서 인계하는 것이 전형적이므로 FOB(본선인도) 조건은 부적절하며 FCA(운송인인도) 조건이 사용되어야 한다. 따라서 답은 ④번이다.

어휘 payable 지불하여야 하는, 지불할 수 있는 entity 독립체, (회사 등) 단체 mechanism 방법, 절차 seller 매도인 make payment 지불하다 enquire 문의하다 THC 터미널화물처리비용 be obliged to 의무를 부담하다 recommend 권장하다 risk 위험

10 Not / True 문제

해석 국제 거래에 대한 설명으로 가장 틀린 것은 무엇인가?

① 보호주의는 시장 보호를 보장하기 위해 국제 무역의 규제가 중요하다고 여긴다.
② 관세, 보조금과 할당량은 보호주의의 흔한 예이다.
③ FDI는 투자하는 나라의 국내 총생산의 증가를 이끈다.
④ 국제무역의 결과로, 시장은 더 싼 상품을 고객에게 가져옴으로써 더 경쟁적으로 된다.

해설 주어진 보기 중 틀린 것을 찾는 유형이다. FDI는 해외투자 기업 소재국가의 생산설비나 기술 등을 해외 진출 국가에 이전시킴으로써 실업이 증가하게 되거나 국가 경쟁력을 악화시킬 수 있다. 따라서 답은 ③번이다.

어휘 protectionism 보호주의 regulation 규제 ensure 보장하다 protection 보호 tariff 관세 subsidy 보조금 quota 할당량 FDI 해외직접투자 gross domestic product 국내 총생산 competitive 경쟁적인

[11~12] 다음을 읽고 질문에 답하시오.

> 저는 최근에 귀사의 카탈로그에서 OEM 토너 카트리지 No. 123을 개당 미화 74.99달러에 구입했고, 그것은 정상 가격보다 20퍼센트 저렴한 것이라고 광고되었습니다. 저는 토너 카트리지를 2일 후에 받았고 제가 구매한 것에 완전히 만족했습니다.
> THE BOSTON GLOBE지의 일요일 판을 보던 중에, 저는 같은 토너 카트리지가 Global Computer Outlet에서 미화 64.99달러에 판매되고 있는 것을 알게 되었습니다.
> 귀사에서는 어떤 물품도 더 싼 가격에 파는 곳이 없을 것이라고 합니다. 그게 사실이라면, 제가 100,000개의 카트리지를 샀으므로 미화 (1,000,000)달러를 환불해주시면 감사하겠습니다.
> 감사합니다.
> Skip Simmons 드림

11 빈칸에 적절한 것 찾기 문제

해석 빈칸에 들어가기 가장 적절한 것은 무엇인가?

① 10 　　　　　② 1,000,000
③ 100,000 　　　④ 6,499,000

해설 주어진 서신의 빈칸에 적절한 것을 찾는 유형이다. 개당 미화 74.99달러로 총 100,000개의 카트리지를 구입했고 같은 토너 카트리지가 10달러 더 저렴한 미화 64.99달러에 판매되고 있다고 했으므로, 개당 10달러씩 100,000개에 해당하는 가격인 1,000,000달러를 환불해달라는 내용이 와야 적절하다. 따라서 답은 ②번이다.

12 추론 문제

해석 이 서신에 동봉되었을 것 같은 것은 무엇인가?

① 작성자의 첫 번째 문의 서신
② 송장 사본과 Global Computer Outlet의 광고
③ 카탈로그 사본
④ Simmons가 보냈던 가격표 사본

해설 주어진 서신에 동봉된 것으로 적절한 것을 추론하는 유형이다. 작성자가 구입했던 토너 카트리지를 Global Computer Outlet에서 더 싸게 팔고 있어서 차액을 환불해달라는 내용이므로, 송장 사본과 Global Computer Outlet의 광고를 동봉했을 것으로 추론할 수 있다. 따라서 답은 ②번이다.

어휘 inquiry 문의 invoice 송장

[13~14] 다음을 읽고 질문에 답하시오.

> 저는 Mobile Homes Monthly지 1월호에서 애틀랜타 지역에서 Carefree Mobile Homes를 찾는다는 귀사의 광고를 읽었습니다. 저는 Carefree Mobile Homes와 판매점에 대한 그들의 인센티브 제도에 대해 더 알고 싶습니다.
> Mobile Homes는 이 지역에서 매우 인기가 있고, 저는 귀사의 상품과 마케팅 기회에 대해 더 듣는 데 가장 관심이 있습니다.

13 추론 문제

해석 Mobile Homes Monthly 지에서 구하고 있는 것은 무엇인가?
  ① 기술자에 대한 일자리 제안
  ② 소매 대리점
  ③ Mobile Homes 서비스에 대한 고객 모집
  ④ 특별 할인을 제공하기 위한 판촉

해설 주어진 서신에 대한 내용으로 적절한 것을 추론하는 유형이다. 글쓴이가 Carefree Mobile Homes와 판매점에 대한 그들의 인센티브 제도, 상품과 마케팅 기회에 대해 관심을 보이고 있는 것으로 보아 Mobile Homes Monthly지에서 구하고 있는 것은 소매 대리점임을 추론할 수 있다. 따라서 답은 ②번이다.

어휘 **technician** 기술자 **retail dealership** 소매 대리점
  recruitment 모집 **promotion** 판촉 **discount** 할인

14 추론 문제

해석 서신의 수취인은 누구인가?
  ① 잡지 편집장
  ② 애틀랜타에 있는 판매점
  ③ Carefree Mobile Homes 회사
  ④ 모바일 서비스에 대한 고객 센터

해설 주어진 서신의 수취인을 추론하는 유형이다. Mobile Homes Monthly지 1월호에서 애틀랜타 지역에서 Carefree Mobile Homes를 찾는다는 귀사의 광고를 읽었다고 했으므로, 서신의 수취인은 Carefree Mobile Homes 회사임을 추론할 수 있다. 따라서 답은 ③번이다.

어휘 **editor** 편집장 **dealer** 판매점

[15~17] 다음 서신을 읽고 질문에 답하시오.

> 당사는 10월 11일 귀사의 고객인 함부르크의 D.V. Industries사로의 인도를 위해 Freemont에서 리버풀에서 선적된 2대의 터빈 엔진에 대한 손상 (B) 보상을 요청한 귀사의 청구에 대한 (A) 손해사정인의 보고서를 지금 받았습니다.
> 보고서에는 선하증권은 그 선박의 선장에 의한 조항이 붙어 있으며, 기계 포장의 균열에 대한 (C) 의견이 기재되어 있습니다.
> 당사의 손해사정인은 이러한 균열이 (D) 항해 중에 포장이 약해지고 분리되는 첫 번째 조짐이었고, 이것이 결국 터빈 자체를 손상시켰다고 믿습니다.
> (당사는 그것들이 무사고로 선적되지 않았다면 상품에 대한 책임을 질 수 없어 유감스럽게 생각합니다.)
> 더 도움을 드리지 못해 죄송합니다.

15 다른 문장/같은 문장 찾기 문제

해석 다음 중 밑줄 친 (A), (B), (C), (D) 부분들을 대체할 수 없는 것은 무엇인가?
  ① A : 조사관   ② B : 칭찬
  ③ C : 언급   ④ D : 이동

해설 주어진 문장과 다른 내용을 찾는 유형이다. 보상(compensation)과 칭찬(compliment)은 다른 내용이므로, 따라서 답은 ②번이다.

어휘 **surveyor** 검사관 **compliment** 칭찬 **remark** 언급, 참조
  trip 이동

16 다른 문장/같은 문장 찾기 문제

해석 다음 중 밑줄 친 clause된을 대체할 수 없는 것은 무엇인가?
  ① commentary   ② dirty
  ③ unclean   ④ foul

해설 주어진 문장과 다른 내용을 찾는 유형이다. 사고부 선하증권의 명칭으로 사용될 수 있는 표현을 묻고 있는데 clause된 B/L, dirty B/L, unclean B/L, foul B/L 은 모두 사고부 선하증권을 의미한다. 따라서 답은 ①번이다.

어휘 **commentary** 설명 **unclean** 불명확한 **foul** 지저분한

17 빈칸에 적절한 것 찾기 문제

해석 다음 중 서신의 빈칸에 들어가기 가장 알맞은 것은 무엇인가?
  ① 당사는 그것들이 무사고로 선적되었다면 상품에 대한 책임을 질 수 있어 유감스럽게 생각합니다.
  ② 당사는 그것들이 무사고로 선적되지 않았다면 상품에 대한 책임을 질 수 없어 유감스럽게 생각합니다.
  ③ 당사는 그것들이 무사고로 선적되었으므로 상품에 대한 책임을 지게 되어 매우 기쁩니다.
  ④ 당사는 그것들이 무사고로 선적되었음에도 불구하고 상품에 대한 책임을 질 수 없어 유감스럽게 생각합니다.

해설 주어진 지문의 빈칸에 적절한 것을 찾는 유형이다. 글쓴이는 운송인으로 보이고, 선적 시 사고부 선하증권을 발행하였으므로 운송 중 화물의 손상에 대해 면책된다. 따라서 무사고로 선적되지 않았다면 책임을 부담할 수 없어 유감스럽게 생각한다는 내용이 와야 적절하다. 따라서 답은 ②번이다.

어휘 liability 책임

18 Not / True 문제

해석 UCP 600 하에서, 옳지 않은 것은 무엇인가?

> – 매도인은 대한민국 서울에 있다.
> – 매수인은 독일 프랑크푸르트에 있다.
> – 매도인은 매수인에게 미화 100,000.00 가치가 있는 물품을 판매한다.
> – 매수인은 신용장을 개설하기 위해 Deutche 은행을 이용한다.
> – 이 미확인 신용장은 수익자로부터 '일람 후 90일' 환어음을 요구한다.

① 환어음의 발행인은 매도인이다.
② 개설은행은 지정은행이 환어음의 만기 전에 구매했던 아닌 일치하는 제시에 대해 상환한다.
③ 환어음은 매수인에게 발행될 것이다.
④ 매도인은 비수권확인을 신청할 수도 있다.

해설 주어진 보기 중 옳지 않은 것을 찾는 유형이다. 신용장 거래에서 환어음의 지급인은 은행이므로, 환어음은 매수인이 아닌 은행 앞으로 발행되어야 한다. 따라서 답은 ③번이다.

어휘 seller 매도인 buyer 매수인 Letter of Credit 신용장 unconfirmed 미확인의 after sight 일람 후 draft 환어음 beneficiary 수익자 drawer 발행인 issuing bank 개설은행 reimburse (개설은행이 지정은행에) 상환하다 complying presentation 일치하는 제시 nominated bank 지정은행 maturity 만기

19 추론 문제

해석 다음에서 설명하는 것은 어떤 용선계약 종류인가?

> 선박을 임대하기 위한 준비인 용선계약이고, 그것으로 인하여 어떠한 관리나 기술적인 보수 관리도 계약의 일부로 포함되지 않는다. 이 경우에, 용선계약은 선박에 대한 법적 경제적 책임과 함께 점유권과 전적인 통제권을 취득한다. 또한 용선자는 연료, 선원, 항만비와 P&I와 선박 보험을 포함하여 모든 운영비를 지불한다.

① 나용선계약   ② 항해용선계약
③ 정기용선계약   ④ 항해용선계약

해설 주어진 지문에서 추론할 수 있는 것을 찾는 유형이다. 나용선계약은 용선자가 선주로부터 항해 준비가 되어 있지 않은 선박 자체만을 빌려 일정 기간 동안 사용하는 계약으로, 선박 이외에 선원의 수배 및 운행에 관한 일체의 모든 감독 및 관리 권한까지 용선자가 행사한다. 따라서 답은 ①번이다.

어휘 charter 용선(계약) arrangement 준비 whereby 그것으로 인하여 administration 관리 technical 기술적인 maintenance 보수 관리 agreement 계약 possession 점유권, 소유권 responsibility 책임 charterer 용선자 operating expense 운영비 crew 선원 hull insurance 선박 보험 demise charter 나용선계약 voyage charter 항해용선계약 time charter 정기용선계약 trip charter 항해용선계약

20 목적 / 주제 찾기 문제

해석 서신의 주요 목적은 무엇인가?

> Mr. Colson께 :
>
> Barrow에서 해주신 귀하의 신용(거래) 신청에 감사드립니다. 당 은행은 귀하의 관심에 감사드립니다.
>
> 귀하의 개인 (신용조회)참조처는 정말 좋고, 귀하의 노고에 대한 기록은 귀하의 사업이 가까운 장래에도 성공할 것임을 나타냅니다.
>
> 유감스럽게도, 현재로서는, 귀하의 재정 상태가 Barrow의 필요조건에 부분적으로만 충족합니다. 저희는 귀하가 요청하셨던 미화 500,000달러의 open credit을 연장해드릴 수 없습니다.
>
> 귀하께서 편하실 때 전화주십시오. 저는 귀하와 당 은행 모두에 유익하게 신용(거래한도)을 점차 늘리는 프로그램을 준비할 수 있을 거라고 확신합니다. 그동안, 현금 매입에 대한 인도는 2일 내에 이루어지는 것을 기억해주십시오.
> 곧 연락해주십시오. 당 은행은 귀하의 벤처 사업에 관심 있습니다.

① 좋은 신용 보고서를 칭찬하기 위해
② 신용(거래한도) 증가를 제공하기 위해
③ 신용(거래) 연장을 거절하기 위해
④ 그 회사와 사업을 계속하기 위해

해설 주어진 서신의 목적을 찾는 유형이다. 귀하의 재정 상태가 필요조건에 부분적으로만 충족한다고 하고, 요청했던 미화 500,000달러의 신용거래를 연장해줄 수 없다고 했으므로, 신용거래 연장 요청을 거절하고 있음을 알 수 있다. 따라서 답은 ③번이다.

어휘 praise 칭찬하다 deny 거절하다, 부인하다

21 Not / True 문제

해석 다음 중 CISG에 따라 옳지 않은 것은 무엇인가?

① 청약은 그것이 피청약자에게 도달할 때 효력이 발생한다.
② 청약은 취소 불능이라고 할지라도, 청약 이전 혹은 청약과 동시에 청약의 철회가 피청약자에게 도달한다면 철회될 수 있다.
③ 청약에 동의를 나타내는 피청약자의 진술 또는 다른 행위는 승낙이다.
④ 침묵 또는 부작위 그 자체는 승낙에 해당한다.

해설 주어진 보기 중 CISG에 따라 옳지 않은 것을 찾는 유형이다. CISG 제18조에 의하면, 침묵 또는 부작위는 그 자체만으로 승낙이 되지 않는다. 따라서 답은 ④번이다.

어휘 offer 청약 become effective 효력을 발생하다
offeree 피청약자 irrevocable 취소 불능한
withdraw 철회하다 withdrawal 철회 statement 진술(서)
assent 동의 acceptance 승낙 inactivity 부작위
amount to ~에 해당하다. ~에 이르다

22 Not / True 문제

해석 다음 중 ICC(C)에 의해 보상되지 않는 것은 무엇인가?

① 폭발
② 갑판유실
③ 투하
④ 공동해손의 희생

해설 주어진 보기 중 ICC(C)에 의해 다루어지지 않은 것을 찾는 유형이다. ICC(C)는 갑판유실을 담보하지 않는다. 따라서 답은 ②번이다.

어휘 explosion 폭발 washing overboard 갑판유실
jettison 투하 general average sacrifice 공동해손 희생 (손해)

23 Not / True 문제

해석 운송주선인의 역할에 대해 틀린 것은 무엇인가?

① 그들은 화물을 목적지까지 이동시키는 데 송하인을 대신해서 대리인 역할을 한다.
② 그들은 운송 방법과 외국 무역과 관련하여 요구되는 서류에 정통하다.
③ 그들은 수입품 통관 비용에 대한 관세와 세금을 지불하는 데 1차적인 책임이 있다.
④ 그들은 고객들이 화물 운임, 항만료, 서류 비용, 처리 비용 등에 대해 조언함으로써 가격 견적을 준비하는 것을 돕는다.

해설 주어진 보기 중 운선주선인의 역할에 대해 틀린 것을 찾는 유형이다. 수출입통관에 있어 운송주선인은 화주의 대리인으로서의 역할만 하게 되며, 수입통관 시 원칙적인 1차적 납세의무자는 수입화주이다. 따라서 답은 ③번이다.

어휘 agent 대리인 on behalf of ~을 대신해서
shipper 송하인, 화주 cargo 화물 destination 목적지
be familiar with ~에 정통하다, ~에 익숙하다 method 방법
primary 1차적인, 주요한 responsibility 책임 duty 관세, 세금

import 수입 customs 관세, 세관 quotation 견적
freight 운임, 화물 port charge 항만료
documentation 서류 handling fee 처리 비용

24 Not / True 문제

해석 UCP 600 하에서, 신용장 조건변경에 대해 적절하지 않은 것은 무엇인가?

① 신용장은 매도인, 매수인과 개설은행의 합의 없이 조건변경 되거나 취소될 수 없다.
② 원 신용장의 조건은 매도인이 그것의 조건변경을 승낙한다고 전달하기 전까지 매도인을 위해 유효하게 남는다.
③ 매도인이 조건변경에 대한 승낙 혹은 거부를 고지하지 않으면, 아직 받아들여지지 않은 조건변경을 따르는 제시가 그러한 조건변경에 대한 승낙의 고지로 간주될 것이다.
④ 조건변경의 일부 승낙은 허용되지 않으며 조건변경에 대한 거부의 고지로 간주 될 것이다.

해설 주어진 보기 중 신용장 조건변경에 대해 적절하지 않은 것을 찾는 유형이다. UCP의 규정상 신용장은 취소불능이므로 개설은행이 임의로 취소 또는 조건변경 할 수 없다. 다만 신용장의 취소 또는 조건변경은 수익자(매도인), 있는 경우 확인은행 그리고 개설은행의 동의가 있는 경우에 가능하다. 따라서 답은 ①번이다.

어휘 amendment 조건변경 agreement 합의 seller 매도인
buyer 매수인 issuing bank 개설은행
terms and conditions 조건 original credit 원신용장
in force 유효하여 acceptance 승낙, 수용 rejection 거부
deem 간주하다, 여기다 partial 일부의

25 추론 문제

해석 다음 문장은 계약서의 일부이다. 어떤 종류의 조항인가?

> 이 계약서의 특정 조항이 이후 특정 법원 또는 정부 기관에 의해 무효가 되거나 집행이 불가능하게 될 경우, 그러한 무효성 또는 집행 불능이 다른 조항의 유효성 또는 집행에 영향을 주지 않는다.

① 권리불포기조항
② 권리침해조항
③ 양도조항
④ 분리가능조항

해설 주어진 지문에서 추론할 수 있는 용어를 찾는 유형이다. 분리가능조항은 계약의 일부 조항이 중재 또는 법원판결에 의해 효력을 상실하였더라도 이외 조항은 유효하다는 것을 명시한 조항이며 일부 조항의 하자로 계약 전체가 실효 또는 무효화되는 것을 방지하기 위하여 설정되는 조항이다. 따라서 답은 ④번이다.

어휘 clause 조항 subsequently 이후, 나중에 invalid 무효한
unenforceable 실행할 수 없는 authority agent 정부 기관
in no way 결코 ~ 않다 validity 유효성
enforceability 집행 불능 thereof 그것의
Non-waiver clause 권리불포기조항

Infringement clause 권리침해조항
Assignment clause 양도조항
Severability clause 분리가능조항

<제2과목> 영작문

26 빈칸에 적절한 것 찾기 문제

해석 다음 중 빈칸에 들어가기 가장 알맞은 것은 무엇인가?

> (중복보험)의 경우에, 피보험자는 관련된 어떤 보험업자에게도 보험금을 청구할 수 있지만, 법에 명시된 보상금보다 더 많은 보상을 받을 권한은 없다.

① 재보험　　　　　② 중복보험
③ 공동보험　　　　④ 전액보험

해설 주어진 지문의 빈칸에 적절한 것을 찾는 유형이다. 중복보험을 든 피보험자는 자신이 적당하다고 생각하는 순서에 따라 각 보험자에게 보험금을 청구할 수 있으며 각 보험자는 보험계약상 부담하는 금액의 비율에 따라 비례적으로 손해를 보상한다. 따라서 답은 ②번이다.

어휘 assured 피보험자　underwriter 보험업자
be entitled to ~을 받을 권한(자격)이 있다
recover 보상하다, 되찾다　statutory 법에 명시된, 법으로 정한
indemnity 보상(금), 보장　reinsurance 재보험
double insurance 중복보험　coinsurance 공동보험
full insurance 전액보험

27 다른 문장/같은 문장 찾기 문제

해석 다음 중 다른 목적을 가진 것은 무엇인가?
① 저희는 귀하께서 문제의 그 회사와 거래하는 데 있어 신중하게 진행하시라고 조언 드리고 싶습니다.
② 저희는 귀하께 그 회사에 대한 호의적이지 않은 정보를 드려야 해서 유감스럽게 생각합니다.
③ 저희 기록에 따르면, 그들은 저희와 거래를 시작한 이래로 저희의 청구서를 지급하지 않은 적이 없습니다.
④ 귀하께서는 그 회사와 신용거래를 시작할 때 약간의 위험이 있으실 것입니다.

해설 주어진 보기 중 다른 내용을 찾는 유형이다. 그 회사가 신중하게 거래해야 하는 위험 부담이 있다는 것과 그 회사와 거래를 시작한 이래로 지급하지 않은 적이 없다는 것은 다른 내용이다. 따라서 답은 ③번이다.

어휘 proceed 진행하다　with caution 신중하게, 조심하여
in question 문제의　unfavorable 호의적이지 않은
meet a bill 청구서에 대해 지급하다
open an account with ~와 거래를 시작하다
enter into 시작하다　transaction 거래

28 빈칸에 적절한 것 찾기 문제

해석 다음 중 서신의 빈칸에 들어가기 가장 알맞은 것은 무엇인가?

> 저희는 히스로 (A 부터) 사우디아라비아의 리야드 (B 로) 여러 종류의 유리 제품 12상자를 다음 10일 (C 이내에) 인도되도록 보내고 싶습니다.

① A : 부터, B : ~로, C : 이내에
② A : 부터, B : ~로, C : 안에
③ A : ~에서, B : ~을 통해, C : 이내에
④ A : ~에서, B : ~을 통해, C : 안에

해설 주어진 서신의 빈칸에 적절한 것을 찾는 유형이다. 히스로에서 사우디아라비아의 리야드로 유리 제품 12상자를 다음 10일 이내에 인도되도록 보내고 싶다는 내용이 와야 적절하다. 따라서 답은 ①번이다.

어휘 crate 상자　glassware 유리 제품　within ~ 이내에

29 추론 문제

해석 다음 중 아래 내용에 대한 적절한 Incoterms 2010 조건은 무엇인가?

> 매도인은 지정된 선적항에서 매수인에 의해 지정된 본선에 물품을 적재하여 인도하거나 이미 그와 같이 인도된 물품을 조달한다. 물품의 멸실이나 손상의 위험은 물품이 본선에 적재되었을 때 이전하고, 매수인은 그 시점부터 모든 비용을 부담한다.

① 선측인도조건　　　② 운송인인도조건
③ 본선인도조건　　　④ 운임포함인도조건

해설 주어진 지문에서 추론할 수 있는 것을 찾는 유형이다. 지문은 매도인이 지정된 선적항에서 매수인에 의해 지정된 본선에 적재하거나 조달하며, 위험은 본선적재 시 이전하고, 그 시점부터 모든 비용을 매수인이 부담하는 FOB(본선인도조건)을 설명하고 있다. 따라서 답은 ③번이다.

어휘 seller 매도인　nominate 지정하다　named 지정된
procure 조달하다　bear 부담하다　onwards 계속

30 빈칸에 적절한 것 찾기 문제

해석 다음은 보험과 관련된 것이다. 빈칸 A와 B에 들어갈 적절한 단어는 무엇인가?

> 이 보험 아래에서 손실을 보상받기 위해서, (A 피보험자)는 (B 손실) 시점에 피보험목적물에 피보험이익이 있어야 한다.

① A : 보험자, B : 손실
② A : 피보험자, B : 손실
③ A : 보험자, B : 보험 계약
④ A : 피보험자, B : 보험 계약

해설 주어진 지문의 빈칸에 적절한 것을 찾는 유형이다. 보험에서 손실을 보상받기 위해서 피보험자는 손실 시점에 피보험이익을 가지고 있어야 한다는 내용이 와야 적절하다. 따라서 답은 ②번이다.

어휘 recover (손실을) 보상받다, 회복하다 insurance 보험
insurable interest 피보험이익
subject-matter insured 피보험목적물 assurer 보험자
loss 손실, 손해 assured 피보험자
insurance contract 보험 계약

31 빈칸에 적절한 것 찾기 문제

해석 빈칸을 알맞은 단어로 채우시오.

> [컴플레인]
> 저는 귀사에서 제 명세서에 추가했던 미화 9,000달러의 추가 대금에 강하게 반대합니다. 제가 지난주에 미화 256,000달러에 대한 제 수표를 보냈을 때, 저는 이 잔액이 정산되었다고 생각했습니다.
>
> [답변]
> 저희는 오늘 귀하의 5월 명세서의 미화 9,000달러의 추가 대금에 대해 컴플레인하는 서신을 받았습니다. 귀하께서 명세서를 확인해보시면 (A 지불해야 할) 금액이 미화 256,000달러가 아니라 미화 265,000달러이며 이것이 미화 9,000달러의 (B 차액)을 설명한다는 점을 확인하실 수 있습니다.

① A : 지불해야 할, B : 차액
② A : ~를 위한, B : 가격
③ A : ~의, B : 대금
④ A : 받은, B : 더 적은 것

해설 주어진 서신의 빈칸에 적절한 것을 찾는 유형이다. 답변에서 명세서를 보면 256,000달러가 아니라 265,000달러이며 이것이 9,000달러를 설명한다고 했으므로, 지불해야 할 금액이 265,000달러이며, 이 금액이 256,000달러와의 9,000달러 차액임을 알 수 있다. 따라서 답은 ①번이다.

어휘 object 반대하다 extra 추가의 charge 대금, 요금
statement 명세서 balance 차액, 잔고
complain 불만을 말하다 account for 설명하다

32 빈칸에 적절한 것 찾기 문제

해석 아래 빈칸에 알맞은 단어를 고르시오.

> 국제 무역에서 (사후송금방식 거래)는 보통 30, 60 또는 90일의 지급 기일 전에 물품이 선적되고 인도되는 거래이다.
> 분명히, 이 옵션은 현금 유동성과 비용 면에서 수입자에게 유리하지만, 결과적으로 수출자에게는 위험한 옵션이다.

① COD 거래
② CAD 거래

③ 사후송금방식 거래
④ D/P 거래

해설 주어진 지문의 빈칸에 적절한 것을 찾는 유형이다. 30일에서 90일 정도의 비교적 단기의 기간을 설정하고, 물품을 먼저 인도한 후 사후에 송금을 통해 대금을 지급하기로 하는 사후송금방식(O/A)에 대한 설명이다. COD, CAD, D/P는 모두 물품이나 서류의 인도와 동시에 결제가 이루어 지는 동시지급결제방식에 해당한다. 따라서 답은 ③번이다.

어휘 advantageous 유리한 importer 수입자
in terms of ~ 면에서 cash flow 현금 유동성 risky 위험한
exporter 수출자 COD 현물상환지급방식 transaction 거래
CAD 서류상환지급방식 open account 사후송금방식, 청산계정
D/P 지급인도 방식

[33~34] 다음을 읽고 답하시오.

> 현재로서는 귀하께 설명해드릴 수 없지만, 당사는 그 문제를 조사 중이며 곧 다시 연락드릴 것입니다.
> 당사에서 주문을 즉시 내보내고 있기 때문에, 이번 지연은 (운송) 중에 일어난 것 같습니다. 당사는 화물 운송 하청업자에게 연락을 취할 것입니다.
> 귀하께서 불만스러워하는 물품들의 견본을 반송해주시면, 당사에서 테스트를 위해 그것들을 대전에 있는 당사의 공장으로 보내겠습니다.

33 목적/주제 찾기 문제

해석 위 서신의 주요 목적은 무엇인가?

① 가장 빠른 방법으로 컴플레인을 하기 위해
② 컴플레인의 대상을 조사하는 데 시간을 더 요청하기 위해
③ 운송인과 지연을 조사하기 위해
④ 손상된 견본을 반송하기 위해

해설 주어진 서신의 목적을 찾는 유형이다. 현재로서는 귀하에게 설명해줄 수 없지만, 당사는 그 문제를 조사 중이며 곧 다시 연락할 것이라고 했으므로, 따라서 답은 ②번이다.

어휘 investigate 조사하다 carrier 운송인

34 빈칸에 적절한 것 찾기 문제

해석 빈칸에 들어가기 가장 알맞은 것은 무엇인가?

① 조사 ② 운송
③ 도착 ④ 발송

해설 주어진 서신의 빈칸에 적절한 것을 찾는 유형이다. 당사에서 주문품을 즉시 발송한다고 했으므로 운송 중이 와야 한다. 따라서 답은 ②번이다.

어휘 in transit 운송 중에 despatch 발송

35 빈칸에 적절한 것 찾기 문제

해석 빈칸에 들어가기 가장 알맞은 것은 무엇인가?

> 저는 귀하의 주문 No. 1555가 귀하께 도착하지 않았다는 것을 들었을 때 놀랐고 죄송했습니다. 조사를 통해 저는 그것이 적재되었던 화물선 SS Arirang에서의 현지 문제로 지연되었던 것을 알게 되었습니다. 저는 지금 물품을 다음 주말 전에 요코하마로 출항하기로 예정되어 있는 SS Samoa로 이송하려고 노력하고 있습니다. (저는 귀하께 진행 상황을 계속해서 알려드리겠습니다).

① 저는 이것이 다시 일어나면 귀하께 상기시켜드리겠습니다
② 저에게 출항에 대해 계속해서 알려주십시오
③ 저희는 가까운 장래에 원만한 합의에 이를 수 있습니다
④ 저는 귀하께 진행 상황을 계속해서 알려드리겠습니다

해설 주어진 서신의 빈칸에 적절한 것을 찾는 유형이다. 귀하의 주문이 현지 문제로 지연되었고 지금 해당 물품을 다른 선박으로 이송하려고 노력 중이라고 했으므로, 진행 상황을 계속해서 알려주겠다는 내용이 와야 적절하다. 따라서 답은 ④번이다.

어휘 enquiry 조사 dispute 문제, 분쟁 cargo vessel 화물선 transfer 이송하다, 옮기다 remind 상기시키다, 다시 한번 알려주다 sailing 출항, 항해 amicable 원만한 agreement 합의, 협정

[36~37] 다음 중 비슷한 의도를 가지고 있지 않은 것은 무엇인가?

36 다른 의도 찾기 문제

해석 ① 그것에 대한 몇몇 비용 견적을 주실 수 있으십니까?
  – 저는 귀사의 서비스가 대략 얼마인지 궁금했습니다.
② 저는 이 계획의 실행이 팀의 최고 이익이라고 확신하지 않습니다.
  – 저는 이 계획을 100% 지지합니다.
③ 저희는 귀하가 문의 주신 것에 감사드리며 귀하의 요청에 기꺼이 따를 것입니다.
  – 문의 주셔서 매우 감사합니다. 저희가 도와드리겠습니다.
④ 저희는 이 프로젝트에서 철수하도록 강요당했습니다.
  – 저희는 그 프로젝트에서 철수할 수밖에 없었습니다.

해설 주어진 보기 중 다른 의도를 가진 것을 찾는 유형이다. 계획 실행에 대해 확신하지 않는다는 내용이므로, 이 계획을 전적으로 지지한다는 것은 의도가 다르다. 따라서 답은 ②번이다.

어휘 estimate 견적 roughly 대략 be behind ~을 지지하다 comply with 따르다, 순응하다 withdraw 철수하다 have no choice but to ~할 수밖에 없다 pull out of ~에서 철수하다

---

37 다른 의도 찾기 문제

해석 ① 회의의 내용은 극비로 유지되어야 합니다.
  – 회의에서 이야기된 내용은 혼자만 알고 계십시오.
② 당사는 귀하의 생각에 완전히 반대하지 않습니다.
  – 당사는 귀하의 제안에 조건부로 지지합니다.
③ 당사는 귀하가 마감 기한을 연기해줄 수 있는지 궁금합니다.
  – 귀하가 원래 마감 기한의 연장을 허락해준다면 감사하겠습니다.
④ 당사가 그들을 방문할 때 귀사가 기뻐하길 바랍니다.
  – 당사는 귀사의 모든 사람들이 이것에 매우 만족하길 바랍니다.

해설 주어진 보기 중 다른 의도를 가진 것을 찾는 유형이다. 당사가 그들을 방문할 때 귀사가 기뻐하길 바란다는 내용이므로, 당사는 귀사의 모든 사람들이 이것에 매우 만족하길 바란다는 것은 의도가 다르다. 따라서 답은 ④번이다.

어휘 strictly confidential 극비의 keep to yourself 혼자만 알고 있다 conditional 조건부의 put off 연기하다, 미루다 deadline 마감 기한 extension 연장 pleasure 기쁨, 즐거움

[38~39] 다음을 읽고 질문에 답하시오.

> Mrs Johnson께,
> 전기 히터에 대해 문의주신 귀하의 서신에 감사드립니다. 당사는 (a) 최신 사진을 넣은 카탈로그 한 부를 동봉하게 되어 기쁩니다.
> 귀하는 당사의 최신 히터인 FX21 모델에 특히 관심 있어 할 수도 있습니다. 연료 소비량의 증가 없이, 그것은 (b) 이전 모델들보다 15퍼센트 더 많은 열을 발산합니다. 귀하는 카탈로그의 앞표지 안쪽에 인쇄된 (c) 가격표에 있는 당사의 조건의 세부 사항들을 볼 수 있습니다.
> 아마 귀하는 그것의 효율성을 시험하는 (d) 기회를 제공하는 (시험 주문)을 고려할 것입니다. 동시에 이것은 귀하가 재료의 높은 품질을 스스로 확인할 수 있게 할 것입니다.
> 질문이 있으시면, 당사에 6234917로 연락해주십시오.

38 빈칸에 적절한 것 찾기 문제

해석 다음 중 빈칸에 들어가기 가장 적절한 것은 무엇인가?
① 주문을 받는 것
② 대량 주문을 하는 것
③ 시험 주문을 하는 것
④ 첫 주문을 하는 것

해설 주어진 빈칸에 적절한 것을 찾는 유형이다. 전기 히터의 효율성을 시험하는 기회를 제공하고, 재료의 높은 품질을 스스로 확인할 수 있게 할 것이라고 했으므로, 시험 주문을 고려한다는 내용이 와야 적절하다. 따라서 답은 ③번이다.

어휘 take an order 주문을 받다 place an order 주문을 하다 volume order 대량 주문 trial order 시험 주문 initial 처음의

39 Not / True 문제

해석 다음 중 문법적으로 틀린 것은 무엇인가?

① (a)   ② (b)   ③ (c)   ④ (d)

해설 주어진 서신에서 틀린 것을 찾는 유형이다. 전기 히터의 효율성을 시험하는 기회를 제공한다는 의미가 되어야 하고 provide는 '제공하다'라는 의미의 타동사로 쓰일 때 전치사 with와 함께 쓰이므로, of는 with가 되어야 한다. 따라서 답은 ④번이다.

40 빈칸에 적절한 것 찾기 문제

해석 가장 적절한 단어를 사용하여 빈칸을 채우시오.

> 확정 금액을 지급하기 위해 양 당사자 간에 작성된 것은 (약속어음)이다. 지급하기로 약속하는 당사자는 발행인이라고 부르며, 지급받는 당사자는 어음 수취인이다.

① 약속어음   ② 신용장
③ 환어음   ④ 환어음

해설 주어진 빈칸에 적절한 것을 찾는 유형이다. 확정 금액을 지급하기 위해 양 당사자 간에 작성된 것은 약속어음이다. 따라서 답은 ①번이다.

어휘 determinate 확정적인   party 당사자   promise 약속하다
maker (약속어음)발행인   payee (어음) 수취인
promissory note 약속어음   letter of credit 신용장
draft 환어음   Bill of Exchange 환어음

41 Not / True 문제

해석 다음 중 좋은 짝이 아닌 것은 무엇인가?

> (A) 보험승낙서, (B) 보험증권 혹은 예정보험 하에서의 (C) 보험증명서와 같은 보험서류는 보험회사, 보험업자 또는 그들의 대리인 혹은 (D) 대리인에 의해 발행되고 서명되는 것으로 보여야 한다.

① (A) 부보각서
② (B) 보험증권
③ (C) 보험증명서
④ (D) 대리인

해설 주어진 지문에서 빈칸에 적절하지 않은 것을 찾는 유형이다. 부보각서(보험승낙서)는 보험조건 등의 명세를 약식으로 기재하여 발행한 서류로 보험서류로 인정되지 않는다. 따라서 답은 ①번이다.

어휘 open cover 예정보험   underwriter 보험업자
cover note 부보각서, 보험승낙서   insurance policy 보험증권
insurance certificate 보험증명서   proxy 대리인

42 Not / True 문제

해석 UCP 600 하에서 틀린 것은 무엇인가?

① 만기일을 결정하기 위하여 사용된 경우 "from"과 "after"라는 용어는 언급된 일자를 포함한다.
② 은행은 서류와 연관될 수 있는 물품, 서비스 또는 의무이행이 아니라 서류를 다룬다.
③ 다른 나라에 있는 은행의 지점들은 별개의 은행으로 간주된다.
④ 개설의뢰인은 그의 요청에 따라 신용장이 개설되는 당사자를 의미한다.

해설 주어진 보기 중 틀린 것을 찾는 유형이다. UCP 600 제3조에 따르면, 만기일을 결정하기 위하여 사용된 경우 "from" 및 "after"라는 단어는 언급된 일자를 제외한다고 규정하고 있다. 따라서 답은 ①번이다.

어휘 maturity date 만기일   performance (계약상의) 의무이행
separate 별개의, 관련 없는   applicant 개설의뢰인

43 Not / True 문제

해석 중재에 대해 틀린 것을 고르시오.

① 중재결정은 최종적이며 양 당사자에게 법적 구속력이 있다.
② 분쟁은 소송보다 중재가 시간과 비용을 아끼고 더 빨리 해결된다.
③ 양 당사자는 중재인, 장소, 언어를 정할 수 있다.
④ 소송 절차는 대중에게 공개되고 중재판정은 공개된다.

해설 주어진 보기 중 틀린 것을 찾는 유형이다. 중재는 원칙적으로 비공개로 진행되며 중재판정도 공개되지 않는다. 따라서 답은 ④번이다.

어휘 arbitration 중재   binding 법적 구속력이 있는   party 당사자
dispute 분쟁   litigation 소송   arbitrator 중재자
proceeding 소송 절차   arbitral award 중재판정
disclose 공개하다

44 빈칸에 적절한 것 찾기 문제

해석 빈칸이 가리키는 것은 무엇인가?

> (TQ조건)은 말 그대로 "도착하는 대로"를 의미한다. 그것은 공정한 검사 기관에 의해 발행된 품질증명서에 의해 입증된 대로, 선적 시에 양호한 상태에 있었던 한, 송하인이 어떤 조건에서도 물품을 인수한다는 것을 나타내기 위해 곡물을 대량으로 선적하는 계약에서 사용된다.

① 판매적격품질조건   ② TQ조건
③ RT조건   ④ SD조건

해설 주어진 빈칸에 적절한 것을 찾는 유형이다. 곡물의 품질에 대해 매도인이 물품의 품질을 선적 시점까지만 책임을 지는 선적지품질조건에 해당하는 것은 TQ조건이다. 따라서 답은 ②번이다.

어휘 **literally** 말 그대로 **contract** 계약 **in bulk** 대량으로, 산물상태로
signify 나타내다 **consignor** 송하인 **condition** 상태
evidence 입증하다 **certificate** 증명서 **impartial** 공정한
inspection 검사 **agency** 기관 **GMQ** 판매적격품질조건
Tale Quale TQ조건 **Rye Term** RT조건
Sea Damaged Term SD조건

어휘 **importer** 수입자 **favorable** 좋은, 호감을 주는, 우호적인, 유리한
history 이력 **freight forwarder** 운송주선인
deem 생각하다, 여기다 **creditworthy** 신뢰할 수 있는
trade 무역 **transaction** 거래 **advantageous** 유리한
in terms of ~ 면에서 **cash flow** 현금 유동성 **risky** 위험한
exporter 수출자 **applicant** 개설의뢰인

45 다른 문장/같은 문장 찾기 문제

해석 밑줄 친 부분을 대체할 수 없는 것은 무엇인가?

① 저희는 할 수 없이 저희 변호사에게 그 문제를 맡길 것입니다. (그 문제에 대해 법적 절차를 시작하다)

② 저희는 귀하께 저희가 의무를 이행하는 것이 아직 가능하지 않다는 점을 알려야 합니다. (약정을 이행하다)

③ 저희에게 귀하께서 부채를 갚을 수 없음에 대해 솔직히 써주셔서 감사합니다. (부채를 갚을 수 있는 능력)

④ 그러나, 과거에 (외상)거래를 결제하기 위해 귀하께서 추가 시간을 요청하셨던 여러 사례들이 있습니다. (대차를 정산하다)

해설 주어진 문장과 다른 내용을 찾는 유형이다. '빚을 갚을 수 없음'과 '빚을 갚을 수 있는 능력'은 다른 내용이므로, 따라서 답은 ③번이다.

어휘 **be compelled to** 할 수 없이 ~하다
in the hands of ~의 수중에 **institute** (절차를) 시작하다
legal proceeding 법적 절차
meet one's obligations 의무를 이행하다 **fulfill** 이행하다
commitment 약정, 의무 **frankly** 솔직하게
inability ~할 수 없음, 무능 **debt** 부채, 빚 **competence** 능력
instance 사례 **settle one's account** (외상)거래에 대해 결제하다
balance one's account 대차를 정산하다

46 Not/True 문제

해석 O/A 결제에 대한 설명으로 옳은 것을 고르시오.

① 수입자가 좋은 결제 이력을 가지고 있을 때 사용하는 것은 위험하다.

② 운송주선인이 무역 거래에서 신용할 수 있다고 생각되면 사용하는 것이 안전하다.

③ O/A는 현금 유동성과 비용 면에서 수입자에게 가장 유리한 옵션이지만, 결과적으로 수출자에게는 가장 위험한 옵션이다.

④ O/A는 Opening Applicant를 의미한다.

해설 주어진 보기 중 옳은 것을 찾는 유형이다. O/A 방식은 결제만기일을 약정한 후 수출자가 먼저 선적을 완료하면 수입자가 만기일에 송금하는 방식이므로, 현금 유동성과 비용 면에서 수입자에게 가장 유리한 옵션이지만, 결과적으로 수출자에게는 가장 위험한 옵션이다. 따라서 답은 ③번이다.

47 추론 문제

해석 이것은 무엇인가?

> 이것은 마약 밀매와 같은 범죄를 통해 얻은 돈을 숨기기 위한 범죄를 묘사할 때 사용되는 용어이다.
> 다시 말해, 강탈, 내부 거래, 마약 밀매 그리고 불법 도박과 같은 특정 범죄를 통해 얻은 돈은 '더럽다.'

① 자금 세탁   ② 사기
③ 불법 투자   ④ 비정상 송금

해설 주어진 지문에서 추론할 수 있는 것을 찾는 유형이다. 범죄를 통해 얻은 돈을 숨기는 것이라고 했으므로 자금 세탁에 대한 내용임을 알 수 있다. 따라서 답은 ①번이다.

어휘 **offence** 범죄 **conceal** 숨기다 **drug trafficking** 마약 밀매
extortion 강탈 **insider trading** 내부 거래 **laundering** 세탁
fraud 사기 **investment** 투자 **remittance** 송금

48 빈칸에 적절한 것 찾기 문제

해석 서신에 따르면, 빈칸에 공통으로 들어가기 가장 적절한 것은 무엇인가?

> Maxine 스포츠 의류에 대한 귀사의 관심에 정말 감사드립니다. 그렇지만, 귀사께서 요청하셨던 정보는 드릴 수 없어 유감스럽게 생각합니다.
> 당사는 의류를 소비자에게 직접 판매하지 않으므로, 도매가를 당사와 중개업체 간에만 알고 있으려 합니다. 이는 거래처의 충성과 신의를 둘 다 받을 만한 당사의 방식입니다. 명백히, 소비자에게 도매가를 누설하는 행위는 신뢰에 대한 위반입니다.

① 중개업체 명단   ② 도매가
③ 최고가   ④ 소비자 정보

해설 주어진 지문의 빈칸에 적절한 것을 찾는 유형이다. 고객에게 요청했던 정보를 줄 수 없다는 것을 알리면서 양해를 구하고, 도매가는 당사와 중개업체 간에만 알고 있으려고 한다며 소비자에게 도매가를 누설하는 행위는 신뢰에 대한 위반이라고 했으므로, 빈칸에는 '도매가'라는 내용이 와야 적절하다. 따라서 답은 ②번이다.

어휘 **keep oneself** ~만 알고 있다 **merit** 받을 만하다
divulge 누설하다 **violation** 위반, 위배

49 다른 문장/같은 문장 찾기 문제

해석 다음 중 가장 어색한 영어 작문은 무엇인가?

① 우리 소프트웨어 제품에 관심을 보여주신 귀사의 4월 8일 자 문의에 대해 감사드립니다.
→ 당사의 소프트웨어 제품에 관심을 보여주신 귀사의 4월 8일 자 문의에 대해 감사드립니다.

② 오늘 주문서 No.9087에 대한 배송을 받고 포장을 풀었을 때, 우리는 전 품목이 완전히 파손되었음을 발견했습니다.
→ 오늘 주문서 No.9087에 대한 배송을 받고 포장을 풀었을 때, 우리는 전 품목이 완전히 파손했음을 발견했습니다.

③ 신용장의 잔액은 미화 15,000달러이므로 그 범위 내에서 선적해 주십시오.
→ 신용장의 잔액은 미화 15,000달러이므로, 그 금액 내에서 선적해 주십시오.

④ 귀사가 신용장의 유효 기간 내에 주문을 이행하지 않았으므로 당사는 신용장을 취소하겠습니다.
→ 귀사가 신용장의 유효 기간 내 주문을 이행하지 않았으므로, 당사는 신용장을 취소할 것입니다.

해설 주어진 문장과 다른 내용을 찾는 유형이다. 전 품목이 완전히 파손된 것이므로 수동태를 사용하여 were completely damaged로 쓰여야 한다. 따라서 답은 ②번이다.

어휘 inquiry 문의 unpack (꾸러미·짐을) 풀다 execute 이행하다 validity 유효성 L/C 신용장 cancellation 취소

50 다른 문장/같은 문장 찾기 문제

해석 다음 중 문법적으로 옳지 않은 것은 무엇인가?

① 귀하가 겪은 불편에 대해 깊이 사과드립니다.
→ 귀사가 겪은 불편에 대해 크게 사과드립니다.

② 2월 20일까지 귀사 부담으로 XT-4879 케이블 모뎀 500개를 항공 화물 편으로 보내주시기 바랍니다.
→ 2월 20일까지 귀사 부담으로 당사에 항공 화물편으로 XT-4879 케이블 모뎀 500개를 보내주시기 바랍니다.

③ 귀사의 8월 5일 자 주문서에 대한 신용장이 개설되도록 귀사 거래 은행에 신용장 개설을 촉구하여 주십시오.
→ 귀사의 8월 5일 자 주문서에 대해 귀사의 거래 은행에 신용장 개설을 처리해 주십시오.

④ 귀사가 주문하신 Model No.289E 재봉틀이 단종되었음을 알려드리게 되어 유감입니다.
→ 주문하신 모델 No.289E 재봉틀을 생산을 중단한 것을 알려드리게 되어 유감입니다.

해설 주어진 문장에서 틀린 것을 찾는 유형이다. 재봉틀의 생산이 중단되어진 것이므로 수동태를 사용하여 have been discontinued로 쓰여야 한다. 따라서 답은 ④번이다.

어휘 inconvenience 불편 air freight 항공 화물 letter of credit 신용장 sewing machine 재봉틀 discontinue (생산을) 중단하다

<제3과목> 무역실무

51 무역계약/국제상관습법

해설 묵시조항은 상관습에 의해 계약내용을 보완하는 기능을 한다. 이로 인해 명시조항은 간단히 표시할 수 있게 된다. 예를 들어 FOB BUSAN이라는 계약내용을 계약서에 명시한 경우 이는 매우 간결한 명시조항으로서 인도의 장소와 방법, 위험 및 비용의 이전, 수출입 통관, 운송 및 보험계약 등의 주요 계약내용을 묵시적으로 합의한 것이 된다.
ⓐ 무역계약
ⓑ 명시조항
ⓒ 국제상관습
ⓓ 묵시조항

52 무역보험/해상보험계약의 용어

해설 위험은 손해발생의 가능성을 의미하는 것으로, 반드시 손해로 연결되는 것은 아니다.

> **★ 더 알아보기**
> • 보험금액
>   피보험자가 실제로 보험에 가입한 금액으로, 손해발생 시에 보험자가 보험계약상 부담하는 손해보상책임의 최고한도액을 의미한다.
> • 보험가액
>   피보험이익을 경제적으로 평가한 금액으로, 보험사고 발생 시 피보험자가 피보험이익에 대하여 입은 손해의 한도액을 의미한다.

53 무역결제/국제팩토링

해설 국제팩토링(International Factoring)은 팩터 간의 연계를 통해 수출대금 회수를 보증하고, 원칙적으로 무소구권으로 매도인의 매출채권을 할인하므로 안전한 방법이다.

54 무역결제/신용장의 개요

해설 신용장은 신용장의 조건과 일치하는 서류 제시와의 상환으로 신용장 개설은행이 수익자에게 대금지급을 약속하므로 양도된 신용장의 경우에도 최종적인 지급의무를 지는 당사자는 원신용장 개설은행이다.

55 무역보험/보험계약기간

해설 보험계약기간과 보험기간은 일반적으로 일치하지만, 소급보험이나 예정보험은 이들이 일치하지 않는 경우의 대표적인 예시가 된다.

56 무역운송 / 컨테이너운송

해설   컨테이너운송은 하역의 기계화로 하역 및 관리시간을 단축할 수 있다는 장점이 있다.

57 무역보험 / 현실전손

해설   MIA(영국해상보험법)에 의하면 선박의 행방불명은 현실전손으로 간주된다.

58 무역보험 / 피보험이익의 원칙

해설   피보험자의 피보험이익은 보험계약의 체결 당시에 확정되어 있어야 하는 것은 아니지만, 보험사고가 발생한 때까지는 확정될 수 있어야 한다.

59 무역운송 / 복합운송인 책임체계

해설   수정동일(수정단일)책임체계에 대한 내용이다.

60 무역계약 / Incoterms 2010

해설   ②는 옳은 설명이다

① Incoterms 2010 규칙은 매도인과 매수인의 합의에 의해 적용되는 임의 규칙이다.

③ Incoterms 2010 규칙은 당사자 간에 합의되었거나 관습이 있는 범위 내에서, 전자적 통신은 종이에 의한 통신과 동일한 효력을 부여하고 있다.

④ Incoterms 2010 규칙은 물품의 소유권 이전이나 계약위반의 효과에 대해서는 다루고 있지 않으며, 이러한 사항들은 매매계약상의 명시조건이나 그 준거법에 의해 결정된다.

61 무역결제 / 양도가능 신용장

해설   '©'은 옳은 설명이다.

㉠ 중계무역에서 양도가능신용장을 사용할 수 있으나, 반드시 양도가능신용장을 사용해야 하는 것은 아니다.

㉡ 제2수익자가 1인인지 여러명인지에 관계없이, 양도는 제1수익자의 선택에 따라 전액양도와 일부양도 모두 가능하다.

㉣ 양도는 1회에 한하여 허용되므로 제2수익자가 이후의 수익자에게는 재양도할 수 없다.

㉤ Local L/C는 내국신용장을 말하며, 양도가능신용장의 한 종류가 아니라 원신용장과 독립적인 신용장이다.

62 무역운송 / 부지약관 선하증권

해설   선하증권에 기재된 화물의 품명, 수량, 상태에 대해 운송인이 면책된다고 하는 부지약관은 주로 정기선 운송에서 사용되는데, 정기선 운임에는 하역비용이 포함되어 청구되는 것이 일반적이므로 화주가 별도로 적재 및 양하비용을 지불해야 하는 FIO 조건은 적용되지 않는다.

63 무역계약 / 청약

해설   인도조건의 조회는 청약조건을 실질적으로 변경하는 것으로 보지 않는다.

64 무역계약 / Frustration

해설   ① 계약목적물의 멸실은 물리적 멸실뿐만 아니라 상업적 멸실도 포함한다.

③ Frustration의 성립요건 중 사정의 본질적 변화에 해당하는 요소는 주요 공급원의 예기치 못한 폐쇄, 농산물의 흉작 또는 불작황, 계약당사자의 사망 또는 중병 등이 있다.

④ Frustration이 성립할 경우 계약 자체가 소멸되지만 불가항력조항이 적용되는 경우 당사자간의 계약불이행에 따른 면책이 인정된다.

65 무역보험 / 신협회적하약관

해설 ICC(B)와 ICC(C)의 경우는 담보하는 위험을 열거한 열거책임주의가 적용된다. 따라서 면책약관 이외의 우연한 사고 모두를 담보하지는 않으며 담보위험에 명시된 위험만을 보상한다.

66 무역운송 / 복합운송증권의 특징

해설 복합운송증권의 배서방식은 별도로 제한되어 있지는 않아서 지시식으로 발행된 경우 정식배서와 백지배서(약식배서)에 의해 양도가 가능하므로 백지배서뿐 아니라 정식(기명식)배서에 의해서도 양도될 수 있다.

67 무역결제 / 포페이팅방식

해설 수출상은 수출상품에 대한 인도에 대해서만 책임부담하며 할인은 포페이터가 부담한다.

68 무역보험 / 해상위험의 담보원칙

해설 포괄책임주의에는 ICC(A)와, A/R가 있으며, 담보하는 위험을 구체적으로 열거하지 않고 면책위험을 제외한 일체의 보험목적물에 발생하는 모든 위험을 담보하는 방식으로 일반책임주의라고도 한다.
W/A, FPA, ICC(B), ICC(C)는 열거책임주의에 해당한다.

69 무역보험 / 손해보상의 원칙

해설 보험자는 직접손해에 대해서 보상책임을 지며, 간접손해에 대해서는 책임을 지지 않는다는 원칙을 따른다. 다만, 직접손해가 발생해도 면책비율에 의해 면책되는 경우가 있으며 손해방지비용, 공동해손비용, 구조료, 배상책임 등과 같은 간접손해에 대해서 보상하는 경우도 있다.

70 무역운송 / 기명식 선하증권

해설 수하인(Consignee)란에 특정 수하인의 상호 및 주소가 기재된 기명식 선하증권은 특정 수하인에게 제공되어 유통의 의사가 없는 경우에 사용되며, 유통 및 배서·양도가 불가능한 비유통성 증권으로 간주된다.

71 무역계약 / Incoterms 2010

해설 매도인의 본선으로의 선적의무가 추가되어 FOB 조건이 되는 것은 FAS 조건이다.

> ★ 더 알아보기
> FCA 조건은 매도인이 물품을 그의 영업소 또는 기타 지정장소에서 매수인이 지정한 운송인이나 제3자에게 인도하는 조건을 의미한다.

72 무역계약 / 선적일자

해설 선하증권이 발행된 경우, 선적일자는 발행일과 본선적재일이 기준이 되는데, UCP 600에서는 발행일을 선적일자의 기준으로 하며, 본선적재일이 추가로 기재된 경우에는 해당 적재일을 선적일자로 간주한다. 수취식선하증권은 본선적재이전에 발행되어 본선적재일이 추후에 기재될 것이므로 발행일을 선적일로 간주할 수 없다.

73 무역운송 / 해상운송규칙

해설 해상운송에 적용되는 헤이그-비스비 규칙상 운송인의 면책사항으로서 침몰, 좌초와 통상적인 풍파로 인하여 발생한 화물의 멸실이나 손상은 명시되어 있지 않다.

74 무역결제 / 환어음의 필수기재사항

해설 환어음의 필수기재사항으로는 환어음의 표시문구, 일정 금액을 지급할 것을 뜻하는 무조건적인 위탁 문구, 지급인, 수취인의 명칭(지급을 받을 자 또는 지급 받을 자를 지시할 자의 명칭), 지급만기일, 지급지, 발행일 및 발행지의 표시, 발행인의 기명날인이 있다.

75 무역계약 / 승낙

해설 청약에 대한 동의의 의사를 표시하는 피청약자의 진술 또는 행위는 승낙으로 간주되며, 침묵 또는 부작위, 반대청약은 승낙으로 간주되지 않는다. 또한 CISG에서는 교차청약에 대한 규정을 두고 있지 않으므로 교차청약이 유효한 청약인지의 여부를 CISG를 근거로 판단할 수는 없다.

<제1과목> 영문해석

01 ②	**02** ①	**03** ④	**04** ①	**05** ④
06 ①	**07** ③	**08** ②	**09** ④	**10** ①
11 ②	**12** ②	**13** ③	**14** 모두 정답	**15** ④
16 ④	**17** ②	**18** ②	**19** ④	**20** ②
21 ②	**22** ④	**23** ②	**24** ①	**25** ①

<제2과목> 영작문

26 ②	**27** ④	**28** ②	**29** ②	**30** ①
31 ③	**32** ①	**33** ①	**34** ③	**35** ②
36 ①	**37** ③	**38** ①	**39** ③	**40** ④
41 ①	**42** ③	**43** ④	**44** ④	**45** ④
46 ④	**47** ④	**48** ②	**49** ③	**50** ①

<제3과목> 무역실무

51 ④	**52** ②	**53** ④	**54** ③	**55** ④
56 ②	**57** ②	**58** ④	**59** ④	**60** ④
61 ②	**62** ①	**63** ③	**64** ②	**65** ②
66 ①	**67** ②	**68** ③	**69** ①	**70** ③
71 ③	**72** ②	**73** ④	**74** ②	**75** ④

<제1과목> 영문해석

01 Not / True 문제

해석 신용장에 대한 설명 중 틀린 부분은 무엇인가?

> 신용장은 아마도 (A) 수출과 수입 선적 모두에 가장 널리 사용되는 자금조달방법일 것이다.
>
> 신용장을 개설할 때, 매수인은 자신의 은행에 (B) 매수인을 수익자로 하여 특정 금액을 신청한다. 매수인은 (C) 매도인이 제시해야 하는 문서, 신용장의 기간, (D) 발행할 수 있는 어음의 만기, 누구를 지급인으로 발행할지, 선적 시기 및 거래의 모든 세부 사항을 명시한다.

① A ② B ③ C ④ D

해설 주어진 지문에서 틀린 부분을 찾는 유형이다. 신용장은 수입자(매수인)의 요청에 의해 신용장 개설은행이 수출자(매도인)인 수익자에게 대금지급을 약속하는 조건부 지급확약서이므로, 수출자(매도인)를 수익자로 하여 요청된다. 따라서 답은 ②번이다.

어휘 letter of credit 신용장 finance 자금(금융) 조달하다
shipment 선적 stipulate 명기하다
tenor 만기, 기한부, (같이 발행된) 원본 중 하나 draft 환어음

[02~03] 다음을 읽고 질문에 답하시오.

> Mr. Cox께
>
> 당사는 한국 도처에 직판점을 가지고 있는 큰 오토바이 소매 체인이며 최근 도쿄 무역 박람회에서 귀사의 사업장에 전시되었던 heavy touring bike에 관심이 있습니다.
>
> 이곳에서는 이러한 종류의 machine에 대한 수요가 증가하고 있습니다. 크기가 더 큰 machine의 판매는 지난 2년간, 특히 40 ～ 50대 연령 집단에서 70% 이상 증가해왔으며, 그 연령대는 더 강력한 bike를 원하며, 그것을 구매할 능력이 있습니다.
>
> 당사는 우리에게 heavy machine을 도입할 독점 판매권을 제공할 공급업체를 찾고 있습니다. 현재 당사는 많은 제조업체를 대표하고 있지만, 귀사의 750cc, 1000cc, 1200cc 모델과 경쟁하지 않는 600cc까지의 machine만을 판매합니다.
>
> 당사는 정가의 10%의 수수료 조건으로 운영하고, 요청 시 추가의 3%의 대금지급보증 수수료를 적용하며, 당사는 귀사가 연간 미화 5백만 달러 이상의 매출액을 기대할 수 있다고 추산합니다. 귀사의 광고 비용이 더해지면 아마 이 수치의 두 배가 될 수 있습니다.
>
> 소식 기다리겠습니다.
>
> Steve Kim

02 추론 문제

해석 추론할 수 없는 것은 무엇인가?

① Steve는 그들의 현재 공급업체들과 같은 종류의 오토바이를 대표하고 싶어한다.
② Mr. Cox의 회사는 heavy touring bike에 관여하고 있다.
③ Steve Kim은 최종 구매자의 신용 위험을 감수할 수 있다.
④ 40～50대 한국 소비자들은 엔진 배기량이 큰 오토바이를 구매하는 경향이 있다.

해설 | 주어진 서신에서 추론할 수 없는 것을 묻는 유형이다. Steve Kim이 현재 Mr. Cox 회사의 모델과 경쟁하지 않는 배기량의 오토바이들을 판매하고 있다고 하였으므로, 현재 공급업체들과는 다른 종류의 오토바이를 대표하고 싶어함을 추론할 수 있다. 따라서 답은 ①번이다.

03 Not / True 문제

해석 | <u>대금지급보증과 관련이 없는 것</u>은 무엇인가?
① 여기서 대금지급보증 대리인은 매수인이 신뢰할 수 있다는 것을 보증한다.
② 대금지급보증 대리인은 매수인이 채무불이행할 경우 원금을 보상한다.
③ 신용위험에 대처하기 위해 대금지급보증 대리인은 더 높은 수수료율을 부과한다.
④ 대금지급보증 대리인은 대리인이 매수인을 대신하여 계약하는 제3자의 지급 능력을 보장하는 대리인이다.

해설 | 주어진 보기에서 틀린 내용을 찾는 유형이다. 대금지급보증 대리인은 매도인을 대리하여 상품을 판매하면서 구매자의 대금지급능력을 보증하는 지급보증을 추가하는 대리인이므로, 매수인이 아닌 매도인 본인을 대리하여 계약을 체결한다. 따라서 답은 ④번이다.

어휘 | **throughout** 도처에 **outlet** 직판점 **stand** 사업장, 가판대
commission 수수료 **basis on** ~에 기반하여
del credere 대금지급보증 **in excess of** ~ 이상의, ~을 초과하여
turnover 매출액, 총매상고 **allowance** 비용, 자금
default 채무불이행 **solvency** 지급 능력, 상환 능력

04 추론 문제

해석 | 밑줄 친 거래가 나타내는 것은 무엇인가?

> 신용장이 그 거래를 명확히 언급하더라도 신용장의 조건은 원인 거래와 무관하다. 그러나 서류심사에서 불필요한 비용, 지연, 분쟁을 피하기 위해 개설의뢰인과 수익자는 어떤 서류가 필요한지, 누구에 의해 서류가 작성되어야 하는지 그리고 제시해야 하는 기간을 신중하게 검토해야 한다.

① 매매계약
② 운송계약
③ 견적송장
④ 원산지 증명서

해설 | 밑줄친 부분이 나타내는 것을 추론하는 유형이다. 독립성의 원칙에 의해 신용장은 수출자·수입자 간의 매매계약과는 독립된 별개의 거래이다. 따라서 답은 ①번이다.

어휘 | **expressly** 명확히 **examination** 심사, 검사
applicant 개설의뢰인 **beneficiary** 수익자
time frame 기간, 시간 **pro-forma invoice** 견적송장

05 Not / True 문제

해석 | 다음은 Incoterms 2010의 DAT에 대한 설명이다. 틀린 부분을 고르시오.

> 물품이 (a) 도착운송수단으로부터 양하된 상태로 (b) 지정목적항이나 지정목적지의 지정터미널에서 매수인의 처분하에 놓이는 때에 매도인이 인도한다. "터미널"은 부두, 창고, 컨테이너장치장(CY) 또는 도로·철도·항공화물의 터미널과 같은 (c) 장소를 포함하며, 지붕의 유무를 불문한다. (d) 당사자들이 터미널에서 다른 장소까지 물품을 운송하고 취급하는 데 수반하는 위험과 비용을 매수인이 부담하도록 의도하는 때에는, DAP 또는 DDP가 사용되어야 한다.

① (a)　　② (b)　　③ (c)　　④ (d)

해설 | 인코텀즈 2010에 따른 DAT에 대한 설명으로 틀린것을 찾는 유형이다. 인코텀즈 2010에 따르면, 당사자들이 터미널에서 다른 장소까지 물품을 운송하고 취급하는 데 수반하는 위험과 비용을 매도인이 부담하도록 하는 때에는 DAP나 DDP를 사용하도록 권고하고 있다. 따라서 답은 ④번이다.

06 다른 문장 / 같은 문장 찾기 문제

해석 | 가장 맞지 않는 번역을 고르시오.

> (1) 신용장이 하나 이상의 제2수익자에게 양도된 경우에는 (2) 하나 또는 그 이상의 제2수익자에 의한 조건변경의 거절은 어떤 다른 제2수익자에 의한 승낙을 무효로 하지 아니하고 (3) 따라서 승낙한 제2수익자와 관련하여 양도된 신용장은 조건변경이 되고 (4) 조건변경을 거절한 제2수익자에 대하여는, 양도된 신용장은 조건변경 없이 유지된다.

해설 | 주어진 문장과 다른 내용을 찾는 유형이다. 본문은 양도신용장이 둘 이상의 제2수익자에게 양도되는 분할양도 시의 조건변경에 대한 UCP의 규정이며, more than one은 하나보다 많다는 의미이므로 하나 이상의 제2수익자라는 번역은 옳지 않다. 따라서 답은 ①번이다.

어휘 | **transfer** 양도하다 **beneficiary** 수익자
amendment (신용장의) 조건변경 **invalidate** 무효화하다
with respect to ~에 관하여

07 Not/True 문제

해석 서신에 따르면 맞지 않는 것은 무엇인가?

> Mr. Richardson께
>
> 당사는 귀하의 4월 15일 자 CD플레이어 추가 공급 주문을 받고 기뻤습니다.
>
> 하지만, 현재의 어려운 상황 때문에, 당사는 우리의 많은 고객들이 그분들의 신용거래를 합리적인 한도 내에서 유지하도록 해야 합니다. 이렇게 해야만 우리 자신의 의무를 다할 수 있습니다.
>
> 현재 귀하의 신용거래 잔액은 1,800달러 이상입니다. 당사가 추가 물품에 대해 신용(외상)을 주기 전에 귀하께서 그것을 줄일 수 있기를 바랍니다. 만일 귀하께서 당사에 빚진 금액의 반을 수표로 보내준다면 감사할 것입니다. 그러면 당사는 지금 요청된 상품을 공급하고 그것을 귀하의 신용거래로 청구하도록 준비할 수 있습니다.

① 글쓴이는 매도인이다.
② 글쓴이는 Mr. Richardson와 처음으로 거래하는 것이 아니다.
③ 글쓴이는 현재의 주문에 대해 수신자에게 수표를 보낼 것을 요청한다.
④ 이는 주문에 대한 회신이다.

해설 주어진 서신과 일치하지 않는 것을 찾는 유형이다. 글쓴이는 Mr. Richardson에게 신용거래의 잔액을 청산할 것을 요청하며, 잔액의 반을 수표로 보낼 것을 요청하고 있으므로, 현재 주문에 대해 수표를 보낼 것을 요청하고 있다는 내용은 맞지 않다. 따라서 답은 ③번이다.

어휘 account (신용/외상)거래
meet one's commitments 의무를 다하다, 약속한 일을 하다
balance 잔액

[08~09] 다음을 읽고 질문에 답하시오.

> 5월 25일 자 귀사의 문의에서 언급된 회사가 당사의 이름을 신용조회처로 제공했다는 사실에 놀라움을 표합니다.
>
> 당사는 그들이 평판 좋은 회사라는 것을 알고 있지만, 우리는 그들의 재무 상태에 대해 확실히 아는 바가 없습니다. 지난 5년 동안 그들이 여러 차례에 걸쳐 당사에게 주문을 한 것은 사실이지만, 귀사의 서신에 언급된 금액에 비해 관련 금액이 너무 적으며, 그렇다 하더라도 결제가 항상 제시간에 이루어지지도 않았습니다.
>
> 이는 당사가 느끼기에 신중함이 필수적인 경우이며, 대행사를 통해 추가적인 조사를 할 것을 제안합니다. 당사가 제공하는 정보는 극비로 처리될 것이라는 귀사의 보장을 수령하며, 당사가 더 도움이 되어드리지 못한 점을 유감스럽게 생각합니다.

08 빈칸에 적절한 것 찾기 문제

해석 문맥에 따르면, 빈칸에 가장 적합한 문장은 무엇인가?

① 따라서, 당사는 이 회사가 신용등급이 좋다는 것을 알게 되었습니다.
② 이는 당사가 느끼기에 신중함이 요구되는 경우이며, 대행사를 통해 추가적인 조사를 할 것을 제안합니다.
③ 당사는 1970년에 설립되어 빼어난 매출로 꾸준한 사업 성장을 누리고 있습니다.
④ 당사는 귀사께서 지금 부담하고 있는 채무의 액수가 귀사의 신용 조건 허용에 동의하기 어렵게 하는 점에 대해 유감으로 생각합니다.

해설 주어진 서신의 빈칸에 적절한 것을 찾는 유형이다. 서신에서 그 회사의 재무상태에 대해 확실히 아는 바가 없다고 하였으므로, 신중함이 필요하다는 의견을 제공하고 추가 조사를 할 것을 제안하는 내용이 와야 적절하다. 따라서 답은 ②번이다.

09 추론 문제

해석 박스 안의 지문은 서신에 대한 회신이다. 다음 중 이전 서신에 포함될 수 없을 것은 무엇인가?

① 그들의 요구사항은 분기당 약 20만 달러에 달할 수 있으며, 당사는 그들의 이 정도 규모의 재정적 의무 이행 능력에 대한 귀사의 의견을 주시면 감사하겠습니다.
② 그들은 지난 2년 동안 정기적으로 귀사와 거래했다고 하며, 신용조회처로 귀사의 이름을 당사에게 알려주었습니다.
③ 이 회사가 귀사와의 거래에서 철저히 신뢰할 수 있고, 신속하게 결제하는 회사인지 여부를 당사에게 극비로 상세히 알려주시면 감사하겠습니다.
④ 일단 귀사가 당사의 신용조회처에 연락하시면, 당사는 우리의 주문과 관련하여 신속한 결정을 내릴 수 있을 것입니다.

해설 주어진 서신에 대한 이전 서신으로 적정하지 않은 것을 추론하는 유형이다. 신용조회처로서 대상이 되는 회사에 대한 신용정보를 제공하고 있으므로 우리의 신용조회처에 연락하면 우리의 주문과 관련하여 결정을 내릴 수 있을 거라는 내용은 이전 서신으로 적정하지 않다. 따라서 답은 ④번이다.

어휘 reputable 평판 좋은 financial position 재무상태
settle 결제하다, 청산하다 credit inquiry 신용조회
quarter 분기 obligation 채무, 의무
commitment (재정적 의무 이행의) 약속

10 추론 문제

해석 다음 서신에서 추론할 수 없는 것은 무엇인가?

> Mr. Han께,
>
> 귀하의 서신과 관련하여, 당사는 귀사가 필요로 하시는 그 선박을 확보할 수 있었다는 것을 알려드리게 되어 기쁩니다.
> 그것은 SS Eagle호이고 현재 부산항에 정박되어 있습니다. 그것은 7천 톤의 화물 운송 능력을 가진 벌크선이며, 24노트의 속도를 가지고 있어, 확실히 두 달 동안 여러 차례의 항해를 할 수 있을 것입니다.
> 용선 계약이 확정되면 용선계약서를 보내드리겠습니다.

① 송하인은 컨테이너에 많은 물품을 가지고 있다.
② 기간(정기) 용선 계약이 이 거래에 적합하다.
③ 발행될 용선계약서는 비유통성이다.
④ 글쓴이는 용선 중개인이다.

해설 주어진 서신에서 추론할 수 없는 것을 찾는 유형이다. Mr. Han이 필요로 하는 선박으로 7천톤의 벌크선을 언급하고 있으므로, 송하인에게 컨테이너에 많은 물품이 있다는 것은 추론할 수 없다. 따라서 답은 ①이다.

어휘 correspondence 서신 vessel 선박 dock 정박하다
bulk carrier 벌크선 charter 용선(계약)
charter party 용선 계약(서) shipper 송하인
Time charter 기간(정기) 용선
negotiable 유통 가능한, 양도 가능한
chartering broker 용선 중개인

11 다른 문장/같은 문장 찾기 문제

해석 다음 중 한글 번역에서 가장 적절하지 않은 것은?
① 지난 10년간 당사 수익은 매년 두 자리 수로 증가했습니다.
　→ 지난 10년간 당사 수익은 매년 두 자리 수로 증가했습니다.
② 올해 국내 경기가 침체되었지만, 당사는 3년 연속 연 15% 성장률을 유지하게 운영해 냈습니다.
　→ 올해 국내 경기가 침체되었지만, 당사의 경영은 세 번째 해에 드디어 연 15% 성장률을 유지하게 해 주었습니다.
③ 주문하신 상품은 완성되어 선적준비가 되어 있습니다. 합의에 따라 7월 21일까지 신용장 통지를 받으면, 8월 6일 부산항을 출항해 8월 17일 Los Angeles에 입항할 예정인 "Zim Atlantic호"에 선적하겠습니다.
　→ 주문하신 상품은 완성되어 선적준비가 되어 있습니다. 합의에 따라 7월 21일까지 신용장 통지를 받으면, 8월 6일 부산항을 출항해 8월 17일 Los Angeles에 입항할 예정인 "Zim Atlantic호"에 선적하겠습니다.
④ 귀사가 제공하는 모든 상품은 당사가 제시한 명세서의 요구에 부합한다는 보증을 해 주셔야 합니다.
　→ 귀사가 제공하는 모든 상품은 당사가 제시한 명세서의 요구에 부합한다는 보증을 해 주셔야 합니다.

해설 주어진 문장과 다른 내용을 찾는 유형이다. 3년 연속 15% 성장률을 유지하게 해주었다고 하였으므로, 세 번째 해에 드디어 유지하게 해주었다는 내용은 맞지 않는다. 따라서 답은 ②번이다.

어휘 revenue 수익 annually 매년 stagnant 침체된
guarantee 보증하다 specification 명세서

12 다른 문장/같은 문장 찾기 문제

해석 다음 중 영한 문장으로 가장 적절하지 않은 것은 무엇인가?
① 오늘 당사가 이루고자 하는 것은 세 가지 주요 부품의 공급에 관한 1년간의 계약을 체결하는 것입니다.
　→ 오늘 당사가 이루고자 하는 것은 세 가지 주요 부품의 공급에 관한 1년간의 계약을 체결하는 것입니다.
② 시장 분석결과는 언제쯤 받을 수 있다고 생각합니까? 언제쯤 투자 수익을 볼 수 있을까요?
　→ 시장 분석결과는 언제쯤 받을 수 있다고 생각합니까? 언제쯤 당사가 돌아와서 다시 투자할 수 있을까요?
③ 대부분의 다른 대리점은 당사의 요구를 들어줄 만한 전문기술이 없습니다.
　→ 대부분의 다른 대리점은 당사의 요구를 들어줄 만한 전문기술이 없습니다.
④ 계약이 성공적으로 이행되면 1년마다 연장이 될 겁니다.
　→ 계약이 성공적으로 이행되면 1년마다 연장이 될 겁니다.

해설 주어진 문장과 다른 내용을 찾는 유형이다. 언제쯤 투자 수익을 볼 수 있겠냐고 하였으므로, 언제쯤 다시 투자할 수 있겠냐는 내용은 맞지 않는다. 따라서 답은 ②이다.

어휘 component 부품 return 수익률
expertise 전문 기술, 전문분야 carry out 이행하다

13 문장 순서 찾기 문제

해석 다음 지문 바로 앞에 올 것은 무엇인가?

> 당사는 의류를 소비자에게 직접 판매하지 않으므로, 도매가를 당사와 중개업체 간에만 알고 있으려 합니다. 이는 거래처의 충성과 신의를 둘 다 받을 만한 당사의 방식입니다. 명백히, 소비자에게 도매가를 누설하는 행위는 신뢰에 대한 위반입니다.
> 그러나, 귀사의 참고를 위해 브롱크스와 맨해튼에 위치한 당사의 딜러 목록을 동봉하였습니다. 이런 많은 딜러들은 Maxine 스포츠의류를 할인하여 판매하고 있습니다.

① 상품 수입에 관심이 있으시다면, 언제든지 당사에 연락 주시기 바랍니다.
② 당사의 가격과 품질이 가장 경쟁력 있다고 확실히 말씀드릴 수 있습니다.
③ 귀사의 관심에 정말 감사드립니다. 그렇지만, 귀사께서 요청하신 정보는 드릴 수가 없어 유감입니다.

④ 현재는 가격 인상을 할 시기가 아니라는 것을 알려 드리게 되어 유감스럽게 생각합니다.

해설   주어진 지문 앞에 올 문장을 찾는 유형이다. 도매가를 알려 줄 수 없다고 했으므로, 요청한 정보를 줄 수 없다는 내용이 앞에 와야 자연스럽다. 따라서 답은 ③번이다.

어휘   keep oneself ~만 알고 있다   merit 받을 만하다
divulge 누설하다   violation 위반, 위배   price hike 가격 인상

14   Not / True 문제

해석   다음 중 아래 보험 서류가 수리되는 경우는 무엇인가?

> 미화 150,000달러에 대한 화환신용장은 선하증권과 전 위험 담보의 보험증명서 한 세트를 요구한다.
> 제시된 선하증권은 12월 15일을 선적일로 나타낸다.

> A. 미화 150,000달러 상당의 보험증권
> B. 12월 17일자 보험증명서
> C. 중개인이 서명한 확정통지서
> D. 면책률이 적용됨

① A+B   ② A+D
③ B+C   ④ C+D

해설   주어진 보기 중 적절한 것을 찾는 유형이다.
문제 자체에 오류가 있어 ①, ②, ③, ④번 모두 정답 처리되었다.

어휘   documentary credit 화환신용장   call for 요구하다
on board date 선적일
franchise (소손해)면책(률), 소손해공제(율)

15   Not / True 문제

해석   CIF 또는 CIP 비용이 서류로부터 결정되지 않는다면, UCP 600 하에서 지정은행은 다음을 부보하는 보험서류를 수리할 것이다 :

> A. 송장 총액의 110%
> B. 송장 총액의 100%
> C. 화환신용장 총액의 110%
> D. 신용장 하에서 요구된 결제, 인수 또는 매입 금액의 110%

① A, C
② B, D
③ A, B, D
④ A, C, D

해설   주어진 보기 중 적절한 것을 찾는 유형이다. UCP 규정상 보험 부보금액은 CIP 또는 CIF 금액의 110% 이상으로 하며, CIP 또는 CIF 금액을 알 수 없는 경우에는 송장 금액과 신용장 금액의 중 큰 금액의 110% 이상으로 부보하도록 한다. 따라서 답은 ④번이다.

어휘   insurance 보험   nominated bank 지정은행   invoice 송장
documentary credit 화환신용장   acceptance (어음의) 인수

16   추론 문제

해석   매입 은행은 어떤 행동을 취해야 하는가?

> 수익자에게 통지된 일람불 신용장이 개설의뢰인의 명의로 발행된 송장을 포함하는 서류를 요구한다.
> 수익자에 의해 매입은행에 제시된 서류들은 상업송장이 아닌 세관송장을 포함한다. 모든 다른 조건들은 충족되었다.

① 불일치이므로 서류를 거절한다.
② 지급수권을 위해 개설은행에 문의한다.
③ 수익자에 의해 조건변경 되도록 서류를 반환한다.
④ 신용장 조건에 완전히 일치하므로 서류에 대해 지급한다.

해설   주어진 지문에서 추론할 수 있는 것을 찾는 유형이다. UCP 규정상 신용장 조건에서 송장의 명칭을 특정하지 않은 경우, pro-forma invoice와 provisional invoice를 제외하고, 송장의 명칭에 관계없이 수리한다. 이외 모든 조건은 충족되었다고 하였으므로 일치하는 서류에 대해 지급해야 한다. 따라서 답은 ④번이다.

어휘   negotiating bank 매입은행   documentary credit 화환신용장
beneficiary 수익자   customs invoice 세관송장
commercial invoice 상업송장   terms and conditions 조건

17   추론 문제

해석   고객 불만에 대한 답신으로 적절하지 않은 것은 무엇인가?
① 바쁜 일정 중 시간을 내어 저희의 제품과 서비스가 고객님의 기대에 미치지 못한 것에 대한 불만을 표현해 주셔서 감사합니다.
② 이는 당사가 귀하의 이메일을 보았음을 확인하기 위한 것입니다. 당사는 귀하가 약속한 대로 다음 주에 당사의 화물을 수령하기를 기대합니다.
③ 그러나, 당사는 고객님께서 요구하신 대로 반품도 환불도 해드릴 수 없습니다. 이는 당사의 방침 때문입니다. 당사는 구매 후 2주 이내에 불만 사항이 접수된 주문에 대해서만 환불을 해드립니다.
④ Skynet Express Delivery Service를 이용하여 고객님의 주문을 제때 배송하려 노력했음에도 불구하고, 당사가 그 제품들의 배송에 정해진 시간을 맞추지 못한 것은 매우 유감스럽습니다.

해설   고객 불만에 대한 답신으로 적절하지 않은 것을 추론하는 유형이다. 다음 주에 화물을 수령하기를 기대한다는 내용은 고객 불만에 대한 답신으로 적절하지 않음을 추론할 수 있다. 따라서 답은 ②번이다.

어휘   grievance 불만, 고충   consignment 화물
allot 정하다, 할당하다

18 추론 문제

해석 문장 내에서 '이것'은 무엇인가?

> • 이것은 제품이 생산된 장소를 구매자에게 알려 주는 눈에 잘 띄는 곳에 위치해야 한다.
> • 이것은 제품이 만들어진 곳을 최종 구매자에게 명확하게 나타내기 위해 사용된다.
>
> ① 포장
> ② 원산지 표기
> ③ 상자 번호 표기
> ④ 취급 주의 표기

해설 주어진 지문에서 추론할 수 있는 것을 찾는 유형이다. 제품이 생산된 장소를 구매자에게 알려주기 위해 사용된다고 했으므로, 원산지 표기에 대한 설명임을 추론할 수 있다. 따라서 답은 ②번이다.

어휘 conspicuous 눈에 잘 띄는 indicate 나타내다
ultimate 최종의

19 다른 문장/같은 문장 찾기 문제

해석 한글 번역으로 가장 적합하지 않은 것은 무엇인가?

① 고객에게 교환으로 인도된 상품의 판매가는 매출총액 계산에 포함된다.
  → 고객에게 교환으로 인도된 상품의 판매가는 매출총액 계산에 포함된다.
② 화물이 통상적인 방법으로 운송에 적합하고 위험하지 않다는 화주의 묵시담보가 있다.
  → 화물이 통상적인 방법으로 운송에 적합하고 위험하지 않다는 화주의 묵시적 보증이 있다.
③ 영사송장은 수입국의 영사가 인증하여야 한다.
  → 영사송장은 수입국의 영사가 인증하여야 한다.
④ 만약 은행 대출이 5년 만기로 처음 연장되면, 3년 후에 그 대출은 2년간의 기한이 있다고 말할 수 있다.
  → 만약 은행 대출이 처음에 5년이었는데, 그 후 3년 연장되면, 그 대출은 2년간의 기한이 생겼다고도 말할 수 있다.

해설 주어진 문장과 다른 내용을 찾는 유형이다. 은행 대출이 5년 만기로 처음 연장되면, 3년 후에 그 대출은 2년간의 기한이 있다고 말할 수 있다는 내용이므로, 은행 대출이 처음 5년이었는데, 3년 연장된다는 내용은 맞지 않다. 따라서 답은 ④번이다.

어휘 computation 계산 gross sales 매출총액
implied warranty 묵시담보, 묵시적 보증
consular invoice 영사송장 certify 인증하다 consul 영사
bank loan 은행 대출, 은행 융자 tenor 기한

20 Not/True 문제

해석 다음 중 가장 맞지 않는 것은 무엇인가?

> Ms. Jones께,
>
> 최근 신속한 결제에 감사드립니다. 당사의 기록은 귀하의 현재 계정을 반영합니다.
> 이러한 상황에서, 귀하의 전체 신용 한도를 복구하게 되어 기쁩니다. 실제로, 최근 결제 기록을 통해 이전 미화 5,000달러에서 미화 8,000달러로 신용 한도를 늘려드릴 수 있습니다. 이렇게 하면 귀하의 고객들의 늘어나는 수요를 맞추는 데 필요한 추가 재고를 갖출 수 있으실 겁니다.
> 개인적으로, 귀하의 협조에 놀랐으며 진심으로 노력해 주셔서 감사합니다. 귀하께서는 당사의 일을 더 쉽게 만들어 주셨으며, 그것에 대해 감사합니다.

① 이 서신은 감사의 말을 전하고 고객의 우수한 결제 기록을 칭찬한다.
② Ms. Jones의 회사는 최대 미화 13,000달러의 신용연장을 받는다.
③ 신용 조건에 긍정적인 변화가 있다.
④ 이 서신은 이제 신용 한도가 회복되었음을 알린다.

해설 주어진 보기 중 맞지 않는 것을 고르는 유형이다. 서신에 따르면 Ms. Jones의 회사는 신용 한도가 미화 8,000달러로 늘었다고 했으므로, 최대 미화 13,000달러의 신용연장을 받는다는 내용은 맞지 않다. 따라서 답은 ②번이다.

어휘 credit line 신용(거래) 한도액
accommodate 편의를 제공하다, 맞추다 inventory 재고
credit extension 신용연장 announce 알리다

21 목적/주제 찾기 문제

해석 서신의 주된 이유는 무엇인가?

> 부서장님께,
>
> 바레인에 있는 당사의 제품을 위해 회사에 대해 문의하고자 합니다. 귀사의 대한민국 서울 지사에서 당사를 도울 수 있다고 말씀하셨습니다. 당사는 무선 전화기를 제조합니다. 현재, 유럽과 라틴 아메리카로 수출하고 있지만 당사는 페르시아 만으로 수출을 시작하고 싶습니다. 당사를 대표하는데 관심이 있을만한 바레인에 있는 회사들에 이 서신을 전해 주시겠습니까? 카탈로그를 몇 개 동봉드립니다.

① 서울 지사를 확장하기 위해
② 바레인에 있는 대리점에 대해 문의하기 위해
③ 무선 전화기에 대해 문의하기 위해
④ 유럽과 라틴 아메리카로 수출하기 위해

해설 주어진 서신이 쓰여진 주된 이유를 묻는 유형이다. 당사를 대표하는데 관심이 있을만한 바레인의 회사들에 서신을 전달해달라고 하였으므로, 바레인에 있는 대리점에 대해 문의하기 위한 서신이다. 따라서 답은 ②번이다.

어휘 **manufacture** 제조하다 **radio telephone** 무선 전화 전달하다 **enclose** 동봉하다 **enlarge** 확장하다

22 Not / True 문제

해석 아래에 의도된 대로 거래가 실행된다면 가장 발생하지 않을 것은 무엇인가?

> Intel xCPU 및 MS Window CE OS와 함께 제공되는 당사의 제품에 관심을 표하는 이메일에 감사드립니다. 당사의 수출 가격은 개당 CIF LA 조건으로 미화 250,000 달러이고, 당사는 다양한 수량 할인 계획이 있습니다.

① 매도인은 송장금액의 110%로 물품을 보험에 가입할 것이다.
② 매수인은 운송 중의 상품 손상에 책임이 있다.
③ 매도인은 인도할 상품에 대해 ICC(C)를 가질 수 있다.
④ 매도인은 자신의 위험 부담으로 LA까지 물품을 인도해야 한다.

해설 주어진 보기 중 맞지 않는 것을 찾는 유형이다. CIF(운임 및 보험료포함인도) 조건에서 위험은 매도인이 물품을 본선에 적재한 때에 매수인에게 이전된다. 따라서 답은 ④번이다.

어휘 **invoice** 송장, 청구서 **insure** 보험에 가입하다

23 추론 문제

해석 아래 서신에서 설명되고 있는 상황은 무엇인가?

> 당사가 이전에 주문 인도 지연에 대해 편지했듯이 상황은 여전히 동일하며 노동 조합 파업이 진행 중입니다. 이 문제에 대해 사과드리지만, 이는 저희 소관 밖이므로, 이를 해결하기 위해 당사가 할 수 있는 일은 많지 않습니다.
>
> 주문이 지연되어 다시 한번 사과드리며 유감입니다.

① 노동조합과 협상
② 불가항력
③ 미지급
④ 조속한 인도

해설 주어진 서신에서 설명하고 있는 상황을 추론하는 유형이다. 노동조합 파업 진행으로 인도가 지연되고 있는데, 자신들의 소관 밖이므로, 할 수 있는 일이 없다고 했으므로, 불가항력에 대한 설명임을 추론할 수 있다. 따라서 답은 ②번이다.

어휘 **trade union** 노동조합 **strike** 파업 **out of one's hands** 자기의 소관 밖인 **force majeure** 불가항력 **nonpayment** 미지급, 체납

> 많은 고객님들이 귀사의 책장과 커피 테이블 조립 키트에 대해 문의하고 있습니다. 당사는 (ⓐ 확정) 주문을 하기 전에 시장을 테스트해 보고자 하며 점검매매의 조건으로 각각의 키트 6 세트를 갖고자 합니다. 필요한 경우 신용거래처를 제공할 수 있습니다.
>
> 귀사의 동의를 기대하며 (ⓑ 잠정) 주문서 (No. KM1555)를 첨부합니다. 서두를 필요는 없지만 4월 말까지 답변을 기대하겠습니다.

24 추론 문제

해석 신용조회처는 왜 필요하겠는가?

① 이 거래에서 매도인이 매수인을 신뢰하지 않기 때문이다.
② 매수인이 물품 도착 시 지불하려고 하기 때문이다.
③ 매도인이 선적 후 몇몇 신용조회처를 요구하기 때문이다.
④ 매수인이 매도인의 성과에 만족하지 않을 것이기 때문이다.

해설 주어진 서신에서 추론할 수 있는 것을 찾는 유형이다. 서신에서 매수인이 점검매매 조건으로 물품을 보내줄 것을 매도인에게 요청하고 있고, 매도인 입장에서는 매수인을 신뢰할 수 없으므로 신용조회처가 필요할 것임을 추론할 수 있다. 따라서 답은 ①번이다.

25 빈칸에 적절한 것 찾기 문제

해석 빈칸에 가장 적합한 짝은 무엇인가?

① ⓐ 확정 − ⓑ 잠정적인
② ⓐ 잠정적인 − ⓑ 확정
③ ⓐ 잠정적인 − ⓑ 잠정적인
④ ⓐ 확정 − ⓑ 확정

해설 주어진 서신의 빈칸에 적절한 것을 찾는 유형이다. 점검매매 조건으로 물품을 보내줄 것을 요청하고 있으므로 빈칸 ⓐ는 확정 주문을 하기 전에 라는 내용이 와야 적절하다. 확정 주문이 아닌 점검매매 조건의 주문이므로 빈칸 ⓑ는 잠정 주문서라는 내용이 와야 적절하다. 따라서 답은 ①번이다.

어휘 **assembly** 조립 **on approval** 점검매매의 조건으로 **trade reference** 신용 조회처 **provisional** 잠정적인, 임시의

\<제2과목\> 영작문

26 빈칸에 적절한 것 찾기 문제

해석 다음 중 빈칸에 가장 적합한 것은 무엇인가?

> 추정전손은 수리 비용과 인양 작업 비용이 재산의 (ⓐ 가액)과 같거나 초과하여, 실제 전손을 피할 수 없는 것으로 보이거나 위에서 언급한 바와 같이 그 가치를 초과하지 않는 지출 없이는 보존되거나 수리될 수 없어서 피보험재산이 적절하게 위부된 상황이다. 한 가지 예는 물품 손상의 경우, 손상을 수리하고 물품을 목적지로 운송하는 비용이 (ⓑ 도착) 시의 가액을 초과한다.

① ⓐ 비용 – ⓑ 검사
② ⓐ 가액 – ⓑ 도착
③ ⓐ 비용 – ⓑ 수령
④ ⓐ 가액 – ⓑ 매매

해설 주어진 지문의 빈칸에 적절한 것을 찾는 유형이다. 추정전손은 수리 비용과 인양 비용이 도착 시 자산의 가액과 같거나 초과하여 피보험재산이 위부되는 상황이다. 따라서 답은 ②번이다.

어휘 constructive total loss 추정전손 salvage 인양 작업, 인명 구조 insured property 피보험재산 abandon 위부하다, 포기하다 inspection 검사

27 빈칸에 적절한 것 찾기

해석 빈칸에 가장 적합한 단어를 넣으시오.

> 결제 지연에 관한 귀하의 서신에 대하여, 당사는 귀사의 제안을 수락하고자 합니다.
>
> 당사가 추가하고 싶은 한 가지 조건은 결제 일정에 합의된 것 이상으로 결제가 지연되고 적절한 통지가 없으면, 당사는 귀사에 대해 법적 조치를 취(할 수밖에 없다)는 것입니다.

① 선택의 여지가 없다.
② 불가피하게 되다.
③ 어쩔 수 없다.
④ 할 수밖에 없다.

해설 주어진 지문의 빈칸에 적절한 것을 찾는 유형이다. 결제지연에 대해 설명하고 있으므로, 합의된 것 이상으로 지불이 지연되고 통지가 없으면 법적 조치를 취해야 한다는 내용이 와야 적절하다. 따라서 답은 ④번이다.

어휘 delayed payment 지불 지연 condition 조건 inevitably 불가피하게, 틀림없이

28 추론 문제

해석 밑줄 친 이것들에 포함될 수 없는 것은 무엇인가?

> 이것들이 사용될 때, 매도인은 물품이 목적지에 도달할 때가 아니라 운송인에게 물품을 인계할 때 인도할 의무를 이행한 것이다.

① CPT(운송인지급인도)
② EXW(공장인도)
③ CIF(운임·보험료포함인도)
④ FOB(본선인도)

해설 주어진 지문에서 추론할 수 있는 것을 찾는 유형이다. EXW(공장인도)는 매도인의 지정장소에서 물품을 매수인의 처분 하에 두는 때에 매도인이 인도한 것으로 본다. 따라서 답은 ②이다.

어휘 fulfil 이행하다, 성취하다 obligation 의무

29 Not / True 문제

해석 다음 중 문법적으로 가장 적합하지 않은 것은 무엇인가?

> 당사는 (b) 이 지역 내 여러 새 건물의 특징인 것처럼 보이는 거친 바닥에 사용하기 적합한 (a) 바닥깔개에 대한 여러 개의 문의를 받았습니다.
> 적합한 깔개에 대한 귀사의 범위를 보여주는 (c) 견본을 저희에게 보내주시면 도움이 될 것입니다. (d) 그것들이 공급되는 디자인의 패턴카드도 매우 유용할 것입니다.

① (a)   ② (b)   ③ (c)   ④ (d)

해설 주어진 서신에서 틀린 것을 찾는 유형이다. 문맥상 바닥덮개에 대한 많은 문의를 받았다는 내용이 되어야 하므로 '~의 수'라는 의미의 'the number of'를 '많은'이라는 의미의 'a number of'로 고치고, 단수 명사 enquiry도 enquiries로 고쳐야 한다. 따라서 정답은 ①번이다.

어휘 suitable for ~에 적합한 rough 거친

30 빈칸에 적절한 것 찾기

해석 빈칸에 가장 적합한 단어를 넣으시오.

> 당사는 점검매매의 조건으로 방수복에 대한 3월 12일 요청을 접수하게 되어 매우 기쁩니다.
> 우리가 이전에 함께 거래한 일이 없어서, 당사는 일반적인 _____ 또는 조회할 수 있는 은행명을 요청해야 하는 것을 알고 계실 것입니다. 이 문의들이 만족하게 해결 되자마자 귀하의 서신에 언급된 물품들을 기꺼이 드리겠습니다.
> 우리의 첫 거래가 길고 유쾌한 사업 관계의 시작이 되기를 진심으로 바랍니다.

① 동업자 신용조회처   ② 신용(거래)조건
③ 신용장   ④ 은행 신용조회처

해설　주어진 서신의 빈칸에 적절한 것을 찾는 유형이다. 처음으로 함께 사업을 진행하는 것이라고 했으므로, 동업자 신용 조회처 제공을 요청하는 내용이 와야 적절하다. 조회할 은행명을 요청하고 있으므로 은행 신용조회처의 요청은 중복된다. 따라서 정답은 ①번이다.

어휘　**waterproof garment** 방수복
on approval 점검매매의 조건으로　**refer** 조회하다
satisfactorily 만족하게　**settle** 해결하다　**transaction** 거래
association 유대, 연계　**trade reference** 동업자 신용조회처
credit terms 신용(거래)조건

31 흐름에 맞지 않는 문장 찾기 문제

해석　(a)~(d) 중 가장 적합하지 않은 것은 무엇인가?

> 저의 신용 평가 보고서에서 다음 오류를 수정해 주십시오. 보고서에 Citizens 은행에 대해 나열된 대출 계좌 번호는 "137547899"입니다. 이것은 맞지 않습니다. 정확한 계좌 번호는 137557899입니다.
> (a) 이 정보를 확인하시려면 저의 지점 관리자 Len Dane에게 123-456-7890으로 전화하십시오.
> 제가 지불이 두 번 늦었다는 (b) 잘못된 진술을 삭제하여 보고서를 수정해야 합니다.
> (c) 저의 신용평가보고서를 열고 10일 이내에 (d) 수정된 사본을 보내 주십시오.

①(a)　　②(b)　　③(c)　　④(d)

해설　주어진 서신에서 흐름에 맞지 않는 문장을 찾는 유형이다. 문맥상 신용평가보고서를 수정해서 보내달라는 내용이 와야 한다. 따라서 정답은 ③번이다.

어휘　**credit report** 신용평가보고서　**loan account** 대출 계좌
verify (정확한지) 확인하다

32 빈칸에 적절한 것 찾기

해석　빈칸에 가장 적합한 것은 무엇인가?

> 당사의 11월과 12월 7713번 송장에 관한 1월 15일 자 서신에 감사합니다.
> 귀사가 겪은 어려움을 듣게 되어 유감이고, 상황을 이해합니다. 하지만, 저희도 지불해야 할 공급 업체가 있으므로 최대한 빨리 대금을 정산해주신다면 감사하겠습니다.
> 답신을 기다리겠습니다.

① 정산하다　　　　② 개설하다
③ 인출하다　　　　④ 마련하다

해설　주어진 서신의 빈칸에 적절한 것을 찾는 유형이다. 지불해야 할 공급업체가 있다고 하였으므로, 빨리 대금을 정산해 달라고 요청하는 내용이 와야 적절하다. 따라서 정답은 ①번이다.

어휘　**clear account** 대금을 정산하다　**debit** 인출하다
arrange 마련하다, 정리하다

33 빈칸에 적절한 것 찾기 문제

해석　다음 중 아래 빈칸에 적합하지 않은 단어는 무엇인가?

> EXW(공장인도) 규칙은 매도인에게 최소한의 책임을 부여하는데, 매도인은 단지 지정된 장소, 일반적으로 매도인의 공장이나 창고에서 물품을 적절하게 포장하여 준비하면 된다.
> (ⓐ 수출자)는 물품을 차량에 적재할 책임, 모든 수출 절차에 대한 책임, 이후의 운송에 대한 책임, 제품을 수령한 후 발생하는 모든 비용에 대한 책임이 있다. 많은 국가 간 거래에서, 이 규칙은 실질적인 어려움을 보여줄 수 있다.
> 특히, (ⓑ 수출자)는 여전히 수출 신고 및 통관 절차에 관여해야 할 수 있으며 이를 현실적으로 (ⓒ 매수인)에게 맡길 수 없다. 대신 (ⓓ FCA(판매자 구내))를 고려하라.

① ⓐ 수출자
② ⓑ 수출자
③ ⓒ 매수인
④ ⓓ FCA(판매자 구내)

해설　주어진 지문의 빈칸에 적절하지 않은 것을 찾는 유형이다. EXW(공장인도)는 매도인의 최소의무를 표방하여, 매도인은 매수인에 대해 물품적재의무가 없으며, 수출통관, 운송 및 인도 후의 위험은 모두 매수인이 부담하므로 ⓐ에는 매수인이 들어가야 적합하다. 따라서 답은 ①번이다.

어휘　**depot** 창고, 거점　**load** 적재하다, 싣다　**specifically** 특히
clearance 통관　**premise** 구내, 건물

34 추론 문제

해석　다음 중 아래 서신에 대한 답신의 일부로 가장 적절하지 않은 것은 무엇인가?

> 수년간 당사는 미국에서 전기 면도기를 수입해왔지만, 이제 이러한 면도기를 영국 제조업체로부터 얻을 수 있음을 알게 되었습니다. 당사는 현재의 모델 범위를 확장하기를 원하며 당사에 도움을 줄 수 있는 영국 제조업체 목록을 제공해주신다면 감사하겠습니다.
> 귀하의 기록에서 정보를 제공할 수 없으시다면, 런던에 있는 적당한 공급 업체에 당사의 문의를 전해주십시오.

① 그것들은 최고급 소재와 기술로 제작된 제품이며, 당사는 전 세계 A/S 서비스를 제공합니다.
② 귀사가 그것을 시험해 볼 수 있도록 시험 주문을 해주시기 바랍니다.
③ 오늘 귀사의 주문이 선적되었음을 알려드려 기쁩니다.
④ 귀사가 영국 제조업체의 전기 면도기에 관심이 있으시다고 들어서 도해 카탈로그와 가격표를 동봉합니다.

해설　주어진 서신에 대한 답신으로 적절하지 않은 것을 추론하는 유형이다. 적당한 공급업체를 추천해줄 것을 요청했으므로, 주문이 선적되었다는 내용은 답신으로 적절하지 않음을 추론할 수 있다. 따라서 답은 ③번이다.

어휘 electric shaver 전기 면도기 manufacturer 제조업체
workmanship 기술, 솜씨 trial order 시험 주문

35 다른 문장/같은 문장 찾기 문제

해석 다음 중 가장 적합한 영문장은 무엇인가?

> 하지만 당사는 합작투자보다는 기술이전을 선호합니다.
> 기술이전 계약을 하는 것이 가능한지요? 당사는 기술
> 지향적인 회사입니다.

① 하지만 당사는 합작투자에 의한 기술이전을 선호합니다. 저는 귀사가 기술이전 계약을 할 수 있는 위치에 있는지 아닌지 궁금합니다. 당사는 기술 지향적인 회사입니다.
② 하지만 당사는 합작투자보다 기술이전을 선호합니다. 저는 귀사가 기술이전 계약을 할 수 있는 위치에 있는지 궁금합니다. 당사는 기술이 지향하는 회사입니다.
③ 하지만 당사는 합작투자보다는 기술이전을 선호합니다. 저는 귀사가 기술이전 계약을 할 수 있는 위치에 있는지 궁금합니다. 당사는 기술 지향적인 회사입니다.
④ 하지만 당사는 기술이전의 합작투자를 선호합니다. 저는 귀사가 기술이전 계약을 할 수 있는 위치에 있는지 아닌지 궁금합니다. 당사는 기술이 지향하는 회사입니다.

해설 주어진 문장과 같은 내용을 찾는 유형이다. 합작투자보다 기술이전을 선호하므로, 기술이전 계약이 가능한지 묻는 내용이다. 따라서 답은 ③번이다.

어휘 joint venture 합작 투자 technology transfer 기술 이전
agreement 계약, 협정 technology-oriented 기술 지향의

36 다른 문장/같은 문장 찾기 문제

해석 다음 중 밑줄 친 문장과 비슷한 의미를 가진 것은 무엇인가?

> 당사는 한국에 위치한 대형 음반 판매점이며, 귀사가 이번 달 "Smart World"에서 광고하신 휴대전화에 대해 더 알고자 합니다.
>
> 휴대전화가 지식재산권 문제에 해당되지 않는지, 그리고 한국어로 재생 가능한지 여부를 알려주시겠습니까? 또한, 수량 할인이 있는지도 알려주시기 바랍니다. 위의 내용에 대한 답변들이 만족스럽다면, 저희는 상당한 양의 주문을 할 수도 있습니다.

① 휴대전화가 지식재산권 문제로부터 자유로운지 아닌지
② 휴대전화가 지식재산권 문제에 준수되는지
③ 휴대전화가 지식재산권 문제로부터 자유롭다면
④ 휴대전화가 지식재산권 문제의 범위 밖에 있어야 할지

해설 주어진 문장과 같은 내용을 찾는 유형이다. 주어진 부분과 같은 의미가 되어야 하므로, DVD가 지식재산권 문제에 구애받지 않고 자유로운지 여부를 묻는 내용의 보기가 적절하다. 따라서 답은 ①번이다.

어휘 intellectual property issue 지식재산권 문제
playable 재생 가능한 volume discount 수량 할인
substantial 상당한 양의 free from ~로부터 자유로운
abide by ~을 준수하다, 따르다 provided ~라면

[37~38] 다음 서신을 읽고 질문에 답하시오.

> Stone사의 이사회와 임원을 대표하여, 작년 화재로 황폐해진 인천 본사 건물의 복원을 성공적으로 완료하신 것에 대해 귀사에 진심으로 감사와 축하의 말씀을 전합니다.
> 귀사는 거의 불가능한 작업으로 보였던 것을 수행해 냄으로써 건설 업계의 선도자로 이름을 떨쳤습니다. 열악한 조건에서 작업하고 공사 일정을 가속화함으로써 귀사는 예정대로 건축을 완성했습니다.

37 Not/True 문제

해석 다음 중 위의 밑줄 친 문장을 가장 잘 요약한 것은 무엇인가?

① 귀하의 노고에 감사드리며, 정확히 예정일에 다시 작업할 수 있게 되었습니다.
② 귀사의 진심 어린 도움이 없이, 건물은 원상태로 완벽하게 복원되었습니다.
③ 작업 계획이 힘들고 빡빡했지만, 귀사는 당사의 요구를 충족시켜 주셨습니다.
④ 우리는 어려움에도 불구하고 열심히 일했고, 공사는 제때에 완료되었습니다.

해설 주어진 문장의 내용과 일치하는 것을 찾는 유형이다. 귀사가 열악한 환경에서 공사 일정을 가속화해서 예정대로 건축을 완성했다고 하였다. 따라서 답은 ③번이다.

어휘 on behalf of ~을 대표하여 board of directors 이사회
reconstruction 복원, 재건 headquarters 본사, 본부
distinguish oneself 이름을 떨치다, 뛰어나다
accelerate 가속화하다

38 추론 문제

해석 다음 중 위 지문 뒤에 올 것 같은 것은 무엇인가?

① 이 성과는 귀사가 현장에서 모은 전문 엔지니어 및 숙련된 기술자들의 훌륭한 조합과 프로젝트 관리자 Charles Shin의 개인 기술과 헌신 덕분입니다.
② 우리의 활동 중의 귀하의 노고에 깊이 감사드립니다. 귀하의 지칠 줄 모르는 에너지와 노고는 10년 전 창립한 이래로 우리 회사를 가장 성공적으로 만들었습니다.
③ 답사했던 모든 사람들은 귀사 전직원의 호의와 친절함뿐만 아니라 숙박 시설에 매우 만족했습니다. 직원 그리고 특히 Ms. Han에게 감사를 전합니다.
④ 이러한 유형의 행사를 기획할 때 당사에 신속하고 친절한 협력자를 보내 주신 것에 대해 진심으로 감사드립니다. 세미나 기간 동안 귀사의 시설과 친절한 서비스에 매우 만족했습니다.

해설 주어진 서신 뒤에 올 문장을 찾는 유형이다. 건물 복원 공사를 일정에 맞춰 완료한 것에 대해 감사함을 전하고 있으므로, 이러한 성과의 공로를 담당자들에게 돌리는 내용이 오는 것이 적절하다. 따라서 답은 ①번이다.

어휘 accomplishment 성과 attribute to ~의 덕분으로 돌리다
craftsmen 기술자, 장인 assemble 모으다
dedication 헌신 untiring 지칠 줄 모르는
foundation 창립, 설립 accommodation 숙박 시설
friendliness 호의, 친절 attentiveness 친절함, 세심함
courteous 친절한, 정중한

[39~40] 다음 서신을 읽고 질문에 답하시오.

> 샌프란시스코에 있는 Hills Productions에 의해 귀사가 (ⓐ 참조되었습니다).
> 당사는 한국 내에서 (ⓑ 많은) 여행 및 교육용 DVD를 생산하고 유통하고 있습니다. 이것은 경주와 부여에 대한 30분 분량의 DVD 두 장과 홍콩에 대한 50분 분량의 DVD 한 장을 포함합니다. 해외 시장을 염두에 두고, 이것은 영어로 된 완전한 해설과 포장으로도 (ⓒ 또한 제작하였습니다).
> 현재까지, 그 상품들은 한국과 홍콩의 여행객들에게 매우 잘 팔렸습니다. 당사는 이제 그 DVD를 미국 시장에 직접 출시하길 원합니다. 당사는 이 DVD의 잠재 시장을 여행사, 비디오 가게, 서점, 학교 그리고 도서관으로 보고 있습니다.
> 귀사께서 미국 내에 (ⓓ 유통업체)로서 역할을 하는 데 관심이 있는지 알려주시면 감사하겠으며, 그렇지 않다면 다른 미국 제휴 업체를 추천해 주시면 감사하겠습니다.
> 귀사의 평가를 위해 (ⓔ DVD의 영문 사본을 동봉합니다). 귀사의 답변을 기다리겠습니다.

39 빈칸에 적절한 것 찾기 문제

해석 다음 중 빈칸에 맞지 않는 것은 무엇인가?
① ⓐ 참조되다.
② ⓑ 많은
③ ⓒ 또한 제작하였다.
④ ⓓ 유통업체

해설 주어진 서신의 빈칸에 적절하지 않은 것을 찾는 유형이다. DVD는 제작되는(have been produced) 것이므로, 제작한다는 것은 적절하지 않다. 따라서 답은 ③번이다.

40 빈칸에 적절한 것 찾기 문제

해석 밑줄 친 (ⓔ)에 가장 적합한 것은 무엇인가?
① DVD의 영문 사본을 동봉합니다.
② 동일한 견본이 생산되었습니다.
③ 다른 대리점과 마찬가지로 원본을 보냅니다.
④ 견본의 원본 및 사본을 첨부합니다.

해설 주어진 서신의 빈칸에 적절하지 않은 것을 찾는 유형이다. 미국에 있는 유통업체에게 한국에 있는 회사의 상품을 유통할 것을 제안하고 있으므로, 평가를 위해 영문 사본을 전달하는 내용이 오는 것이 적절하다. 따라서 답은 ①번이다.

어휘 with ~ in mind ~을 염두에 두고 narration 해설
market 시장에 출시하다 potential market 잠재 시장
associate 제휴 업체

41 다른 의도 찾기 문제

해석 다른 것들과 다른 의도를 고르시오.
① 주문을 취소하고 선적 지연에 대한 클레임에 필요한 모든 조치를 취해야 합니다.
② 귀사가 손상된 포장의 기계를 선적하였으므로, 모든 수리 비용은 귀사에서 부담해야 합니다.
③ 손상된 제품은 귀사의 비용으로 제대로 포장한 새 제품으로 교체해 주시기를 요청드립니다. 그렇지 않으면, 불량한 포장에 대해 클레임을 제기할 수밖에 없습니다.
④ 불량 포장으로 일부 상자가 심하게 파손되었음을 알려드리게 되어 유감입니다. 몇몇 물품들이 손상되거나 구부러지거나 심지어 망가져서, 즉시 교체되어야 할 것으로 보임을 당사는 발견했습니다.

해설 주어진 보기 중 다른 의도를 가진 것을 찾는 유형이다. 운송 중 손상된 제품에 대해 교체를 요구하는 내용이므로, 선적 지연에 대한 조치를 하겠다는 내용은 의도가 다르다. 따라서 답은 ①번이다.

어휘 substitute 대체하다
at one's expense ~의 비용으로, ~의 부담으로

42 추론 문제

해석 다음은 매도인과 매수인 간의 회의록의 일부분이다. 추론될 수 없는 것은?

> 논의되고 합의된 점
> 1) 양 당사자는 컨트롤 박스 100개를 미화 500,000달러에 판매 및 구매하기로 합의했다.
> 2) Robert사는 2018년 10월 27일까지 Hannam International사를 수익자로 하여 일람불 취소불능신용장이 개설되도록 하여야 한다.
> 3) Hannam International사는 Robert사로부터 신용장을 받은 후 2개월 이내에 상기 제품을 선적해야 한다.

① Robert사는 컨트롤 박스 몇 개를 구입하는 데 합의했다.
② Hannam International사는 신용장의 수익자이다.
③ Robert사는 환어음의 지급인일 것이다.
④ Robert사는 신용장의 개설의뢰인일 것이다.

해설 주어진 지문에서 추론할 수 없는 것을 찾는 유형이다. Robert사는 신용장의 개설의뢰인이며, 신용장 하에서 발행되는 환어음의 지급인은 은행이 된다. 따라서 답은 ③번이다.

어휘 party 당사자 irrevocable L/C 취소불능신용장
payable at sight 일람불 beneficiary 수익자
drawee (환어음의) 지급인 bill of exchange 환어음
applicant (신용장의) 개설의뢰인

43 다른 문장/같은 문장 찾기 문제

해석 다음중 가장 어색한 영작은 무엇인가?

① 당사가 주문을 했을 때, 귀사는 3월 2일까지 FB-900의 선적을 마칠 수 있다고 보장했습니다.
→ 당사가 주문을 했을 때, 귀사는 3월 2일까지 FB-900의 선적을 마칠 수 있다고 보장했습니다.

② 오늘 주문서 no.4587의 배송을 받고 상자를 개봉하자, 당사는 보내주신 상품의 일부가 없어졌음을 발견했습니다.
→ 오늘 주문서 no.4587의 배송을 받고 상자를 개봉하자, 당사는 보내주신 상품의 일부가 없어졌음을 발견했습니다.

③ 향후 4주간 그 품목의 재고 확보를 기대할 수 없으므로, 이를 대신할 상품들을 제공해 드리고자 합니다.
→ 향후 4주간 그 품목의 재고 확보를 기대할 수 없으므로, 이를 대신할 상품들을 제공해 드리고자 합니다.

④ 당사는 귀사의 주문서에 언급된 냉장고(Model no.876)의 재고가 없음을 알려드리게 되어 유감으로 생각합니다.
→ 당사는 귀사의 주문서에 언급하는 냉장고(Model no.876)의 재고가 없음을 알려드리게 되어 유감입니다.

해설 주어진 문장과 같지 않은 내용을 찾는 유형이다. 냉장고가 주문서에 언급되었다고 했으므로 수동태를 사용하여 mentioned로 쓰여야 한다. 따라서 답은 ④번이다.

어휘 guarantee 보장하다 shipment 선적 inventory 재고
alternatives 대체 not in stock 재고 없음

[44~45] 다음을 읽고 질문에 답하시오.

> 대량 구매 시 당사의 가장 소중한 고객님들께 제공되는 특별 할인에 주의를 기울여 주시길 바랍니다.
>
> 이 할인은 미화 10,000달러 넘게 주문 시 5%, 미화 50,000달러 넘게 주문 시 10%, 미화 100,000달러 넘게 주문 시 15%로 구성됩니다. 귀사에서는 항상 많은 주문을 하고 계시므로, 이 행사를 이용하시기 바랍니다.
>
> 당사는 귀사와의 지속적인 비즈니스 관계를 기대합니다.

44 추론 문제

해석 미화 10,000달러 가치의 주문을 하면, 할인이 얼만큼 주어지겠는가?

① 미화 9,500달러　　② 미화 5,000달러
③ 미화 500달러　　④ 없음

해설 주어진 서신에서 추론할 수 있는 것을 찾는 유형이다. 10,000달러 넘게 주문 시 5% 할인이라고 하였는데, 여기서 'over US $10,000.00'라는 표현에는 10,000달러는 포함되지 않는다. 따라서 답은 ④번이다.

45 다른 문장/같은 문장 찾기 문제

해석 밑줄 친 sizeable을 대체하기에 가장 적합한 것은 무엇인가?

① 최소한의
② 평균의
③ 작은
④ 많은

해설 주어진 단어와 같은 내용을 찾는 유형이다. 대량 구매 시 특별 할인을 제공한다고 하였고, 귀사는 많은 주문을 하고 있다고 했으므로, '많은'이라는 의미의 'large'가 적합하다. 따라서 답은 ④번이다.

어휘 bulk purchase 대량 구매 sizeable 많은, 상당한
take advantage of (유리하게) 이용하다

46 빈칸에 적절한 것 찾기 문제

해석 빈칸에 가장 적합한 것은?

> 서류지급인도조건 거래에서 일람불 환어음이 화물의 권리를 이전하는 것을 제어하는 데 사용될 때에 여전히 어떤 위험이 있다. 매수인의 능력과 결제 의향이 물품이 선적되는 시점으로부터 환어음이 결제를 위해 제시되는 시점까지 변할지도 모르는데. (　　　)

① 제시자는 매수인의 결제에 대해 책임이 있다.
② 매도인은 제시은행에 물품을 반송하기를 요청해야 할 것이다.
③ 운송인은 매수인에게 상품의 인도를 위한 보상을 제공하도록 요청한다.
④ 결제를 약속하는 은행은 없다.

해설 주어진 지문의 빈칸에 적절한 것을 찾는 유형이다. 서류지급인도조건(D/P)방식 추심의 한 종류이므로 결제를 약속하는 은행은 없다는 내용이 적절하다. 따라서 답은 ④번이다.

어휘 D/P 서류지급인도조건 sight draft 일람불 환어음
transfer 이전하다 title 권리, 소유권 be liable for 책임이 있는
indemnity 보상, 배상(금)

47 추론 문제

해석 다음이 설명하는 것은 무엇인가?

> 보험자가 책임을 지게 하기 위해 피보험물에 발생해야 하는 최소한의 손해를 명시하는 보험 계약의 조항 ; 그러한 특정 보장에 도달하면, 보험자는 담보 위험의 결과로 생긴 모든 손해에 대해 책임을 지게 된다.

① 공제　　　　　　② 한도
③ 면제　　　　　　④ 소손해 면책(율)

해설 주어진 지문이 가리키는 것을 찾는 유형이다. 보험계약에 소손해 면책에 대한 조항이 기재된 경우 보험자는 면책률 이상의 손해가 발생한 경우에만 책임을 부담하며 보험금을 지급한다. 따라서 답은 ④번이다.

어휘 provision 조항 specify 명시하다
property insured 피보험물 insurer 보험자 liable 책임 있는
peril 위험 deduction 공제 immunity 면제
franchise 소손해 면책(율)

48 Not/True 문제

해석 Incoterms 2010에 대해 맞지 않는 것은?

① EXW(공장인도) 규칙에서, 매도인은 매수인에게 물품을 적재 할 의무가 없다.

② FCA(운송인인도) 규칙에서, 매도인은 매수인에 대하여 매도인의 구내에서 물품을 적재할 책임이 없다.

③ CIF(운임포함인도) 규칙에서, 매도인은 합의된 선적장소에서 물품을 인도할 책임이 있다.

④ DAT(도착터미널인도) 규칙에서, 매도인은 지정된 항구 또는 목적지의 터미널에서 물품을 양륙해야 한다.

해설 주어진 보기 중 틀린 것을 찾는 유형이다. FCA(운송인인도)란 매도인이 물품을 그의 영업소 또는 기타 지정장소에서 인도하는 조건을 의미하며, 인도장소가 매도인의 구내인 경우 매도인이 적재의무를 부담한다. 따라서 답은 ②번이다.

어휘 obligation 의무 load 적재하다 premise 구내, 건물
unload 양륙하다

49 Not/True 문제

해석 가장 적합하지 하지 않은 설명은 무엇인가?

① 유통가능 선하증권 – 한 당사자의 지시에 따르도록 발행된 선하증권

② 수취식 선하증권 – 물품이 운송인의 책임하에 수령되었지만 아직 선박에 적재되지 않았음을 증명하는 선하 증권

③ 사고부 선하증권 – 양하시 물품이 양호한 상태가 아니었다는 것을 나타내기 위해 운송인에 의해 인증되지 않은 선하 증권

④ 기명식 선하증권 – 물품이 지정된 수하인에게만 인도되도록 규정하는 선하 증권

해설 주어진 보기 중 틀린 것을 찾는 유형이다. 사고부 선하증권은 선박에 화물 적재 시 물품 수량이나 포장에 이상이 있음이 기재된 선하증권이다. 따라서 답은 ③이다.

어휘 Negotiable B/L 유통가능 선하증권
received B/L 수취식 선하증권 foul B/L 사고부 선하증권
sound 이상 없는, 손상되지 않은 unload 양륙하다, 짐을 내리다
straight B/L 기명식 선하증권 stipulate 규정하다, 명기하다
consignee 수하인

50 다른 문장/같은 문장 찾기 문제

해석 유사한 의미를 가지지 않은 짝은 무엇인가?

① 귀하의 은행은 Brown 사에 의해 당사에 신용조회처로 제공되었습니다.
→ Brown 사는 당사 은행에 의해 귀사에 참조되었습니다.

② 당사에 그들의 신용 상태를 알려주십시오.
→ 그들의 신용 상태에 대한 정보를 당사에 제공해 주십시오.

③ 당사는 귀사의 정보를 극비로 취급할 것입니다.
→ 귀사의 정보는 절대적으로 기밀로 취급됩니다.

④ 당사는 상기 회사들과 이전에 거래를 한 적이 없습니다.
→ 당사는 지금까지 상기 회사들과 상거래한 적이 없습니다.

해설 주어진 문장과 같지 않은 내용을 찾는 유형이다. Brown 사에 의해 은행이 당사에 신용조회처로 제공되었다고 했으므로, Brown 사가 은행에 의해 귀사에 참조처로 제공되었다는 내용은 맞지 않는다. 따라서 답은 ①번이다.

어휘 reference 신용조회처 credit standing 신용 상태
furnish 제공하다 in strict confidence 극비로
confidential 기밀의 business transaction 상거래

<제3과목> 무역실무

51 무역결제/신용장 서류심사 기준

해설 UCP 규정상 어떠한 서류상의 선적인 또는 송하인은 신용장의 수익자일 필요는 없다.

52 무역계약/매수인의 구제

해설 매도인의 구제권인 '물품명세확정권'에 대한 설명이다.

★ 더 알아보기　물품명세확정권
계약에서 매수인이 형태, 규격 등 물품의 명세를 지정하도록 정하였음에도 불구하고 매수인이 물품의 명세를 지정하지 않은 경우 매도인은 스스로 물품의 명세를 지정할 수 있다.

53 무역보험/최대선의의 원칙

해설 고지의무 위반의 경우 계약이 취소될 수 있으므로 보험료의 전액반환이 가능하나, 담보위반의 경우 피보험자의 담보위반 시점 이전까지 보험자가 위험을 부담해야 하므로 담보위반 시점 이전의 보험료는 반환되지 않는다.

54 무역결제 / 신용장의 종류

해설 신용장에서 추가적인 설명 없이 "invoice"의 제시를 요구한 경우, 'proforma', 'provisional'송장을 제외한 어떤 송장의 제시도 수리된다.

55 무역운송 / 컨테이너운송

해설 'ⓒ, ⓓ, ⓔ, ⓜ'은 '혼재화물(LCL)'과 연관성이 있다.
ⓐ Container B/L (컨테이너 선하증권)은 컨테이너에 적입된 화물에 대해 발행되는 선하증권이다.

56 무역운송 / 선하증권

해설 '②'는 옳은 설명이다
① 선적지에서 애초에 선하증권의 원본을 발행하지 않거나, 발행된 선하증권의 원본을 운송인에게 제출하고 목적지에서 원본 없이 화물을 인도받을 수 있도록 한 선하증권으로 원본으로 취급하지 않는다.
③ 스위치 선하증권(Switch B/L)에 대한 설명이다.
④ 비유통성의 선하증권으로 권리증권이 아니다.

57 무역운송 / 해상운송계약

해석
> 분쇄된 고로 슬래그(찌꺼기) 30,000M/T 1.5M 톤 대형 백에 포장하며, 각 백에 +/− 10%의 과부족이 허용된다.

해설 ② 하역비용의 부담주체는 알 수 없다.
① 대상 물품은 30,000 M/T의 대량의 폐기물이므로 부정기선에 의한 용선계약으로 운송될 가능성이 높다.
③ 각 점보백은 1.5톤씩이므로 3만톤의 화물을 포장하기 위해서는 2만개의 백이 필요하다.
④ 10%의 과부족이 허용되므로 맞는 내용이다.

58 무역결제 / 포페이팅방식

해설 포페이팅방식에서는 수출상에게 별도의 보증이나 담보를 요구하지 않는다.

59 무역결제 / 신용장의 종류

해설 자유매입신용장은 매입은행을 수익자가 자유로이 선택할 수 있으므로 리네고(재매입)가 필요하지 않다.

60 무역운송 / 복합운송의 기본요건

해설 복합운송인은 운송수단을 보유하지 않은 운송주선인(NVOCC)인 경우가 많으므로 반드시 운송수단을 보유할 필요는 없다.

> ★ 더 알아보기 복합운송의 특징
> • 단일운송계약
> • 단일운송운임
> • 전구간에 대한 단일운송인 책임
>   전구간에 대한 단일의 복합운송증권 발행
> • Door to Door 운송 (문전 간 (일관)운송)

61 무역보험 / 해상보험계약의 법률적 성질

해설 해상보험계약은 보험계약의 성립에 대하여 아무런 형식을 요구하지 않는 불요식계약이다.

> ★ 더 알아보기 해상보험계약의 성질
> • 낙성. 불요식계약
> • 유상. 쌍무계약
> • 부합계약

62 무역보험 / 해상보험

해설 일부보험은 보험금액이 보험가액보다 적은 경우를 말한다.

63 무역결제 / 양도가능 신용장

해설 '③'은 옳은 내용이다.
① 양도와 관련하여 발생한 모든 수수료는 제1수익자가 부담하는 것이 원칙이다.
② 개설은행은 양도은행이 될 수 있다.
④ 양도는 1회에 한하여 허용되며, 제2수익자의 요청에 의해 이후의 수익자에게 재양도는 불가능하다.

64 무역결제 / 신용장

해설 'Domestic Banker's Usance'에 대한 내용이다.

65 무역규범 / 내국신용장

해설   내국신용장은 원신용장을 담보로 하여 발행되는 별개의 신용장으로, 원신용장이 양도가능인지 여부와 관계없이 한국은행의 세칙에 의해 개설되고 이용된다.

> **★ 더 알아보기**   **내국신용장과 구매확인서**
> * 내국신용장
>   – 무역금융융자한도 내에서 개설이 가능
>   – 개설은행의 지급보증 있음
>   – 서류의 사전 발급
> * 구매확인서
>   – 무역금융융자한도 없이 개설 가능
>   – 개설은행의 지급보증 없음
>   – 서류의 사후 발급 가능

66 무역계약 / 신용장

해설   상업송장상의 명세는 신용장상의 명세와 일치해야 한다.

> **★ 더 알아보기**   **신용장 거래에서 상업송장의 수리요건**
> * 일반적인 요건
>   – 수익자가 개설의뢰인 앞으로 발행해야 한다.
>   – 신용장에 표시된 통화와 동일한 통화로 발행되어야 한다.
>   – 신용장에서 별도로 서명을 요구하지 않았다면 발행자가 송장에 서명할 필요는 없으며, 발행일이 표시되지 않아도 된다.
>   – 명세는 신용장상의 명세와 일치해야 한다.
>   – 신용장에서 단순히 'invoice'라고만 표기된 경우, 어떠한 명칭의 송장(단, proforma, provisional 제외)도 수리될 수 있다.

67 무역규범 / 특정거래형태의 수출입

해설   중개무역에 대한 내용이다.

> **★ 더 알아보기**   **중개무역**
> * 수출자와 수입자 간의 무역거래에 제3자가 중개업자의 역할을 수행한다.
> * 중개업자는 수출입의 주체가 아니며, 수출자와 수입자의 무역거래 과정에 개입하여 중개수수료만을 취득한다.

68 무역운송 / 항공화물 운임

해설   Collect Charge Fee에 대한 설명이다.

> **★ 더 알아보기**   **항공화물 운임**
> * Handling Charge : 수출항공화물 취급수수료
> * Documentation Fee : 선사나 포워더가 운송서류를 발급해 줄 때 징수하는 비용 등의 서류발급 비용
> * Terminal Handling Charge(항공화물 THC) : 항공화물이 수출 및 수입 통관을 위하여 항공사 직영의 보세장치장에 반입되었을 때 화주들에게 부담시키는 화물조작료

69 무역결제 / 신용장

해설   일치하는 제시에 대해 은행이 일람불로 신용장 대금을 지급하는 지급신용장에 대한 내용이다. 지급신용장의 경우 통상 환어음은 발행되지 않는다.

70 무역결제 / 국제팩토링

해설   전도금융을 제공하는 것은 수출팩터이다.

> **★ 더 알아보기**   **국제팩토링(International Factoring)**
> 팩토링회사(Factor, 주로 은행)가 수출자의 매출채권을 할인하여 인수하고 매출채권의 관리, 대금회수 등의 업무를 대행해주는 종합금융서비스

71 무역계약 / 중재판정

해설   '③'은 옳은 설명이다.
① 뉴욕협약에서 외국중재판정은 중재판정의 승인과 집행이 요구된 국가 이외의 영토에서 내려진 판정 및 해당국가에서 내국판정이라고 인정되지 않는 판정을 말한다.
②, ④ 중재합의가 무효인 경우 및 중재판정이 아직 구속력을 가지지 않은 경우는 중재판정의 승인 및 집행의 거부사유에 해당한다.

72 무역계약 / 무역클레임의 발생원인

해설   무역클레임의 직접적인 원인의 종류이다.

> **★ 더 알아보기**   **무역클레임의 발생원인**
> * 직접적인 원인 : 무역계약 과정의 해석의 차이, 계약서 내용의 미비, 품질불량, 수량부족, 포장불량, 선적지연, 신용장 미개설 및 개설지연, 불완전 보험체결계약 등
> * 간접적인 원인 : 사용하는 언어 · 법 · 상관습의 상이, 신용조사의 불비, 운송 중의 위험, 나라마다 다른 도량형, 상대국의 독과점법 등

73 무역결제 / 해상화물 운임

해설 UCP 규정상 보험증권은 보험증명서 및 확정통지서를 대체할 수 있으나 그 반대는 명시되어 있지 않다.

> ★ 더 알아보기 보험증권
> UCP 600 28조 d항
> 보험증권은 포괄예정보험에 의한 보험증명서 또는 통지서를 대신하여 수리될 수 있다.

74 무역결제 / 신용장

해설 신용장에서 요구되는 분석증명서, 검역증명서, 중량/수량/품질 증명서, 검사증명서 등 각종 증명서는 선적일 이전에 발행되어야 하는 것이 원칙이나, 요구되는 조치가 선적일 이전에 수행되었다는 취지의 문구가 기재되었다면 선적일 이후 발행이 가능하다. 따라서 선적전검사증명서의 경우 선적일 이전에 선적전검사가 이루어졌다는 내용을 포함하고 있다면 발행일은 선적일 이후여도 수리된다.

75 무역결제 / 운송서류

해설 하자에 대한 확정적 표현이 기재된 경우 foul B/L이 되므로 은행에서 수리하지 않는다. Packaging may be insufficient 또는 Packaging may not be sufficient와 같은 표현은 확정적인 하자의 표시가 아니므로 수리된다.

<제1과목> 영문해석

01 ③	02 ③	03 ④	04 ②	05 ①
06 ④	07 ①	08 ②	09 ①	10 ①
11 ①	12 ③	13 ②	14 ②	15 ③
16 ②	17 ①	18 ②	19 ④	20 ②
21 ①	22 ②	23 ④	24 ④	25 ①

<제2과목> 영작문

26 ②	27 ①	28 ②	29 ③	30 ①
31 ①	32 ②	33 ④	34 ③	35 ①
36 ①	37 ②	38 ①	39 ①	40 ①
41 ②	42 ④	43 ③	44 ①	45 ①
46 ④	47 ③	48 ①	49 ②	50 ③

<제3과목> 무역실무

51 ④	52 ②	53 ③	54 ③	55 ④
56 ②	57 ④	58 ②	59 ④	60 ①
61 ②	62 ①	63 ④	64 ④	65 ①
66 ③	67 ③	68 ④	69 ①	70 ③
71 ③	72 ④	73 ①	74 ④	75 ①, ③

<제1과목> 영문해석

※ 아래는 매수인과 매도인 간의 서신이다.

이것은 귀하께 당사가 12월 15일에 Celltopia 화물을 수령하였다는 것을 알리기 위한 것입니다. 당사의 기술자들은 모든 기계를 철저히 테스트했고 25개의 결함이 있는 배터리를 발견하였습니다. 당사는 첨부된 서류에 그것들의 일련번호 리스트를 작성했습니다.

당사는 이미 Fedex를 통해 대체 배터리를 보냈습니다.
그동안, 결함이 있는 것들을 당사 부담으로 당사에 보내주십시오. 귀하께서는 당사의 Fedex 계좌를 이용하실 수도 있습니다.

01 추론 문제

해석 위에서 추론될 수 없는 것은 무엇인가?

① 결함이 있는 배터리들은 고유 일련번호를 가진다.
② 대체 배터리들은 특송 서비스를 통해 보내졌다.
③ 매수인은 반송하는 배터리에 대한 운임을 지불할 것이다.
④ 매도인은 그들의 제품 중 일부가 매매계약서에 반한다는 것에 동의한다.

해설 주어진 서신에서 추론할 수 없는 것을 찾는 유형이다. 매도인이 결함이 있는 것들을 자신의 부담으로 보내 달라고 했으므로, 매수인이 반송하는 배터리에 대한 운임을 지불할 것이라는 내용은 추론할 수 없다. 따라서 답은 ③번이다.

어휘 thoroughly 철저히 defective 결함이 있는
serial number 일련번호 replacement 대체
courier service 특송 서비스(회사) freight 운임, 화물(운송)

02 추론 문제

해석 아래에서 추론될 수 있는 것은 무엇인가?

당사의 고객 중 몇 분께서 최근에 귀사의 원격 조종 블라인드에 관심을 보이셨고, 그것의 품질에 대해 문의하셨습니다.

당사는 아시아에서 광범위하게 블라인드를 취급하는 유통회사입니다. 품질과 가격이 만족스럽다면, 여기서 잘 팔 수 있는 가능성이 있습니다.

하지만, 주문하기 전에 저는 귀하께서 20일 점검매매 조건부청약으로 엄선된 원격 조종 블라인드를 보내주시면 기쁠 것입니다. 이 기간 말에 팔리지 않은 제품들과 재고로 두지 않기로 결정한 것들은 어느 것이든 당사의 부담으로 돌려보내질 것입니다.

귀하로부터 곧 연락 받기를 바랍니다.

Alex Lee
HNC International사

① Alex는 물품의 도착 20일 후에 대금을 지불할 것이다.
② Alex는 블라인드에 자신이 있어서, 주문불지급방식이 허용된다.
③ 반송하는 제품에 대한 화물 운송은 HNC International 사에 의해 부담될 것이다.
④ 매도인은 주문 후 20일 이내에 제품을 인도할 것이다.

해설 주어진 서신에서 추론할 수 있는 것을 찾는 유형이다. 이 기간 말에 팔리지 않은 제품들과 재고로 두지 않기로 결정한 것들은 어느 것이든 당사의 부담으로 돌려보내질 것이라고 했으므로, 반송운임은 HNC International사에 의해 부담될 것이라는 내용을 추론할 수 있다. 따라서 답은 ③번이다.

어휘 **enquire** 문의하다 **distributor** 유통회사
satisfactory 만족스러운 **prospect** 가능성
unsold 팔리지 않은 **cash with order(CWO)** 주문불지급방식

03 추론 문제

해석 아래 밑줄 친 '몇몇 서류'에 속하지 않는 것은 무엇인가?

> 물품 운송에 관련되어 흔히 사용되는 몇몇 서류는 UCP 600 하에서 운송서류로 간주되지 않는다.

① 화물인도지시서
② 운송주선업자의 수령증명서
③ 운송주선업자의 운송증명서
④ 운송업자의 선하증권

해설 주어진 지문에서 추론할 수 있는 것을 찾는 유형이다. UCP에서 규정하고 있는 운송서류는 복합운송증권(MTD), 선하증권(B/L), 해상화물운송장(SWB), 용선계약선하증권(C-P B/L), 항공화물운송장(AWB), 육상/철도/내수로 운송서류, 특송 및 우편수령증이다. 따라서 답은 ④번이다.

어휘 **in relation to** ~에 관련하여 **transport document** 운송서류
Delivery Order 화물인도지시서 **forwarder** 운송주선업자
certificate 증명서 **Bill of Lading** 선하증권

04 추론 문제

해석 UCP 600에 따라, 다음 변경 중 제1수익자가 양도은행에 양도가능신용장 하에서 해달라고 할 수 있는 요청은 무엇인가?

① 유효기일의 연장
② 단가의 감액
③ 선적운송 기간의 연장
④ 보험부보의 감액

해설 주어진 지문에서 추론할 수 있는 것을 찾는 유형이다. UCP에 따르면 신용장의 양도 시 원 신용장의 조건을 그대로 반영해야 하는 것이 원칙이나, 예외적으로 물품의 단가, 신용장 금액, 선적기일, 서류제시기일, 신용장의 유효기간은 감액 또는 단축될 수 있으며, 보험부보를 위한 백분율은 증가될 수 있다. 따라서 답은 ②번이다.

어휘 **in accordance with** ~에 따라 **alteration** 변경
transferring bank 양도은행 **transferable L/C** 양도가능신용장
expiry date 유효기일 **unit price** 단가
insurance cover 보험부보

[05~06] 다음을 읽고 답하시오.

> Mr. Han께,
>
> French Empire 유리잔 세트에 대한 문의에 감사드립니다. 이 시기에 그에 대한 관심이 다시 살아나고 있기 때문에, 해당 상품이 귀사의 고객들에게 인기를 끈 것이 놀랍지 않았습니다.
>
> 귀사께서 이 세트에 대한 즉각적인 상품 설명을 원하셨으므로, 팩스로 저희 카탈로그의 1~4페이지를 CIF 리야드 가격과 함께 보내드립니다. 귀사의 시장과 관련해서 디자인에 대해 의견 주신다면 감사드리겠습니다.
>
> 귀사의 답변을 고대하겠습니다.

05 추론 문제

해석 어떤 종류의 거래가 암시되고 있는가?

① 거래 문의에 대한 답변
② 확정청약
③ 청약의 승낙
④ 청약의 거절

해설 주어진 서신에서 추론할 수 있는 것을 찾는 유형이다. French Empire 유리잔 세트에 대한 문의에 감사하다고 했으므로, 거래 문의에 대한 답변임을 추론할 수 있다. 따라서 답은 ①번이다.

어휘 **transaction** 거래 **enquiry** 문의 **firm offer** 확정청약
acceptance 승낙 **rejection** 거절

06 Not/True 문제

해석 다음 중 밑줄 친 ~과 관련하여와 유사하지 않은 것은 무엇인가?

① ~에 관하여
② ~에 대하여
③ ~에 관하여
④ ~에 대한 관심에서

해설 주어진 보기 중 맞지 않는 것을 찾는 유형이다. 'with regard to'는 '~과 관련하여'라는 의미인 반면, 'in regard for'는 '~에 대한 관심에서'라는 의미를 가지고 있다. 따라서 답은 ④번이다.

어휘 **regarding** ~에 관하여 **concerning** ~에 관하여
regard for ~에 대한 관심

07 추론 문제

해석 Jenny의 영업담당자가 다가오는 방문 시 할 것은 무엇인가?

> Jenny께,
>
> 오늘 아침 전화 통화와 관련하여, 저는 귀하의 영업 담당자 중 한 분이 서울 테헤란로 443에 있는 저희 상점에 방문하여 완전한 수리에 대한 견적서를 주시기를 바랍니다. 약속을 잡기 위해 저에게 연락해주실 수 있으신가요?
>
> 전화에서 언급했듯이, 2018년 2월 말 전에 작업이 완료되어야 하는 것이 필수적이며, 이것은 계약서에도 명시될 것입니다.
>
> 계획과 사양을 첨부합니다.

① 청약   ② 신용 문의
③ 거래 문의   ④ 보상

해설 주어진 서신에서 추론할 수 있는 것을 찾는 유형이다. 자신의 상점에 방문하여 완전한 수리에 대한 견적서를 주기를 바란다고 했으므로, Jenny의 직원이 다가오는 방문 시 청약을 할 것임을 추론할 수 있다. 따라서 답은 ①번이다.

어휘 with reference to ~에 관하여 representative 직원 estimate 견적(서), 견적하다 refit 수리 specification 사양 offer 청약 enquiry 문의 compensation 보상

[08~09] 다음을 읽고 답하시오.

> 일람불 환어음은 목적지에 도달하여 결제가 이루어질 때까지 수출자가 화물에 대한 권리를 보유하기를 원할 때 사용된다. 수출실무에서 선하증권은 수출자에 의해 배서되어 수출자의 은행을 통해 매수인의 은행에 송부된다. 이것에는 일람불 환어음과 매수인 또는 매수인의 국가가 지정한 송장 및 기타 선적 운송 서류가 첨부된다. (예 : 포장명세서, 영사송장, 보험증명서) 외국 은행은 이 서류들을 받으면 매수인에게 통보한다. 환어음이 지급되는 대로 (A) 외국은행은 선하 증권을 교부하여 매수인이 선적 화물을 입수할 수 있게 한다.

08 추론 문제

해석 위에서 추론될 수 있는 결제 방법은 무엇인가?

① 일람지급신용장   ② D/P
③ 기한부 신용장   ④ D/A

해설 주어진 지문에서 추론할 수 있는 것을 묻는 유형이다. 수출자가 물품을 선적하고 선적서류에 일람불 환어음을 첨부하여 수입자의 거래은행에 서류를 송부하면, 은행이 수입자에게 화환어음을 제시하고 어음금액의 지급과 상환으로 선적서류를 교부하는 방식은 D/P 방식이다. 따라서 답은 ②번이다.

어휘 sight draft 일람불 환어음 title 권리, 소유권 endorse 배서하다 consular invoice 영사 송장 Sight L/C 일람지급신용장 Usance L/C 기한부 신용장

09 추론 문제

해석 (A) 외국은행에 대한 적절한 이름은 무엇인가?
① 추심은행   ② 추심의뢰은행
③ 개설은행   ④ 매입은행

해설 주어진 지문에서 추론할 수 있는 것을 묻는 유형이다. 수입국의 은행은 추심은행이다. 따라서 답은 ①번이다.

어휘 collecting bank 추심은행 remitting bank 추심의뢰은행 issuing bank 개설은행 nego(tiation) bank 매입은행

10 빈칸에 적절한 것 찾기 문제

해석 다음 중 서신의 빈칸을 가장 잘 완성하는 것은 무엇인가?

> 당사는 히스로(A 로부터) 대한민국 서울(B 로) 여러 가지 유리 제품 12상자를 보내 10일 (C 이내에) 인도되도록 하고 싶습니다.

① ~로부터 – ~로 – ~ 이내에
② ~로부터 – ~로 – 떨어져
③ ~에서 – ~을 통해 – ~ 이내에
④ ~에서 – ~을 통해 – ~보다 위에

해설 주어진 서신의 빈칸에 적절한 것을 찾는 유형이다. 히스로로부터 대한민국 서울로 제품을 보내 10일 이내에 인도되게 하고 싶다는 내용이 와야 적절하다. 따라서 답은 ①번이다.

어휘 crate 상자 assorted 여러 가지의, 갖은 glassware 유리 제품

11 목적/주제 찾기

해석 다음 서류의 적절한 제목은 무엇인가?

> 귀사가 상기한 화물에 대한 선하증권을 발행한 사실이 있었고, 위의 화물이 위의 양하항(또는 위의 인도 장소)에 도착하였는데, 당사는 이로써 귀사가 원본의 선하증권의 제시 없이 위의 언급된 당사자에게 상기 화물을 인도할 것을 요청합니다.

① 선복확약서
② 수입화물대도
③ 수입화물선취보증서
④ 파손화물보상장

해설 주어진 지문의 제목을 찾는 유형이다. 목적항에서 운송인에게 원본 선하증권의 제시 없이 물품의 인도를 요청하는 서류는 수입화물선취보증서(L/G)이다. 따라서 답은 ③번이다.

어휘 port of discharge 양륙항 hereby 이로써 Fixture Note 선복확약서 Trust Receipt 수입화물대도 Letter of Guarantee 수입화물선취보증서 Letter of Indemnity 파손화물보상장

12 Not / True 문제

해석 Incoterms 2010의 CPT 조건에 대해 맞는 것은 무엇인가?

① 매도인은 매수인에 의해 지정된 운송인 또는 다른 사람에게 합의된 장소에서 물품을 인도한다.

② 매도인은 물품이 목적지에 도착할 때 그의 인도 의무를 이행한다.

③ 운송에 여러 운송인이 사용되고 당사자들이 특정 인도지를 합의하지 않았다면, 물품이 전적으로 매도인의 선택 지점에서 첫 번째 운송인에게 인도될 때 위험이 이전된다.

④ 매도인이 그의 운송계약 하에서 지정 목적지에서의 양하 비용을 지출한 경우에, 매도인은 그러한 비용을 매수인에게 구상할 수 있다.

해설 주어진 보기 중 적절한 것을 찾는 유형이다.

① C 규칙에서 운송계약은 매도인이 체결하므로 운송인은 매도인 자신이 지정한다.

② CPT 규칙에서 매도인의 인도의무는 물품이 운송인에게 인도된 시점에 완료되며 목적지에 도착한 때가 아니다.

④ C 규칙에서는 매도인이 목적지에의 양하비용을 지출한 경우, 달리 합의가 없다면 이러한 비용을 매수인으로부터 구상할 수 없다.

따라서 답은 ③번이다.

어휘 carrier 운송인 nominated 지정된 fulfil 이행하다
obligation 의무 destination 목적지 carriage 운송
entirely 전적으로

---

13 다른 문장 / 같은 문장 찾기 문제

해석 다음 중 한국어 번역이 가장 적절하지 않은 것은 무엇인가?

① 제조사는 HNC에게 독점적 양도불능 가맹점 영업권을 부여한다.
→ 제조사는 HNC에게 독점적 양도불능 체인 영업권을 부여한다.

② 비록 빛을 다소 잃기는 했어도 애플사는 4320억불의 시장가치를 가진 가장 값진 미국 회사로 남아 있다.
→ 비록 빛을 다소 잃기는 했어도 애플사는 432억불의 시장가치를 가진 가장 값진 미국 회사로 남아 있다.

③ 불일치 상품의 인수거절은 상품이 인도된 후 합리적인 기간 내에 매수인이 해야 한다.
→ 불일치 상품의 인수거절은 상품이 인도된 후 합리적인 기간 내에 매수인이 해야 한다.

④ 이 매매 계약서를 확인한 후 서명하고 그 부본을 매도자에게 보내 주십시오.
→ 이 매매 계약서를 확인한 후 서명하고 그 부본을 매도자에게 보내 주십시오.

해설 주어진 문장과 같지 않은 내용을 찾는 유형이다. 'billion'은 '억'이 아닌 '10억'이라는 뜻이므로, 따라서 답은 ②번이다.

어휘 manufacturer 제조사 exclusive 독점적인
nontransferable 양도할 수 없는 franchise 가맹점 영업권
rejection 거절 nonconforming 불일치하는
reasonable 합리적인

---

14 목적 / 주제 찾기 문제

해석 글쓴이의 목적은 무엇인가?

> ....귀사의 가격은 경쟁력 있지 않으며 그래서 당사는 귀사의 견본에 좋은 인상을 받았음에도 현재 귀사에 주문할 수 없습니다....... 이러한 상황 하에서는, 저희는 귀사의 특정 제품, 수요가 많은 귀사의 견본 No.10에 가장 경쟁력 있는 가격을 요구해야 합니다.
> 저희는 귀사가 가격을 변경하기 위해 최선의 노력을 할 것이라고 믿습니다.

① 청약에 대한 승낙
② 거래 문의
③ 신제품 조회 문의
④ 구매주문서

해설 주어진 서신의 목적을 찾는 유형이다. 귀사의 가격이 경쟁력 있지 않아 주문할 수 없다고 하면서 가격을 변경하기 위해 최선의 노력을 할 것이라고 믿는다고 했으므로, 거래를 문의하고 있음을 알 수 있다. 따라서 답은 ②번이다.

어휘 competitive 경쟁력 있는 be in high demand 수요가 많다
acceptance 승낙 inquiry 문의 purchase order 구매주문서

---

15 Not / True 문제

해석 다음은 Incoterms 2010의 CIF(운임·보험료포함인도조건)에 대한 것이다. 틀린 것을 고르시오.

① 매도인은 상품을 본선에 적재하여 인도하거나 이미 그와 같이 인도된 물품을 조달한다.

② 매도인은 지정된 목적항으로 물품을 가져오기 위해 필요한 계약을 체결하고 비용과 운임을 지급해야 한다.

③ 매도인은 운송 중 물품의 멸실 및 손상에 대한 매도인의 위험에 대비하여 보험을 계약한다.

④ 매도인은 최소범위에서만 부보하도록 요구된다는 점에 주의해야 한다.

해설 주어진 보기 중 적절하지 않은 것을 찾는 유형이다. 매도인은 운송 중 상품의 멸실 및 손상에 대한 매수인의 위험에 대비하여 보험을 계약하므로, 매도인의 위험에 대비하여 보험을 계약한다는 것은 맞지 않는다. 따라서 답은 ③번이다.

어휘 freight 운임 procure 조달하다 contract for ~을 계약하다
carriage 운송

---

16 Not / True 문제

해석 유통업자와 대리점에 대해 가장 옳지 않은 것은 무엇인가?

① 유통업자는 주로 도매업에 관여하는 독립적으로 소유되는 사업체이다.

② 유통업자는 그가 유통하는 물품에 대한 권리를 가지지 않는다.

③ 대리점의 역할은 주문을 받는 것이고 보통 그의 서비스에 대한 수수료를 받는다.

④ 대리점으로서 사업을 하는 것의 초기 투자와 비용은 유통업자로서 사업을 하는 것보다 더 낮다.

해설 주어진 보기 중 적절하지 않은 것을 찾는 유형이다. Distributor는 자신의 위험과 비용으로 물품을 구매하여 되파는 사업자이므로 자신이 유통하는 물품에 대한 모든 권리를 가진다. 따라서 답은 ②번이다.

어휘 distributor 유통업자 agent 대리점
independently 독립적으로 primarily 주로
wholesaling 도매업 earn a commission 수수료를 받다
investment 투자

17 추론 문제

해석 다음이 설명하는 것은 무엇인가?

> "무소구"에 근거하여 기한부 신용장 하에서 발행된 환어음, 약속어음, 또는 다른 자유로이 유통될 수 있는 증권과 같은 일련의 신용 증서의 구매

① 포페이팅
② 팩토링
③ 매입
④ 확정

해설 주어진 지문에서 추론할 수 있는 것을 찾는 유형이다. 무소구 조건으로 환어음이나 약속어음과 같은 증권을 할인하는 금융기법은 포페이팅이다. 따라서 답은 ①번이다.

어휘 confirmation (신용장의) 확인

18 Not / True 문제

해석 Incoterms 2010의 FAS 규칙에 대해 옳지 않은 것은 무엇인가?

① 상품이 FAS에 근거하여 매매되는 경우, 물품의 가격은 선측까지의 인도를 포함한다.
② 매도인은 물품이 선측에 인도될 때까지 어떤 손해나 손상, 혹은 둘 다에 대한 책임이 있다.
③ 매수인은 매도인에게 선박의 이름, 출항일, 선박의 선적 부두, 선박에 대한 인도 시각에 대해 적절한 통지를 해야 한다.
④ 매수인은 물품이 부선상에서 선적 태클의 범위 내에서 선측에 있는 동안 어떤 손해나 손상에 대한 책임이 없다.

해설 주어진 보기 중 적절하지 않은 것을 찾는 유형이다. FAS에서 매도인은 물품이 부두나 부선상에서 매수인의 지정 선박 선측에 놓일 때 인도하며, 이때까지의 위험을 부담한다. 따라서 답은 ④번이다.

어휘 FAS(Free Alongside Ship) 선측인도 merchandise 상품
alongside ~ 옆에 adequate 적절한, 충분한
berth 선적부두, 정박지 conveyance 운송 수단
tackle 태클(본선 또는 항구의 크레인의 끝에 매달린 갈고리)

19 Not / True 문제

해석 Incoterms 2010의 CIF 규칙에 대해 옳지 않은 것은 무엇인가?

① 상품이 CIF에 근거하여 매매되는 경우, 가격은 물품의 비용, 지정목적항까지의 보험 부보와 운임을 포함한다.
② 매도인은 지정목적항으로의 운송 및 비용을 제공해야 한다.
③ 매도인은 수출 때문에 부과되는 게 있다면, 수출 관세, 또는 다른 요금 혹은 수수료를 지불해야 한다.
④ 매수인은 선적 시 물품을 수령하고, 그 물품의 모든 이후의 이동을 처리하고 지불해야 한다.

해설 주어진 보기 중 적절하지 않은 것을 찾는 유형이다. CIF에서 인도는 선적항의 본선상에서 이루어지므로 매수인은 인도된 때 인도를 수령하여야 하지만, 목적지까지의 운송계약 및 보험과 그 비용은 매도인의 의무이다. 따라서 답은 ④번이다.

어휘 insurance coverage 보험 부보 freight 운임
named port of destination 지정목적항 export tax 수출관세
levy (세금 등을) 부과하다 exportation 수출
subsequent 이후의, 뒤따르는

20 추론 문제

해석 UCP 600 하에서, 개설은행의 의무는 무엇인가?

> 3월 1일에 미화 51만 달러에 대해 다음 조건의 화환신용장 사전 통지가 개설되었다.
>
> – 분할선적 허용
> – 최종 선적 일자 4월 30일
> – 유효기일 5월 15일
>
> 3월 2일에 신용장 개설의뢰인은 분할 선적을 금지하고 유효기일을 5월 30일로 연장하는 조건변경을 요청한다.

① 수익자와 제시 기간을 명확히 한다.
② 원래 지시된 대로 화환신용장을 개설한다.
③ 모든 조건변경을 포함하여 화환신용장을 개설한다.
④ 연장된 유효기일만을 포함하여 화환신용장을 개설한다.

해설 주어진 지문에서 추론할 수 있는 것을 찾는 유형이다. UCP의 규정상 은행은 사전통지한 내용대로 신용장을 개설하여야 한다. 따라서 답은 ②번이다.

어휘 issuing bank 개설은행 documentary credit 화환신용장
beneficiary 수익자 amendment (신용장의) 조건변경

21 추론 문제

해석 다음 중 가장 추론할 수 없는 것은 무엇인가?

> Mr. Smith께
>
> XTM-500 선형 회로 증폭기 1,000개에 대한 귀하의 주문을 받은 것에 감사드립니다.
> 저희 신용 부서는 귀하를 위해 미화 10,000달러의 신용 한도를 승인했습니다.
> 귀하의 현재 총 주문이 이 한도를 초과하기 때문에, 저희는 귀하의 공장에 제품을 선적하기 위해 적어도 (절반을 선불로 하는) 일부 지불이 필요합니다.
> 귀하께서 이러한 규모의 더 많은 구매를 예상하신다면, 저에게 전화 주시면 귀하의 한도를 더 늘리는 것에 대해 저희가 어떻게 할 수 있을지 알아보겠습니다. 저희는 귀하의 사업을 높이 평가하고 있고, 이것이 만족스러운 해결책이기를 바라며, 귀하를 모실 수 있는 기회를 주셔서 감사합니다.
> John Denver

① John은 이 주문을 받아들이기 위해 최소 미화 4,500 달러의 현금을 요구한다.
② Mr. Smith는 제품을 미화 10,000달러 이상 주문했음이 틀림없다.
③ 매도인은 신용을 승인하고 있지만, 고객이 원하는 금액은 아니다.
④ John은 전체 주문을 인도하기 위해 필요한 잔고를 설명하고, 고객에게 신용 한도를 늘리는 것에 대해 더 논의할 것을 권한다.

해설 주어진 서신에서 추론할 수 없는 것을 찾는 유형이다. Mr. Smith에게 미화 10,000달러의 신용 한도액을 승인했지만 주문이 이 한도를 초과하며, 절반을 선불로 하는 일부 지불이 필요하다고 했으므로, John이 이 주문을 받아들이기 위해 최소 미화 4,500달러의 현금을 요구한다는 내용은 추론할 수 없다. 따라서 답은 ①번이다.

어휘 linear 선형의 circuit 회로 amplifier 증폭기
credit line 신용 한도(액) partial 일부의
satisfactory 만족스러운 opportunity 기회 grant 승인하다
balance 잔고

22 Not/True 문제

해석 다음 중 아래의 환어음을 위한 만기일로써 인정될 수 없는 것은 무엇인가?

> 미화 60,000달러의 화환신용장이 발행되었고 선하증권 날짜로부터 30일 후를 만기로 환어음이 발행될 것을 요구한다. 서류는 2018년 11월 9일에 선하증권과 함께 제시되었다. (11월 9일+30일 = 12월 9일)

① 2018년 12월 9일
② 선하증권 날짜로부터 30일 후
③ 2018년 11월 9일 30일 후
④ 2018년 12월 9일

해설 주어진 보기 중 적절하지 않은 것을 찾는 유형이다. 환어음의 만기가 선하증권 일자 즉 선적일을 기준으로 정해지는 경우 환어음 자체로 그 만기가 결정될 수 있어야 하는데 ②의 경우에는 선하증권이 첨부되지 않고는 환어음 만으로 그 만기를 알 수 없다. 따라서 답은 ②번이다.

어휘 draft 환어음 documentary credit 화환신용장
bill of lading 선하증권

23 Not/True 문제

해석 "견적송장"을 맞게 설명한 것은 무엇인가?
① 판매된 물건에 대해 지불을 요구하는 상업 청구서이다.
② 일반적으로 수입국의 외교관이 수출 가격을 확인하기 위해 발행한다.
③ 물품이 해당 국가의 세관을 통과할 수 있도록 수입국의 특수한 양식으로 작성된다.
④ 제품의 선적 혹은 인도 전에 매수인에게 보내지는 임시 매매서이다.

해설 주어진 보기 중 옳은 내용을 찾는 유형이다. 견적송장은 정식의 계약이 체결되기 전에 수출자가 가격을 견적해주는 송장으로 매매조건과 수입허가 사항의 확인 등을 위해 송부되는 가송장이다. 따라서 답은 ④번이다.

어휘 pro-forma invoice 견적송장 bill 청구서, 서류, 증권, 환어음
diplomatic 외교의 verify 확인하다
complete 작성하다, 기입하다 customs 세관
preliminary 임시의 in advance of ~ 전에

24 Not/True 문제

해석 서신에 대해 옳은 것은 무엇인가?

> 동봉된 CI 비금속 풍향계, 모델 BRON-6SJ7을 확인해주십시오. 유선으로 논의한 것처럼, 그 기기는 최근에 눈에 띄게 서쪽으로 비뚤어지는 문제가 생겼습니다.
> 귀사는 평가 및 그 장치의 수리 비용의 견적을 위해 저희가 그 장치를 보내는 것을 제안하셨습니다. 그 견적이 나오면 제게 전화해주십시오. 저희는 그때 그 기기를 수리하는 것이든 새로운 모델을 구입하는 것이든 결정할 것입니다.

① 생산 부서에서 운송 회사로 보내는 서신이다.
② 운송 회사에서 생산 부서로 보내는 서신이다.
③ 고객 서비스에서 고객에게 보내는 서신이다.
④ 고객이 고객 서비스로 보내는 서신이다.

해설 주어진 서신에서 옳은 것을 찾는 유형이다. 구입한 기기에 문제가 생겨 서신에 동봉해 보냈으며 수리 견적에 따라 그 기기를 수리하거나 새로운 모델을 구입하는 것을 결정할 것이라고 했으므로, 고객이 고객 서비스로 보내는 서신임을 알 수 있다. 따라서 답은 ④번이다.

어휘 nonmetallic 비금속의 noticeable 눈에 띄는
skew 비뚤어짐, 휨 evaluation 평가 estimate 견적

25 Not / True 문제

해석 다음을 고려할 때 좋은 예가 아닌 것은 무엇인가?

> 국제 무역에서, 매도인은 매수인에 의해 주고받는 연락
> 에서 계약의 필수적인 요소들이 분명하게 명시되도록
> 확실히 해야 한다.

① 물품의 명세는 수출국의 HS Code를 포함할 것이다.
② 구매 가격과 결제조건이 명시되어야 한다.
③ 인도 조건이 제시되어야 한다.
④ 운송과 보험에 대한 지시가 명시될 것이다.

해설 주어진 보기 중 적절하지 않은 것을 찾는 유형이다. 계약
체결을 위해 합의되어야 필수적인 요소는 물품의 명세, 품
질, 수량, 가격 및 결제조건, 인도 및 선적조건, 운송, 포장,
보험조건 등이며 HS code는 필수적인 요소로 보기 어렵
다. 따라서 답은 ①번이다.

어휘 international trade 국제 무역 essential 필수적인
element 요소 description 명세, 설명 instruction 지시
transportation 운송

<제2과목> 영작문

26 다른 문장 / 같은 문장 찾기 문제

해석 다음 중 가장 어색한 영작문은 무엇인가?

① 이번 지불 연기를 허락해 주신다면 정말 감사하겠습
  니다.
  → 이번 지불에 대한 연기를 허락해 주신다면 매우
    감사하겠습니다.
② 귀사가 품질 보증서를 보내주실 수 없다면, 주문을
  취소할 수밖에 없습니다.
  → 귀사가 품질 보증서를 보내주실 수 없다면, 주문
    을 취소할 수밖에 없을 것입니다.
③ 매도인은 매수인의 요구조건에 따라 매도인 스스로
  물품명세를 작성한다.
  → 매도인은 매수인의 요구조건에 따라 매도인 스스
    로 물품명세를 작성한다.
④ 매수인은 판촉에 대한 책임을 진다.
  → 매수인은 판촉에 대한 책임을 진다.

해설 주어진 문장과 다른 내용을 찾는 유형이다. 관용 표현
have no choice but to(~할 수밖에 없다)는 but 다음에
to 부정사가 와야 하므로, 'canceling'이 아닌 'to cancel'
이 와야 한다. 따라서 답은 ②번이다.

어휘 grateful 감사하는 postponement 연기
in accordance with ~에 따라

[27~28] 다음을 읽고 답하시오.

> 저희는 버밍엄에 기반을 둔 소매업체의 체인이고 저희에게 남
> 성 캐주얼복 시장을 위한 다양한 스웨터를 공급해줄 수 있는 제
> 조사를 찾고 있습니다. 저희는 지난달에 함부르크 남성복 전시
> 회에서 귀사의 진열대에 전시되었던 새로운 디자인에 깊은 인
> 상을 받았습니다.
>
> 저희가 보통 대량 (ⓐ 주문을 하기) 때문에, 정가에서 20% 거
> 래 할인에 더하여 수량 할인도 예상합니다. 저희의 지불 조건은
> 보통 30일 환어음, D/A(서류인수인도조건)입니다.
>
> 이 조건들에 관심 있고, 귀사가 한꺼번에 500벌이 넘는 주문을
> (ⓑ 맞출) 수 있으시다면, 저희에게 최신 카탈로그와 가격표를
> 보내주십시오.
>
> 귀사로부터 곧 소식을 듣기를 바랍니다.

27 다른 문장 / 같은 문장 찾기 문제

해석 다음 중 밑줄 친 문장을 다시 쓴 것으로 가장 잘된 것은 무엇
인가?

① 귀사가 이 조건들을 맞출 수 있으시다면,
② 저희가 이 조건들을 맞출 수 있다는 것을 전제로,
③ 사전에 이 조건들에 대한 관심이 필요하시다면,
④ 그 관심이 귀사에 상기 조건들을 가져다주신다면,

해설 주어진 문장과 같은 내용을 찾는 유형이다. 조건들에 관심
이 있고, 주문을 맞출 수 있다면 카탈로그와 가격표를 보내
달라고 하고 있으므로, 귀사가 조건들을 맞출 수 있다면이
라는 내용이 되어야 한다. 따라서 답은 ①번이다.

28 빈칸에 적절한 것 찾기 문제

해석 다음 중 빈칸에 가장 잘 맞는 짝은 무엇인가?

① ⓐ (주문을) 받다 – ⓑ 맞추다
② ⓐ (주문을) 하다 – ⓑ 맞추다
③ ⓐ (주문을) 받다 – ⓑ 제공하다
④ ⓐ (주문을) 하다 – ⓑ 제공하다

해설 주어진 서신의 빈칸에 적절한 것을 찾는 유형이다. 보통 대
량 주문을 하므로 수량 할인도 예상한다는 내용이 와야 적
절하고, 한꺼번에 대량 주문을 맞출 수 있으면 카탈로그와
가격표를 보내 달라는 내용이 와야 적절하다. 따라서 답은
②번이다.

[29~30] 다음을 읽고 답하시오.

> 저희는 Tokyo Jewelers 주식회사를 대신하여 주문하고 싶습니다. 5,000개의 원석 다이아몬드를 (유보해 주시고) 일단 이용 가능해지면, Tokyo Jewelers사가 Quanstock 다이아몬드 광산으로 보내지도록 분명히 구매할 것입니다. 저희는 귀하께서 이 주문을 맞춰주실 수 있다면 정말 감사드릴 것입니다.
>
> Hans International사

29 빈칸에 적절한 것 찾기 문제

해석 적절한 단어로 빈칸을 채우시오.

① 수리하다 　　　　② 대체하다
③ 유보하다 　　　　④ 취소하다

해설 주어진 서신의 빈칸에 적절한 것을 찾는 유형이다. 원석 다이아몬드를 유보, 즉 확보하여 줄 것을 요청하고 있으며 이용 가능해지면 다이아몬드 광산으로 보내지도록 구매할 것이라는 내용이 와야 적절하다. 따라서 답은 ③번이다.

어휘 repair 수리하다 replace 대체하다
reserve 유보하다, 남겨 두다 revoke 취소하다

30 추론 문제

해석 Hans International사는 누구인 것 같은가?

① 구매 대리인 　　　② 판매 대리인
③ 수입자 　　　　　④ 수출자

해설 주어진 서신에서 추론할 수 있는 것을 찾는 유형이다. Tokyo Jewelers 주식회사를 대신하여 주문하고 싶다고 했으므로, Hans International사가 구매 대리인임을 추론할 수 있다. 따라서 답은 ①번이다.

어휘 buying agent 구매 대리인 selling agent 판매 대리인
importer 수입자 exporter 수출자

[31~32] 다음을 읽고 답하시오.

> 귀하의 주문 번호 458973에 관하여, 당사는 귀하의 이전 주문에서의 미지불된 (잔액) 때문에 그 안에 명시된 제품을 공급할 수 없는 점을 알려드리게 되어 유감스럽습니다. 지금까지 당사는 이 미지불액에 관하여 귀하로부터 답변을 받지 못하였습니다.
>
> 당사는 이 사실에 매우 실망하였고, 귀하께서 곧 이 문제를 해결하기 위해 당사를 도와주실 수 있기를 바랍니다. 이 지불에 관하여 어떤 의견이라도 있으시다면, 당사는 귀하로부터 듣는 것을 고맙게 생각할 것입니다.
>
> 이 문제에 즉각적인 주의를 기울여주십시오. 그러면, 당사는 추후의 주문을 처리할 수 있기 전에, 어떤 더 이상의 지연 없이 송금액을 받을 것으로 예상하겠습니다.

31 빈칸에 적절한 것 찾기 문제

해석 빈칸에 가장 적절한 것은 무엇인가?

① 잔액 　　　　　　② 주문
③ 제공 　　　　　　④ 불만

해설 주어진 서신의 빈칸에 적절한 것을 찾는 유형이다. 당사는 귀하의 이전 주문에서의 미지불된 잔액 때문에 이번 주문에 명시된 제품을 공급할 수 없는 점을 알려드리게 되어 유감스럽다는 내용이 와야 적절하다. 따라서 답은 ①번이다.

어휘 balance 잔액 complaint 불만

32 다른 문장/같은 문장 찾기 문제

해석 밑줄 친 문장을 바꾸어 말하시오.

① 차이를 해결하다.
② 연체 금액을 해결하다.
③ 사전에 돈을 지불하다.
④ 이자를 먼저 지불하다.

해설 주어진 문장과 같은 내용을 찾는 유형이다. 당사가 미지불액에 관하여 답변을 받지 못하였고, 이 문제를 해결해야 한다는 내용은 연체 금액을 해결한다는 내용과 같다. 따라서 답은 ②번이다.

어휘 settle 해결하다, 결제하다 discrepancy 차이, 불일치

33 추론 문제

해석 몇 대의 텔레비전이 목적항에서 양하될 것으로 예상되었는가?

> 당사의 주문에 대한 빠른 발송에 감사합니다만, 안타깝게도 귀사에서 당사의 주문을 완료하지 못하여, 세 대의 텔레비전이 누락되어 34대만 수령했다는 점을 알리게 되어 유감스럽습니다.
>
> 당사는 이 불일치에서 빠진 제품들 혹은 세 대의 텔레비전에 대한 대변표를 받게 되면 기쁠 것입니다.

① 3 　　② 31 　　③ 34 　　④ 37

해설 주어진 서신에서 추론할 수 있는 것을 찾는 유형이다. 귀사에서 당사의 주문을 완료하지 못하여, 세 대의 텔레비전이 누락된 34대만 수령했다고 했으므로, 목적항에서 양하될 것으로 예상되었던 텔레비전은 37대임을 추론할 수 있다. 따라서 답은 ④번이다.

어휘 port of destination 목적항 dispatch 발송
credit note 대변표, 신용전표 discrepancy 차이

34 빈칸에 적절한 것 찾기 문제

해석 다음 중 빈칸에 가장 잘 맞는 것은 무엇인가?

> (단독해손)은 선박, 운임과 화물에 일어난 모든 손해를 포함하며, 이들의 전부 또는 일부가 공동의 안전을 위해 희생되지 않았거나 별도의 공동해손 또는 전손에 해당하지 않는 손해를 의미한다.

① 위부　　　　　　② 해손
③ 단독해손　　　　④ 해상 사업

해설 주어진 지문의 빈칸에 적절한 것을 찾는 유형이다. 단독해손은 공동해손이 아닌 분손을 의미하므로 (　　)에는 공동의 안전을 위해 희생된 공동해손과 전손 이외의 손해에 해당하는 단독해손이 와야 한다. 따라서 답은 ③번이다.

어휘 comprehend 포함하다, 의미하다　occasion 일어나게 하다
freight 화물　wholly 전적으로, 완전히　sacrifice 희생하다
otherwise 그렇지 않으면
come under the heading of ~의 부류에 들다
Abandonment 위부　Particular average 단독해손

[35~36] 다음을 읽고 답하시오.

> 다음의 부품 번호를 가진 자동차 키패드에 사용되는 실리콘에 대한 견적을 받고 싶습니다.
>
> K0A11164B – 100,000개
> K0A50473A – 200,000개
>
> 저희는 메르세데스 벤츠와 포드에 적합한 키패드가 필요합니다. 저희 작업장까지 인도를 포함하여, 귀사의 가격을 명시해주시면 (감사하겠습니다.) 인도는 주문일로부터 3주 이내로 요구됩니다.
>
> Peter Han
> K– Hans International 사

35 빈칸에 적절한 것 찾기 문제

해석 빈칸에 적절한 것은 무엇인가?

① 감사하는　　　　② 지연된
③ 가치가 떨어지는　④ 인정하는

해설 주어진 지문의 빈칸에 적절한 것을 찾는 유형이다. 공장까지 인도를 포함하여 가격을 명시해주면 감사하겠다는 내용이 와야 적절하다. 따라서 답은 ①번이다.

어휘 appreciate 감사하다, 인정하다　deprecate 가치가 떨어지다

36 추론 문제

해석 Incoterms 2010의 어떤 규칙이 위 상황에 적용될 것인가?

① D조건　　　　　　② E조건
③ C조건　　　　　　④ F조건

해설 주어진 서신에서 추론할 수 있는 것을 찾는 유형이다. 매수인의 작업장까지의 인도를 포함하여 가격을 견적해 달라고 하고 있으므로 목적지에서 인도가 이루어지는 D규칙이 적합하다. 따라서 답은 ①번이다.

37 추론 문제

해석 (A)는 무엇인가?

> 당신의 회사가 지리적으로 더 뻗어 나갈수록, (A) 이 조항은 더 중요해질 것이다. 예를 들어, 당신의 회사가 100% 독점적으로 현지인만을 다루는 작은 지역 사업체라면, 당신은 당신의 고객들에게 어떤 법이 적용되는지를 알려주는 조항이 정말로 필요하지 않을 수도 있다.
>
> 자, 세계의 수많은 나라에 고객과 사무실이 있는 대기업을 예로 들어 보자. 일본에 있는 한 고객이 제품의 문제에 대해 소송을 제기하고 싶어 한다면, 일본 법이 적용될 것인가 아니면 다른 어떤 나라의 법이 이를 차지할 것인가? 아니면, 당신이 유럽의 고객들을 가진 한국 기반의 사업체라면 어떻게 되는가?
>
> 두 가지 경우에서, (A) 이 조항이 어떤 법이 적용될 것인지 분명하게 할 것이고, 두 회사가 국제 변호사를 고용하지 않도록 할 수 있다.

① 중재 조항
② 준거법 조항
③ 분리 조항
④ 침해 조항

해설 주어진 지문에서 추론할 수 있는 것을 찾는 유형이다. 준거법 조항은 계약의 해석 및 이행과 관련하여 어떤 법률에 의거하여야 하는지 약정하는 조항이다. 따라서 답은 ②번이다.

어휘 geographic 지리적인　clause 조항　exclusively 독점적으로
numerous 수많은　take over (자리나 위치를)차지하다. 이어받다
declare 분명하게 하다. 선언하다　Arbitration Clause 중재 조항
Governing Law Clause 준거법 조항
Severability Clause 가분 조항
Infringement Clause 권리 침해 조항

38 빈칸에 적절한 것 찾기 문제

해석 빈칸을 공통으로 가장 적절한 단어(들)로 채우시오.

> (ⓐ 견적)은 계약이 다음과 같은 공급자의 조건에 따라 이후에 체결되었을 때 최종일 수 없다. 모든 (ⓑ 견적)은 주문을 받는 때에 당사에 의한 확인과 승낙을 조건으로 하고 당사에 의해 서면으로 확인되지 않는 한 구속력이 없다.

① ⓐ 견적, ⓑ 견적
② ⓐ 신용장, ⓑ 신용장
③ ⓐ 송장, ⓑ 송장
④ ⓐ 계약, ⓑ 계약

해설 주어진 지문의 빈칸에 적절한 것을 찾는 유형이다. 매도인의 견적은 매수인에 의한 주문에 대해 매도인이 서면으로 최종 확인해야만 유효하다는 조건이 있는 경우, 매도인의 견적은 최종적인 것이 아니라는 내용이므로 ( ) 안에는 견적이 와야한다. 따라서 답은 ①번이다.

어휘 subsequently 이후에 confirmation 확정
acceptance 승낙 binding 구속하는 quotation 견적
Letter of credit 신용장 invoice 송장 contract 계약

[39~40] 다음을 읽고 질문에 답하시오.

> 저희는 귀하의 6월 29일 자 팩스 주문을 받게 되어 기뻤고, 전기면도기가 7월 6일에 런던에서 출발하여 24일에 시돈에 도착할 예정인 SS Tyrania선에 선적되도록 처리하였습니다.
> 귀하의 주문의 긴급성으로 통상적인 문의를 할 시간이 없어서, 저희는 하는 수 없이 이 방법으로 이 거래를 하였으며, Midminster 은행을 통해 동봉된 송장의 금액을 귀하 앞으로 발행하였습니다. 은행은 시돈에 있는 그들의 거래처에 환어음의 결제와 상환으로 귀하께 ⓐ 선하증권이 교부되도록 지시할 것입니다.
> 귀하의 지역 조건에 맞는 제품을 선택하는데 특별한 주의를 기울였습니다. 저희는 귀하께서 그것들이 만족스럽기를 바라며 귀하의 현 주문이 많은 주문의 첫 번째가 되길 바랍니다.

39 추론 문제

해석 밑줄 친 '이 방법'은 무엇인가?

① D/P로   ② 신용 거래로
③ 신용장으로   ④ 현금으로

해설 주어진 지문에서 추론할 수 있는 것을 찾는 유형이다. 매도인이 매수인 앞으로 환어음을 발행하여 은행을 통해 송부하였고, 환어음의 지급과 상환으로 선하증권이 교부되도록 하는 조건을 언급하고 있으므로 추심결제방식 중 D/P에 해당한다. 따라서 답은 ①번이다.

어휘 D/P 서류지급인도조건 letter of credit 신용장

40 빈칸에 적절한 것 찾기 문제

해석 빈칸 ⓐ에 들어갈 가장 적절한 단어는 무엇인가?

① 선하증권   ② 송장
③ 신용조회처   ④ 신용장

해설 주어진 서신의 빈칸에 적절한 것을 찾는 유형이다. 추심방식에서 매수인이 환어음을 결제하고 인수받는 선적서류로서 가장 핵심이 되는 것은 선하증권이다. 따라서 답은 ①번이다.

어휘 bill of lading 선하증권 invoice 송장 credit reference 신용조회처 letter of credit 신용장

---

41 다른 문장/같은 문장 찾기 문제

해석 다음 중 밑줄 친 말을 다시 쓴 것으로 가장 잘된 것은 무엇인가?

> 저희는 Celltopia II에 대한 가격 인하를 요청하는 10월 20일 자 귀하의 이메일을 받았습니다. 귀하의 요청은 신중히 고려되었으나, 미국 달러에 대한 대한민국 원화의 강세 때문에 이번에 할인하는 것이 가능하지 않아 유감스럽습니다.

① 지금은 할인하는 것을 받아들일 수 없다.
② 지금은 할인할 수 없다.
③ 이번에는 할인되었다.
④ 이번에 할인할 수 있다.

해설 주어진 부분과 같은 내용을 찾는 유형이다. 이번에 할인 할 수 없다는 내용은 지금은 할인할 수 없다와 가장 가깝다. 따라서 답은 ②번이다.

어휘 reduction 인하 appreciation (통화의) 강세, (가치) 상승
acceptable 받아들일 수 있는, 인정할 수 있는
discountable 할인할 수 있는

42 빈칸에 적절한 것 찾기 문제

해석 빈칸에 가장 적절한 것은 무엇인가?

> 저희는 주문 번호 3038에 대한 미화 75,000달러가 결제되지 않았음을 알려드리게 되어 유감스럽습니다.
>
> 저희는 3주 전에 귀사에 (독촉장) 통지를 보냈고, 지금까지 귀사로부터 답변을 듣지 못하였습니다. 저희는 즉시 이 금액을 청산하기 위해 저희를 도와주실 수 있기를 바랍니다.

① 운송   ② 지불
③ 수표   ④ 독촉장

해설 주어진 서신의 빈칸에 적절한 것을 찾는 유형이다. 주문에 대한 대금이 지불되지 않았다고 했으므로, 귀사에 독촉장을 보냈다는 내용이 와야 적절하다. 따라서 답은 ④번이다.

어휘 payment 결제 shipping 운송 check 수표
reminder 독촉장, (기억을 상기시키는) 알림

43 다른 문장/같은 문장 찾기 문제

해석 밑줄 친 (A)와 유사하지 않은 것은 무엇인가?

> 이것은 제품 번호 34 (A) 에 관한 것입니다. 저희 제조사는 저희에게 이 제품에 사용된 재료 가격의 인상 때문에 가격 인상이 있다는 것을 알려주었습니다.

① ~에 관하여
② ~에 관하여
③ ~에 따라
④ ~에 관하여

해설 주어진 부분과 다른 내용을 찾는 유형이다. (A)는 '~에 관하여'라는 의미인 반면, 'As per'는 '~에 따라'라는 의미를 가지고 있다. 따라서 답은 ③번이다.

어휘 **with reference to** ~에 관하여 **with regard to** ~에 관하여 **as per** ~에 따라, ~대로 **regarding** ~에 관하여

[44~45] 다음을 읽고 답하시오.

> 저희는 미화 1억 달러의 TV 모니터에 대한 인상적인 수출 계약을 하게 되었습니다. 이것을 위해, 저희는 이 계약에 사용될 기계와 재료를 위한 자금이 필요할 것입니다. 이 대규모 지출 때문에, 저희는 당사의 신용 한도를 미화 3천만 달러에서 미화 5천만 달러로의 인상을 요청합니다.
>
> ~~~~~~~~~~~~~~~~~~~~
>
> 귀하의 서신에 관하여, 저희는 귀하의 요청에 따라 2019년 11월 1일부터 신용 한도가 (A 미화 2천만 달러 인상됨)을 알리게 되어 기쁩니다. 하지만 (B) 이자율이 6.5%에서 7.5%로 인상될 것이라는 점을 주의해주십시오.

44 빈칸에 적절한 것 찾기 문제

해석 빈칸 (A)에 가장 알맞은 것은 무엇인가?
① 미화 2천만 달러 인상된다.
② 미화 2천만 달러로 늘어난다.
③ 미화 2천만 달러 감소한다.
④ 미화 3천만 달러와 미화 5천만 달러 사이이다.

해설 주어진 서신의 빈칸에 적절한 것을 찾는 유형이다. 이 대규모 지출 때문에 당사의 신용 한도를 미화 3천만 달러에서 미화 5천만 달러로의 인상을 요청한다고 했으므로, 요청에 따라 신용 한도가 미화 2천만 달러 인상됨을 알리게 되어 기쁘다는 내용이 와야 적절하다. 따라서 답은 ①번이다.

45 다른 문장/같은 문장 찾기 문제

해석 밑줄 친 (B)를 바꾸어 말하시오.
① 저희는 이자율을 6.5%에서 7.5%로 인상할 것입니다.
② 저희는 이자율을 6.5%에서 7.5%로 오를 것입니다.
③ 이자율은 6.5%를 1% 초과할 것입니다.
④ 이자율은 1%에서 7.5%를 넘을 것입니다.

해설 주어진 부분과 같은 내용을 찾는 유형이다. 이자율이 6.5%에서 7.5%로 인상될 것이라는 내용은 우리가 이자율을 6.5%에서 7.5%로 인상할 것이라는 내용과 같다. 따라서 답은 ①번이다.

어휘 **raise** 인상하다, 올리다 **rise** 오르다 **exceed** 초과하다 **surpass** 넘다

[46~47] 다음을 읽고 답하시오.

> Mr. Hong께,
>
> 송장 번호 1555에 대한 물품의 손상에 관한 10월 15일 자 귀하의 서신에 감사드립니다. 저는 물품이 창고에서 떠나기 전에 점검되었다는 점을 확인할 수 있으므로, 손상은 선적 중에 발생한 것 같습니다.
>
> 운임 수취인 지불로 하여, 그 물품을 저희에게 반송해주시겠습니까?
> 저희는 그것들을 받자마자 환불금을 보낼 것입니다.
>
> 이것이 끼친 불편에 대한 (사과)를 받아 주십시오.

46 추론 문제

해석 위 서신에서 추론할 수 없는 것은 무엇인가?
① 매도인은 반송하는 물품에 대한 운임을 지불하고 싶어 한다.
② 매수인은 물품이 손상되었다고 주장했다.
③ 물품은 매도인의 창고에서 상태가 좋았다.
④ 매도인은 물품을 교체하고 싶어 한다.

해설 주어진 서신에서 추론할 수 없는 것을 찾는 유형이다. 주어진 지문에서 매도인이 제품을 교체하고 싶어 한다는 내용은 알 수 없다. 따라서 답은 ④번이다.

어휘 **freight** 운임 **replace** 교체하다

47 빈칸에 적절한 것 찾기 문제

해석 빈칸에 맞는 단어를 넣으시오.
① 감사   ② 관심
③ 사과   ④ 안도

해설 주어진 서신의 빈칸에 적절한 것을 찾는 유형이다. 이것이 끼친 불편에 대한 사과를 받아 달라는 내용이 와야 적절하다. 따라서 답은 ③번이다.

어휘 **regard** 관심 **apology** 사과 **relief** 안도

48 빈칸에 적절한 것 찾기 문제

해석 빈칸을 적절한 단어로 채우시오.

> 매도인은 신용장을 개설하는 은행이 견실하고, 그 은행이 합의된 대로 지급할 것이라고 신뢰해야 한다. 매도인이 의심을 가진다면, 그들은 (확인) 신용장을 사용할 수 있는데, 이것은 다른 (아마 더 신뢰할 수 있는) 은행이 결제할 의무를 질 것이라는 것을 의미한다.

① 확인된   ② 취소 불능의
③ 선대   ④ 해당하는 것 없음

해설 주어진 지문의 빈칸에 적절한 것을 찾는 유형이다. 확인신용장은 개설은행 외의 제3의 은행이 개설은행의 신용장에 대한 결제의 약정에 추가적으로 결제·매입을 확약하는 신용장이다. 따라서 답은 ①번이다.

어휘   letter of credit 신용장   presumably 아마
trustworthy 신뢰할 수 있는   undertake 의무를 지다
confirmed letter of credit 확인신용장
irrevocable 취소 불능한   red-clause credit 선대신용장

49   빈칸에 적절한 것 찾기 문제

해석   빈칸을 적절한 단어로 채우시오.

> 선대 신용장은 수익자가 제품의 선적 혹은 서비스 이행
> 전에 일부를 결제 받는 것을 허용한다. 원래 이 조건들은
> 빨간 잉크로 쓰여졌었는데, 그로하여 (이러한) 명칭이 되
> 었다. 실무적으로, 개설은행은 수익자가 매우 신용할 수
> 있거나 선적되지 않을 때 통지은행이 대금을 환불해주
> 겠다고 동의하지 않는 한 이 조건들을 거의 제시하지 않
> 을 것이다.
>
> ① 단순한   ② 선대
> ③ 검정   ④ 해당하는 것 없음

해설   주어진 지문의 빈칸에 적절한 것을 찾는 유형이다. 선대(전
대)신용장에 대한 설명이며 선대신용장의 영어 명칭으로는
Red Clause L/C, Packing L/C, Advance Payment
L/C, Anticipatory L/C 등이 사용된다. 따라서 답은 ②번
이다.

어휘   letter of credit 신용장   beneficiary 수익자
issuing bank 개설은행   creditworthy 신용할 수 있는
advising bank 통지은행   anticipatory L/C 선대신용장

50   빈칸에 적절한 것 찾기 문제

해석   빈칸에 가장 알맞은 것은 무엇인가?

> 당사는 전 세계에 기계 부품을 수출하는 대규모 엔지니
> 어링 회사이고, 중동의 한 고객에게 향후 2년 동안 공급
> 하는 계약을 체결했습니다.
>
> 당사가 제공하게 될 부품들이 유형상 유사하고, 이 기간
> 동안 연간 미화 50,000,000달러의 물품이 같은 목적지
> 에 갈 것이기 때문에
>
> 이 기간 동안 전 위험에 대비하여 (포괄예정보험)을
> 제공해주실 수 있으십니까?
>
> 귀하의 답변을 듣기를 고대하겠습니다.
>
> ① 보험증권   ② 보험증명서
> ③ 포괄예정보험   ④ 보험료

해설   주어진 서신의 빈칸에 적절한 것을 찾는 유형이다. 포괄예
정보험(open cover)은 각각의 화물에 대하여 개별적으로
부보하지 않고 일정 기간 포괄적인 항로, 화물에 대하여 보
험자와 포괄적인 특약을 미리 맺는 보험을 말한다. 따라서
답은 ③번이다.

어휘   in nature 유형(종류, 특성)면에서   destination 목적지
annually 연간   insurance policy 보험증권
insurance certificate 보험증명서   open cover 포괄예정보험
insurance premium 보험료

<제3과목> 무역실무

51   무역계약 / 승낙

해설   지연된 승낙에 대해 청약자가 지체 없이 피청약자에게 유효
하다는 취지의 통지를 한 경우 승낙으로서 효력을 갖는다.

52   무역계약 / 무역계약의 종류

해설   오랜 거래관계를 가지고 있었으므로 이미 포괄계약(Master
contract)이 체결되어 있기 때문에 개별 계약건에 대해서
는 개별계약(Case by case contract)으로 계약을 이행
한다.

53   무역결제 / 신용장 개설

해설   기일표시는 각 국마다 년, 월, 일의 표기순서가 달라 해석
상 오해의 여지가 있으므로 오히려 월 표시는 문자로 표시
하는 것이 좋다.

54   무역결제 / 추심결제방식

해설   추심업무에 참여하는 은행은 서류의 내용을 심사할 의무가
없다.

> ★ 더 알아보기   추심업무 참여 은행의 의무와 책임
> • 신의성실 원칙에 따라 상당한 주의를 다하여야 함
> • 서류가 추심지시서에 열거된 것과 통수 및 외관이 일치하는지 확인,
>   누락된 사항은 추심의뢰 상대방에게 통지
> • 서류의 내용을 심사할 의무가 없음

55   무역계약 / Incoterms 2010

해설   EXW 조건에서는 매도인이 물품을 운송수단에 적재하여
인도할 의무가 없지만, FCA 매도인의 영업소 조건에서는
매도인이 적재의무를 부담한다.
또한, EXW 조건에서는 수출통관 의무가 매수인에게 있지
만, FCA 조건에서는 매도인에게 있다.

56   무역결제 / 신용장의 조건변경

해설   수익자는 조건변경의 전부를 승낙하거나 거절해야 하며, 조
건변경의 일부만 수락하는 것은 조건변경의 거절로 본다.

57 무역운송 / 해상화물운송장

해설   해상운송장(Sea Waybill)은 운송인에게 원본서류를 제출하지 않고도 화물을 인도받을 수 있다.

★더 알아보기 해상화물운송장 특징
- 기명식으로 발행된다.
- 운송인에게 원본서류를 제출하지 않고 화물을 인도받을 수 있으므로, 원본서류의 입수가 화물의 도착보다 지연으로 발생하는 문제를 해소할 수 있어, 화물의 통관, 수령을 신속하게 할 수 있다.
- 유가증권이 아니므로 서류 분실에 대한 위험이 없다.
- SWB에 관한 CMI 규칙에 따라 송하인은 수하인이 화물인도를 청구할 때까지 운송정지권, 화물처분권 등을 유보할 수 있다.

58 무역계약 / 무역클레임의 처리방안

해설   알선은 형식적인 절차가 없으며, 법적 구속력을 갖지 않으므로 당사자 쌍방의 협력을 얻지 못하면 실패하게 된다.

★더 알아보기 제3자를 통한 분쟁 해결방법
- 알선(Intermediation)
- 조정(Conciliation)
- 중재(Arbitration)
- 소송(Litigation)

59 무역결제 / 신용장의 양도

해설   양수인이 원수익자에게 양도환원(Transfer back)하는 경우는 재양도가 허용된다.

★더 알아보기 신용장의 양도
- 신용장의 전부 또는 일부를 양도할 수 있고, 분할선적이 금지되지 않은 경우 여러 명의 제2수익자에게 분할양도도 가능하다.
- 양도는 1회에 한하여 허용되며, 제2수익자의 요청으로 인한 제3수익자로의 재양도는 불가능하다.
- 양도된 신용장의 조건은 원신용장의 조건과 일치해야 하나, 단가, 금액, 선적일, 제시기일, 유효기간, 부보비율에는 예외가 적용된다.
- 양도 시에 달리 합의된 경우를 제외하고, 양도와 관련하여 발생한 모든 수수료는 제1수익자가 지급해야 한다.
- 제2수익자에 의한 서류의 제시는 양도은행에 이루어져야 한다.

60 무역계약 / 청약

해설   a) 청약의 취소
b) 청약의 철회
c) 취소불능
d) 철회
e) 도달

61 무역결제 / 환어음의 기재사항

해설   지급인의 명칭은 환어음의 필수기재사항이다.

★더 알아보기 환어음의 기재사항
- 환어음의 필수 기재사항
  - 환어음의 표시문구
  - 무조건 지급위탁문구
  - 지급인의 표시
  - 지급만기일의 표시
  - 지급지의 표시
  - 발행일 및 발행지의 표시
  - 어음금액(문자표시)
  - 발행인의 기명날인
- 환어음의 임의 기재사항
  - 어음번호
  - 부본 또는 복본번호에 관한 문구
  - 대가수취 문구
  - Account of 문구
  - 신용장에 관한 문구

62 무역운송 / 국제복합운송의 형태

해설   SLB(Siberian Land Bridge)에 대한 내용이다.

63 무역운송 / 선하증권의 수리요건

해설   용선계약에 따른다는 표시가 없어야 하는 것이 선하증권의 일반적인 수리요건이다.

64 무역계약 / Frustration

해설   품목 무차별 운임(Freight All Kinds Rate)에 대한 내용이다.

★더 알아보기 운임 부과방법에 따른 지급조건
- 종가운임(Ad-Valorem Freight) : 고가품목이나 손상발생으로 배상액이 큰 화물에 대하여 부과
- 최저운임(Minimum Freight) : 화물의 용적이나 용량이 기준 이하이더라도 설정된 최저운임을 부과
- 차별운임(Discriminatory Rate) : 화물, 장소, 화주에 따라 운임을 차별적으로 부과

65 무역보험 / 해상손해

해설   추정전손을 보험자에게 위부(Abandonment)하지 않거나 보험자가 위부를 승낙하지 않을 경우 분손으로 처리될 수 있다.

66 무역결제 / 국제팩토링

해설 국제팩토링결제는 신용장이나 추심결제방식과 비교하여 절차가 간단하다.

67 무역보험 / 신협회적하약관

해설 ICC(C) 조건에서는 갑판 유실에 대해서는 담보하지 않는다.

> ★ 더 알아보기 ICC(C) 조건
> • 열거책임주의가 적용되어 담보위험이 열거되어 있으며 또한 면책위험이 열거되고 있고, 신약관 중 담보범위가 가장 좁다.
> • 구약관의 보험조건 중 ICC(FPA) 조건에 상응하는 조건으로, 약관상 열거된 위험에 의한 손해를 전손 · 분손의 구분 없이 보상한다.
> • ICC(B) 조건에서 보상하는 위험 중 지진, 분화, 낙뢰, 갑판 유실, 강물의 침입, 하역작업 중 추락한 포장단위 당 전손 등에 대해서는 담보하지 않는다.

68 무역계약 / Incoterms 2010

해설 CIP 조건의 경우 Seller가 Buyer를 위하여 지정된 도착지까지 적하보험에 부보할 의무를 부담한다.

69 무역운송 / 항공화물 운임

해설 최저운임(Minimum Freight)에 대한 내용이다.

> ★ 더 알아보기 항공화물 요율
> • 기본요율(Normal rate) : 45kg 미만의 화물에 적용되는 기본적인 요율
> • 정량요율(Quantity Rate) : 45kg 이상의 화물에 적용되는 요율로 화물의 중량이 높아질수록 요율이 낮게 설정
> • Chargeable Weight : 물품의 중량과 부피를 무게로 환산한 중량 중 큰 중량으로 실제 항공요금을 계산할 때 적용되는 중량

70 무역운송 / 기명식 선하증권

해설 견적송장(Proforma Invoice)은 수리되지 않는다.

> ★ 더 알아보기 상업송장의 수리요건
> • 수익자가 개설의뢰인 앞으로 발행해야 함
> • 신용장에 표시된 통화와 동일한 통화로 발행되어야 함
> • 신용장에서 별도로 서명을 요구하지 않았다면 서명될 필요가 없으며, 발행일이 표시되지 않아도 됨
> • 신용장에서 단순히 'Invoice'라고만 기재한 경우, Proforma, Provisional을 제외한 어떠한 명칭의 송장도 제시 가능함

71 무역운송 / 선하증권의 법적성질

해설 선하증권상 권리의 내용이 증권상의 문언에 의하여 결정된다는 특성은 선하증권의 문언증권성에 대한 설명이다.

> ★ 더 알아보기 선하증권의 법적성질
> • 선하증권은 요인증권, 요식증권, 채권증권, 상환증권, 유통증권으로서의 성질을 갖는다.
> - 채권증권 : 선하증권의 소지인은 화물의 인도를 청구할 수 있기 때문에 채권적 효력이 발생한다.
> - 상환증권 : 화물을 인도하기 위해서는 선하증권과 상환해야 한다.
> • 문언증권 : 증권상 권리나 의무가 증권에 기재된 내용에 의해 정해진다.

72 무역보험 / 담보

해설 감항성담보는 묵시담보에 해당한다.

> ★ 더 알아보기 담보의 종류
> • 명시담보
> - 보험증권에 담보내용이 구체적으로 명시되어 있거나, 담보내용이 포함된 서류를 보험증권에 첨부하여 담보내용을 육안으로 식별이 가능한 담보
> - 안전담보, 협회담보
> • 묵시담보
> - 보험증권에 담보내용이 명시되지는 않았으나 묵시적으로 보증하는 담보
> - 보험증권에 명시하지 않았더라도 계약 체결에 의해 효력이 발생하여 피보험자가 당연히 지켜야만 하는 담보
> - 감항성담보, 적법성담보

73 무역결제 / 신용장 서류심사기준

해설 은행은 서류의 제시일 다음날로부터 최장 5영업일동안 제시의 일치여부를 결정할 수 있다.

74 무역보험 / 환어음의 필수기재사항

해설 보험계약은 불요식계약이므로 계약성립에 대하여 아무런 형식을 요구하지 않으며, 보험증권이 발행되어야만 보험계약이 성립하는 것도 아니다.

> ★ 더 알아보기 해상보험계약의 성질
> • 낙성계약   • 부합계약
> • 불요식계약   • 사행계약
> • 유상계약   • 최대선의계약
> • 쌍무계약   • 유한책임계약

75 무역계약 / 매수인의 구제

해설　① 매수인은 매도인의 계약위반에 따른 손해에 대해 손해
　　　　배상을 청구할 수 있다.

　　　③ 매도인이 아닌 매수인이 대체물의 인도를 청구할 수 있다.

★ 더 알아보기　매수인의 구제
- 특정이행청구권
  - 대체품인도청구권
  - 하자보완청구권
- 추가기간설정권
- 계약해제권
- 손해배상청구권
- 대금감액권
- 인도기일 전 수령거절권 및 초과인도수량 거절권

해커스 무역영어 1급 4주 완성 이론+기출문제

<제1과목> 영문해석

01 ③	02 ④	03 ②	04 ③	05 ①
06 ①	07 ②	08 ③	09 ④	10 ③
11 ①	12 ①	13 ①	14 ②	15 ②
16 ①	17 ①	18 ①	19 ④	20 ①
21 ③	22 ③	23 ②	24 ①	25 ③

<제2과목> 영작문

26 ④	27 ④	28 ④	29 ③	30 ②
31 ④	32 ②	33 ②	34 ①	35 ④
36 ④	37 ④	38 ①	39 ③	40 ①
41 ①	42 ③	43 ①	44 ②	45 ④
46 ④	47 ④	48 ②	49 ③	50 ③, ④

<제3과목> 무역실무

51 ②	52 ②	53 ④	54 ④	55 ①
56 ②	57 ②	58 ④	59 ③	60 ①
61 ①	62 ④	63 ③	64 ②	65 ③
66 ③	67 ①	68 ③	69 ④	70 ①
71 ③	72 ③	73 ②	74 ④	75 ④

<제1과목> 영문해석

[01~02] 다음을 읽고 질문에 답하시오.

> 귀하께,
> 당사는 귀하께서 주문번호 146번(ⓐ 에 대한) 신용장을 즉시 발행할 것을 당사에 요청하는 귀하의 서신을 4월 5일에 받았습니다.
> 당사는 금일 서울 외환은행에 귀하를 수익자로 하여 미화 250,000달러의 취소불능 및 확인신용장을 개설하도록 요청했으며, 이 신용장은 5월 20일까지 유효할 것입니다. 이 신용장은 Ⓐ 뉴욕주 뉴욕은행에 의해 통지 및 확인될 것입니다. 그들은 취소불능 및 확인신용장 하에서 귀하의 (ⓒ 일람) 후 60일 지급 (ⓑ 환어음)을 인수할 것입니다.
> 물품이 선적되자마자 당사에 텔렉스나 팩스로 (ⓓ 만기일)을 즉시 알려주시기 바랍니다.
> 그럼 안녕히 계십시오.

01 Not/True 문제

해석 밑줄 친 Ⓐ가 하지 않는 잘못된 역할을 고르시오.

① 확인은행   ② 통지은행
③ 개설은행   ④ 인수은행

해설 주어진 보기 중 틀린 것을 찾는 유형이다. 서신에서 당사는 서울 외환은행에 신용장을 발행하도록 요청했다고 했다. 따라서 답은 ③번이다.

02 빈칸에 적절한 것 찾기 문제

해석 빈칸 ⓐ~ⓓ에 들어갈 잘못된 단어를 고르시오.

① ~에 대한   ② 환어음
③ 일람   ④ 만기일

해설 주어진 빈칸에 적절하지 않은 것을 찾는 유형이다. 매수인이 매도인에 대해 물품이 선적되면 즉시 통지해 달라고 하는 문맥으로 보아 ⓓ에 알맞은 내용은 '선적(Shipment)'이 적절하다. 따라서 답은 ④번이다.

어휘 irrevocable 취소불능의
confirmed letter of credit 확인신용장   valid 유효한
at 60 days after sight 일람 후 60일(을 만기로 하는)
draft 환어음   maturity 만기일

03 다른 의도 찾기 문제

해석 다음 중 다른 것들과 다른 목적의 답신은 무엇인가?

> 당사는 귀사가 그들의 재정 상태와 평판에 대해 알려주신다면 감사하겠습니다. 귀사로부터 제공되는 어떠한 정보라도 극비로 취급될 것이며, 귀사의 청구서를 받는 즉시 비용이 지급될 것입니다.
> 귀사께서 신속한 답신을 주신다면 매우 감사하겠습니다.

① 그 회사는 업계에서 인정 받고 있습니다.
② 그들의 거래계정은 언제나 제때에 결제되지 않았습니다.
③ 당사의 기록에 따르면, 그들은 시간을 엄수하여 의무를 이행하고 있습니다.
④ 그들은 항상 저희에게 만족스럽게 그들의 의무를 이행하며 그들의 최근 재무제표는 건전한 상태를 보여줍니다.

해설 주어진 보기 중 다른 의도를 가진 것을 찾는 유형이다. ①, ③, ④번은 회사에 대한 긍정적인 평가를 전하는 내용이므로, ②번의 항상 제때에 결제되지 않았다는 부정적 내용은 의도가 다르다. 따라서 답은 ②번이다.

어휘 financial standing 재정 상태 reputation 평판
strictly confidential 극비로 expense 비용
upon receipt of ~을 받는 즉시 bill 청구서, 어음
account 거래, (거래의) 계정 settle 결제하다
punctually 시간을 엄수하여
commitment (재정적) 의무, 이행 약속
meet one's obligation 의무를 이행하다
financial statements 재무제표

04 Not / True 문제

해석 다음 중 인코텀스 2020 하의 CPT 규칙에 대해 옳지 않은 것은?

① 매도인은 운송인에게 물품을 인도하거나, 그렇게 인도된 물품을 조달하여 물품을 인도한다.

② 매도인은 지정 목적지로 물품을 운송하는 데 필요한 운송계약을 체결하고 운임을 부담한다.

③ 매도인은 물품이 지정 목적지에 도착했을 때 인도 의무를 이행한다.

④ 매도인은 물품 인도에 필요한 품질, 용적, 중량 및 수량의 검사 비용을 부담해야 한다.

해설 주어진 보기 중 틀린 것을 찾는 유형이다. CPT가 사용되는 경우 매도인은 물품이 목적지에 도착한 때가 아니라 운송인에게 물품을 인도하는 때에 그의 인도 의무를 이행한 것이 된다. 따라서 답은 ③번이다.

어휘 procure 조달하다 fulfill 이행하다 obligation 의무

05 Not / True 문제

해석 아래 Mr. Beals가 받은 서신에 따르면 맞는 것은 무엇인가?

> Mr. Beals께,
> 당사의 주문번호 14478번.
> 당사는 위 주문에 대하여 2019년 6월 20일에 수령한 청바지의 선적에 대해 Complain하고자 서신을 드립니다. 청바지가 포장되어 있던 박스는 손상되어 있었고, 박스들은 운송 중에 파손된 것처럼 보였습니다. 귀사의 송장 번호 18871로부터, 당사는 550달러 상당의 25벌의 청바지가 도난되었다고 추산했습니다. 박스의 손상으로 인해, 일부 물품들 또한 잔뜩 구겨지거나 더러워져 있었고 저희 매장에서 신품으로 판매될 수 없습니다.
> 매매가 CFR 조건으로 되어 있었고 운송주선인이 귀사의 대리인이었기 때문에, 당사는 귀사가 보상에 관해 그들에게 연락할 것을 제안드립니다.
> 손상 및 분실된 물품 목록을 첨부하였습니다. 그 화물은 당사가 귀사의 지시를 받을 때까지 따로 보관하고 있을 것입니다.
>
> Peter Jang 드림
> 동봉 손상 및 분실된 물품 목록

① Mr. Beals는 보상에 대해 운송주선인과 연락할 것이다.

② Mr. Jang은 Mr. Beals에게 손상된 화물을 반송하려고 한다.

③ Mr. Beals는 손상된 화물을 수령할 것이다.

④ Mr. Jang은 Mr. Beals가 손상된 물품을 보냈다고 생각한다.

해설 주어진 서신의 내용과 일치하는 것을 찾는 유형이다. 당사 관계자인 Peter Jang이 귀사의 Mr. Beals가 운송사와 연락할 것을 제안한다고 말하고 있으므로, Mr. Beals가 보상에 대해 운송사와 연락할 것이라는 것은 맞는 설명이다. 따라서 답은 ①번이다.

어휘 in transit 운송 중에 invoice 송장 estimate 추산하다
to the value of ~의 값어치가 있는 crush 잔뜩 구겨지다
stain 더럽히다 forwarding company 운송주선인
agent 대리인, 대리점 with regard to ~에 관해
compensation 보상 consignment 화물

06 추론 문제

해석 다음 중 답신에서 포함되지 않은 것은 무엇인가?

> Mr. Song께,
> 귀사의 Ace A/V System에 대한 확정 청약을 하는 12월 21일 자 귀사의 서신에 감사드립니다. 제안된 수량 할인 계획을 비롯하여, 서신에 언급된 모든 조건은 온전히 승낙 가능하고, 당사는 Ace System 200개에 대해 첫 주문을 하고 싶습니다. 동봉된 주문서 양식 KEPP-2345번은 이 주문에 관한 자세한 내용을 제공합니다. 추가적인 연락이나 인보이스 발행에 대해서는, 위 주문 번호를 참조해주시기 바랍니다.

① 귀사가 우호적인 견적을 제공하고 주문받은 날로부터 6주 이내의 인도를 보증할 수 있다면, 당사는 정기적으로 주문할 것입니다.

② 귀사의 신용장을 받는 대로, 당사는 귀사의 주문을 진행하고 지시받은 대로 물품들을 선적할 것입니다.

③ 당사는 귀사의 주문서에 있는 물품이 올해 1월 이후로 생산 중단되었음을 유감으로 생각합니다.

④ 귀사의 주문서에 대한 생산 및 선적에 어떠한 문제도 없을 거라 생각하기 때문에, 당사는 본 주문이 당사에 제시간에 도착할 것으로 예상합니다.

해설 주어진 서신에 대한 답신에 포함되지 않을 것을 추론하는 유형이다. 우호적인 견적을 제공하고 6주 이내로 배송을 보증할 수 있다면, 정기적으로 주문할 것이라는 내용은 물품을 주문하는 서신에 대한 답신으로 적절하지 않음을 추론할 수 있다. 따라서 답은 ①번이다.

어휘 firm offer 확정청약 terms and conditions 조건
scheme 계획 acceptable 승낙 가능한, 받아들일 수 있는
initial 처음의 particulars 자세한 내용
favorable 우호적인, 유리한 quotation 견적
guarantee 보증하다 on a regular basis 정기적으로
discontinue (생산을) 중단하다, 단종되다 foresee 예측하다

07 빈칸에 적절한 것 찾기 문제

해석 매입신용장 업무에서 빈칸에 맞는 단어를 고르시오.

> 우리는 이로써 (발행인/선의의 소지인)에게 이 신용장의 조건에 (준수)하여 발행되고 매입된 환어음이 제시되면 정히 (결제) 될 것을 확약한다.

① 발행인/지급인 - 일치 - 지급
② 발행인/선의의 소지인 - 준수 - 결제
③ 발행인/수취인 - 준수 - 인수
④ 발행인/선의의 소지인 - 일치 - 인수

해설 주어진 지문의 빈칸에 적절한 것을 찾는 유형이다. 매입신용장은 환어음의 발행인, 배서인, 선의의 소지인에게 신용장의 조건을 준수하여 발행되고 매입된 환어음이 제시되면 결제될 것임을 개설은행이 확약하는 내용을 담고 있다. 따라서 답은 ②번이다.

어휘 **hereby** 이로써 **negotiate** 매입하다
duly 적절한 절차에 따라, 정히 **drawer** (환어음의) 발행인
drawee 지급인 **accordance** 일치
bona fide holder 선의의 소지인 **conformity** 일치
honour 결제하다 **payee** 수취인 **accept** (어음을) 인수하다

08 Not/True 문제

해석 다음의 신용장 거래 하에서의 지문 중 옳은 것은?

> 신용장이 보험증명서를 요구하는 경우에, 보험증권이 제시된다.

① 보험증권은 보험증명서 한 부를 동반해야 한다.
② 보험증명서만이 제시되어야 한다.
③ 보험증권은 수리될 수 있다.
④ 보험증명서는 보험증권 사본 한 부를 동반해야 한다.

해설 주어진 보기 중 맞는 것을 찾는 유형이다. UCP 규정에 따라, 보험증권(Policy)은 포괄예정보험 하에서의 확정통지서(Declaration) 또는 보험증명서(Insurance Certificate)를 대신하여 수리가능하다. 따라서 답은 ③번이다.

어휘 **insurance certificate** 보험증명서
insurance policy 보험증권 **accompany** 동반하다

[09~10] 다음 서신을 읽고 질문에 답하시오.

> Mr. Simpson께,
> 20개의 C2000 컴퓨터 화물을 ⓐ 집하하고 뉴질랜드 웰링턴의 South가 100번지에 있는 NZ Business Machine사 M. Tanner씨께 ⓑ 선적되도록 하는 데 필요한 준비를 해주실 수 있으신가요?
> 모든 선적 절차와 보험을 ⓒ 처리해 주시고, 선하증권 다섯 부, 상업송장 세 부, 그리고 보험증명서를 당사에 보내주시기 바랍니다. 우리 고객들에게는 당사가 직접 선적을 ⓓ 통지할 것입니다.

> 귀사께서 이것을 가능한 한 빨리 처리해 주실 수 있으신가요? 귀사의 비용은 이전과 같은 방식으로 당사로 송장을 발행하실 수 있습니다.
> Neil Smith 드림

09 추론 문제

해석 추론할 수 없는 것은 무엇인가?

① Mr. Simpson은 운송주선업체의 직원이다.
② Neil Smith는 컴퓨터 회사의 선적 직원이다.
③ Mr. M. Tanner는 수하인이다.
④ 이 메일은 송하인이 매수인에게 보내는 것이다.

해설 주어진 서신에서 추론할 수 없는 것을 묻는 유형이다. 선적 직원인 Neil Smith가 운송주선업체의 Mr. Simpson에게 화물 선적과 관련한 요청을 하고 있으므로, 이 메일은 송하인이 운송인에게 보내는 것임을 추론할 수 있다. 따라서 답은 ④번이다.

10 다른 문장 / 같은 문장 찾기 문제

해석 밑줄 친 것과 대체될 수 없는 것은 무엇인가?

① ⓐ 찾으러 오다   ② ⓑ 운송되는
③ ⓒ 발생시키다   ④ ⓓ 알리다

해설 주어진 단어와 다른 내용을 찾는 유형이다. ⓒ handle은 '처리하다'라는 의미인 반면, 'incur'는 (비용 등을) '발생시키다'라는 의미를 가지고 있다. 따라서 답은 ③번이다.

어휘 **consignment** 화물 **arrangement** 준비
formalities (통관등의 수출입) 절차 **insurance** 보험
bill of lading 선하증권 **commercial invoice** 상업송장
insurance certificate 보험증명서
invoice 송장(청구서)을 발행하다
freight forwarder 운송주선업자 **consignee** 수하인

11 빈칸에 적절한 것 찾기 문제

해석 양도가능신용장 업무에서 빈칸 (A)~(D)에 맞는 단어를 고르시오.

> ((A) 양도은행)은 신용장을 양도하는 지정은행 또는 모든 은행에서 이용 가능한 신용장의 경우에는 ((B) 개설은행)에 의해 양도할 것을 특별히 수권받고 신용장을 양도하는 은행을 의미한다. ((C) 개설은행)은 ((D) 양도은행)이 될 수 있다.

① (A) 양도은행 - (B) 개설은행 - (C) 개설은행 - (D) 양도은행
② (A) 양도은행 - (B) 매입은행 - (C) 매입은행 - (D) 양도은행
③ (A) 개설은행 - (B) 양도은행 - (C) 매입은행 - (D) 개설은행
④ (A) 통지은행 - (B) 개설은행 - (C) 매입은행 - (D) 양도은행

해설 주어진 지문의 빈칸에 적절한 것을 찾는 유형이다. 지문은 UCP의 양도은행의 정의로 양도은행은 양도가능신용장의 양도 절차를 이행하도록 개설은행으로부터 수권받은 은

행을 의미하며, 개설은행은 양도은행이 될 수 있다. 따라서 답은 ①번이다.

어휘   **nominated bank** 지정은행   **authorized** 수권받은
transferring bank 양도은행   **issuing bank** 개설은행
negotiating bank 매입은행

[12~13] 다음을 읽고 질문에 답하시오.

> Mrs. Reed께,
> Madam Furnishing사를 선택해주셔서 감사합니다. Melissa 탁자에 대해 배송 선호사항과 탁자 디자인 변경에 대한 전화상 논의와 관련하여, 논의된 바와 같이 아래 조건을 검토 및 확정해주시기 바랍니다.
> 오늘 선적 예정이었던 귀하의 주문은 귀하의 요구사항을 포함하고 귀하께서 희망했던 가구를 받도록 하기 위해 ((A) 보류)되었습니다. 탁자의 색상과 배송 일정을 변경하고자 하는 귀하의 요구사항은 문서화되었으며, 귀하의 주문은 ((B) 변경되었습니다).
> 다음 사항을 알려 드립니다:
> Melissa 탁자는 검은색, 갈색, 그리고 빨간색으로 시중에 나와 있습니다. 다른 색상으로의 탁자 생산은 특별 주문으로 간주되며 20달러의 추가 요금이 붙습니다.
> 일요일 정오 12시부터 오후 3시 사이에 Melissa 탁자 배송은 가능하지만 10달러의 추가 요금이 붙을 것이며, 이는 당사의 표준 주말/공휴일 배송비입니다.

12   Not/True 문제

해석   위 메시지에 대한 다음 진술 중 맞는 것은 무엇인가?

   ① 메시지는 고객의 요구사항을 확인하기 위해 쓰여졌다.
   ② 검은색, 갈색, 그리고 빨간색 이외 다른 색상으로의 Melissa 탁자 생산은 가능하지 않다.
   ③ 탁자 배송은 10달러의 추가 요금이 붙을 것이다.
   ④ 고객은 탁자 색상과 배송 일정 변경을 요구하고 있지 않다.

해설   주어진 보기 중 맞는 것을 찾는 유형이다. 메시지에서 당사가 Mrs. Reed에게 논의된 바와 같이 배송과 탁자 디자인 변경에 대한 조건을 검토 및 확정해달라고 요청하고 있다. 따라서 답은 ①번이다.

13   빈칸에 적절한 것 찾기 문제

해석   빈칸 (A), (B)에 맞는 단어를 고르시오.

   ① 보류 – 변경되었다   ② 서류 – 변경되었다
   ③ 서류 – 취소되었다   ④ 보류 – 취소되었다

해설   주어진 지문의 빈칸에 적절한 것을 찾는 유형이다. Mrs. Reed에게 선호하는 배송과 디자인 변경에 대한 조건을 확정 및 검토해달라고 요청하고 있으므로, 오늘 선적 예정이었던 주문품이 귀하의 요구사항을 포함하기 위해 보류되었으며, 요구사항은 문서화되었고 주문은 그에 따라 변경되었다고 하는 내용이 와야 적절하다. 따라서 답은 ①번이다.

어휘   **preference** 선호(사항)   **modification** 변경
requirement 요구하는 것   **incorporate** 포함하다
document 문서화 하다, 기록하다
commercially available 시중에 나와 있는   **modify** 변경되다

14   Not/True 문제

해석   수익자 자신의 은행의 금융편의에 영향을 주지 않고 선적 전 자금 조달을 받을 수 있도록 하는 화환신용장은 무엇인가?

   ① 양도가능신용장   ② 선대(전대)신용장
   ③ 취소불능신용장   ④ 취소불능확인신용장

해설   주어진 보기 중 맞는 것을 찾는 유형이다. 선대(전대)신용장은 은행에 대한 선적서류의 제시 이전에도 일정 신용장 금액이 지급되도록 조건을 붙인 신용장 방식이다. 따라서 답은 ②번이다.

어휘   **documentary credit** 화환신용장   **beneficiary** 수익자
financing 자금 조달
banking facility 은행(에서 제공하는) 금융편의

[15~16] 다음 서신을 읽고 질문에 답하시오.

> 귀사의 주문품은 2018년 4월 17일에 America호에 선적되었으며, 4월 27일에 리버풀에 도착할 것입니다.
> 당사는 ((B) 통관)을 위한 선적서류를 받는 대로 화물이 귀사에 보내지도록 ((A) 준비)할 귀사의 대리인 Eddis Jones씨께 통지했습니다.
> 노팅엄 High가에 위치한 당사의 은행 대리인, Westmorland 은행은 귀사에서 당사의 환어음을 인수하시면, 선적 무사고 선하증권, 송장, 그리고 보험증명서로 이루어진 서류들을 ((C) 인도할) 것입니다.

15   추론 문제

해석   추론할 수 없는 것은 무엇인가?

   ① 이 서신은 수입자에게 보내는 선적통지이다.
   ② Eddis Jones는 수입자의 판매 대리인이다.
   ③ Westmorland 은행은 수입국에서 추심은행이다.
   ④ 화환추심에서, 금융 관련 증명서류는 상업서류를 동반한다.

해설   주어진 서신에서 추론할 수 없는 것을 묻는 유형이다. 화물이 귀사에 보내지도록 Eddis Jones에게 통지했다고 했으므로, Eddis Jones는 운송주선업자임을 추론할 수 있다. 따라서 답은 ②번이다.

16   빈칸에 적절한 것 찾기 문제

해석   빈칸 (A), (B), (C)에 맞는 단어를 고르시오.

   ① (A) 준비 – (B) 통관 – (C) 인도하다
   ② (A) 준비 – (B) 운송 – (C) 인도하다
   ③ (A) 약속 – (B) 통관 – (C) 차지하다
   ④ (A) 약속 – (B) 운송 – (C) 차지하다

해설 주어진 서신의 빈칸에 적절한 것을 찾는 유형이다. 주문품이 선적되었다고 안내하고 있으므로, 통관을 위한 선적서류를 받는 대로 화물이 보내지도록 준비할 운송주선업자에게 통지했다는 내용이 와야 적절하고, 당사의 어음을 인수하면 은행에서 서류들을 인도할 것이라는 내용이 와야 적절하다. 따라서 답은 ①번이다.

어휘 consignment 화물 shipping documents 선적서류
clean bill of lading 무사고 선하증권
insurance certificate 보험증명서 importer 수입자
selling agent 판매 대리인 collecting bank 추심은행
documentary collection 화환추심 financial 금융의
commercial 상업의 arrangement 준비 clearance 통관
hand over 인도하다, 넘겨주다 transit 운송 take up 차지하다

17 다른 문장 / 같은 문장 찾기 문제

해석 가장 적절한 번역을 고르시오.

> 선하증권 약관에 따라서, 운송인과 그 대리인은 본 사고에 대한 책임이 없습니다. 따라서, 당사는 귀사의 클레임을 거부하게 되어 유감이고, 귀사의 보험업자에게 그에 알맞게 귀사의 관련 서류를 다시 보내도록 제안합니다.

해설 주어진 문장과 같은 내용을 찾는 유형이다. 'redirect'는 '다시 보내다'라는 뜻이고, 'underwriter'는 '보험업자'라는 뜻이다. 따라서 답은 ①번이다.

어휘 liable (법적) 책임이 있는 repudiate 거부하다
redirect 다시 보내다 relevant 관련 있는
underwriter 보험업자

18 빈칸에 적절한 것 찾기 문제

해석 빈칸 (A)~(D)에 맞는 단어를 고르시오.

> 당사는 당사 주문에 대한 귀사의 처리에 매우 만족해왔으며, 당사 사업이 성장하고 있기 때문에 추후에는 귀사에 더 대량의 주문을 할 것으로 예상합니다. 귀사와 당사가 현재 2년 넘게 함께 일해오고 있다는 것을 알고 계시므로, 당사에 분기별 결제방식으로 ((A) 사후송금) 편의를 승인해주실 수 있다면 감사하겠습니다. 이 조정은 당사에게 ((B) 송장)별로 별도로 결제해야 하는 불편을 덜어줄 것입니다. 은행과 거래처의 ((C) 신용조회처)는 귀사의 ((D) 요청)에 따라 제공해드릴 수 있습니다. 당사는 귀사의 호의적인 답신을 곧 받기를 바랍니다.

① (A) 사후송금 – (B) 송장 – (C) 신용조회처 – (D) 요청
② (A) 사후송금 – (B) 송장 – (C) 신용조회인 – (D) 결제
③ (A) 연지급 – (B) 수표 – (C) 신용조회처 – (D) 결제
④ (A) 연지급 – (B) 수표 – (C) 신용조회인 – (D) 요청

해설 주어진 지문의 빈칸에 적절한 것을 찾는 유형이다. 2년 넘게 거래해 오고 있으므로, 분기별 사후송금 방식으로 결제 방식을 변경해 줄 것을 요청하면서, 매도인의 요청이 있는 경우 신용조회처를 제공하겠다는 내용이 문맥상 적절하다. 따라서 답은 ①번이다.

어휘 facility (금융상의) 편의 quarterly 분기별의 settlement 결제
arrangement 조정, 준비 open-account 사후송금 결제방식
invoice 송장 references 신용조회처
deferred payment 연지급 결제방식 check 수표

19 Not / True 문제

해석 다음 조항 중 분쟁 해결에 관하여 매도인과 매수인의 의무를 설명한 것으로 적절하지 않은 것은?

① 당사자들은 신의성실에 의한 협상을 통해 이하의 모든 분쟁을 해결하기 위해 합리적인 최선의 노력을 할 것이다.
② 당사자들은 이러한 분쟁과 관련된 다른 모든 당사자에게 서면 통지를 해야 하고, 이러한 통지를 받은 후 30일 (혹은 당사자들이 합의한 다른 기간) 내에 해결되지 않는 모든 분쟁은 당사자 상호 합의로 선택된 중재인에게 회부될 것이다.
③ 서면으로 내려지는 중재인/중재인들 또는 그들 다수의 판정은, 각 경우에 따라, 회부된 문제에 대해 최종적이며 당사자들을 구속하고 당사자들은 그러한 판정을 따르고 준수할 것이다.
④ 본 합의에 대한 모든 조건이나 다른 규정이 법률 및 공공 정책에 의해 무효나 불법 또는 집행될 수 없는 경우일지라도, 여기에 고려되는 거래의 경제적 및 법률적 본질이 어떤 당사자에게도 실질적으로 불리한 방식으로 영향을 주지 않는 한 이 합의의 다른 모든 조건과 규정은 완전한 효력을 유지할 것이다.

해설 ④는 가분 조항(Severability Clause)에 해당하는 내용으로 이는 분쟁해결조건과는 직접적인 관련이 없다. 따라서 답은 ④번이다.

어휘 resolve 해결하다 dispute 분쟁 negotiation 협상
pertain 관련되다, 속하다 submit 제출하다, 회부하다
arbitrator 중재인 majority 다수 final 최종적인
binding upon ~에 구속력이 있는 abide by 따르다, 준수하다
comply with 지키다 provision 규정 invalid 무효의
illegal 불법의 incapable of ~할 수 없는 enforce 집행하다
public policy 공공 정책 substance 본질, 실질
transaction 거래 contemplate 고려하다
materially 실질적으로 adverse 불리한

[20~21] 다음을 읽고 질문에 답하시오.

당사는 귀사의 1월 10일 자 서신으로부터 이 주문에 대해 제공된 몇몇 DVD가 귀사에 도착했을 때 손상되었음을 알게 되어 유감이었습니다.
(1) 손상된 물품들에 대한 대체품이 오늘 아침 우편 소포로 보내졌습니다.
(2) 손상된 물품을 반드시 반송하시지 않아도 될 것입니다. 그것들을 폐기하셔도 됩니다.
(3) 당사가 물품을 포장할 때 주의를 기울였음에도, 최근 손상에 대한 몇몇 신고가 있었습니다.
(4) 고객들께 끼치는 더 많은 불편과 (골칫거리)를 피하기 위해, 당사에 드는 비용뿐만 아니라, 당사는 처리 방법을 개선하려는 바람으로 현재 포장 컨설턴트의 조언을 구하고 있습니다.

20 빈칸에 적절한 것 찾기 문제

해석 빈칸에 적절한 것은?
① 골칫거리   ② 논의
③ 협상   ④ 해결책

해설 주어진 지문의 빈칸에 적절한 것을 찾는 유형이다. 손상된 주문품이 제공된 상황이므로, '골칫거리'라는 내용이 와야 적절하다. 따라서 답은 ①번이다.

21 추론 문제

해석 이것은 한 서신에 대한 답신이다. 다음 중 이전 서신에서 찾기 어려운 것은 무엇인가?
① 당사는 이것이 포장 전 어떠한 단계에서의 부주의한 처리 때문이었다고 추정할 수밖에 없습니다.
② 당사는 손상된 물품 목록을 동봉하였고 귀사가 그것들을 교환해 주신다면 감사하겠습니다.
③ 당사는 손상된 것에 대한 귀사의 판매가를 낮출 필요가 있다고 생각하며 귀사가 제안한 10퍼센트 특별 할인액에 기꺼이 동의합니다.
④ 그것들은 귀사가 보상을 위해 공급자에 제기하는 클레임을 뒷받침하는 데 필요할 경우를 대비해 따로 보관되었습니다.

해설 주어진 서신에 대한 이전 서신으로 적절하지 않은 것을 추론하는 유형이다. 서신은 손상된 주문품에 대한 대체품이 보내졌다는 내용이므로, 당사가 손상된 것에 대한 귀사의 판매가를 낮출 필요가 있다고 생각하며 귀사가 제안한 할인액에 동의한다는 내용은 이전 서신으로 적절하지 않다. 따라서 답은 ③번이다.

어휘 replacement 대체(품) parcel post 우편 소포
expense 비용 handling 처리 annoyance 골칫거리
negotiation 협상 compensation 보상

22 목적 / 주제 찾기 문제

해석 다음 중 지문의 제목으로 가장 적절한 것은?

몇몇 해운 동맹 제도에서 사용되는 제도이며, 이것에 의하여 송하인은 특정 기간 동안 오직 동맹만 사용한 것을 조건으로 그 기간 동안 지불된 운임에 대해 할인받는다.

① 계약운임제   ② 이중운임제
③ 운임할려(충실보상)제 ④ 투쟁선

해설 주어진 지문의 제목을 찾는 유형이다. 특정 기간 동안 동맹선에서만 선적한 송하인에 대해 지급한 운임의 일정한 비율을 할인해주는 제도는 운임할려(충실보상)제이다. 따라서 답은 ③번이다.

어휘 conference 해운 동맹 shipper 송하인 rebate 할인
freight 운임 subject to ~을 조건으로
exclusively 오직, 독점적으로

[23~24] 다음을 읽고 질문에 답하시오.

귀사의 최근 주문 No. 234-234-001에 대하여 감사드립니다. 당사는 이 선적에 적용된 10,000달러 취급수수료에 대한 귀사의 서신을 받았습니다. 이것은 사실 당사 ((A) 측)의 오류였습니다. 당사는 자기로 된 새 물통과 같이 ((B) 손상되기 쉬운) 물품에 대한 모든 주문에 특별 취급수수료를 적용하지만, 어찌된 일인지 그 공지가 물품을 설명한 페이지에서 일시적으로 삭제되었습니다. 당사는 웹사이트에서 그 오류를 ((C) 정정했습니다).
하지만, 그 사이에 당사는 10,000달러를 귀사의 대변에 기입했습니다. 당사는 모든 불편에 대해 사과드리며 추후에 다시 귀사를 모실 기회가 있기를 바랍니다.

23 Not / True 문제

해석 서신에 대해 가장 적절하지 않은 것은?
① 매수인은 잘 파손되는 물품을 주문했다.
② 제품의 품질에 대한 의사소통 오류가 있었다.
③ 매수인은 웹 홈페이지에서 제품에 대한 정보를 얻었다.
④ 잘 파손되는 물품을 다루는 주문에 대해, 특별 취급수수료가 있을 것이다.

해설 주어진 서신의 내용과 일치하지 않는 것을 찾는 유형이다. 특별 취급수수료를 적용하는 것에 관한 설명이 일시적으로 삭제되어 그 오류를 정정했다고 했으므로, 제품의 품질에 대한 의사소통이 있었다는 내용은 맞지 않다. 따라서 답은 ②번이다.

24 빈칸에 적절한 것 찾기 문제

해석 빈칸 (A), (B), (C)에 맞는 단어를 고르시오.
① 측 – 손상되기 쉬운 – 정정했다
② 쪽 – 손상되기 쉬운 – 고려했다
③ 측 – 단단한 – 정정했다
④ 쪽 – 단단한 – 고려했다

해설 주어진 서신의 빈칸에 적절한 것을 찾는 유형이다. 당사의 오류로 인해 발생한 불편함에 대해 사과하고 있으므로, 10,000달러 취급수수료가 사실 당사 측의 오류였다는 내용이 들어가야 적절하고, 손상되기 쉬운 물품에 대한 모든 주문에 특별 취급수수료를 적용하지만, 어찌 된 일인지 그 공지가 물품을 설명한 페이지에서 일시적으로 삭제되어 그 오류를 정정했다는 내용이 와야 적절하다. 따라서 답은 ①번이다.

어휘 handling charge 취급수수료 porcelain 자기의
temporarily 일시적으로
place ~ to one's credit ~을 대변에 기입하다
brittle 파손되기 쉬운 fragile 손상되기 쉬운
contemplate 고려하다

25 다른 문장/같은 문장 찾기 문제

해석 한국어로 적절하게 번역된 것이 아닌 것은?

> (a) 12월 명세서에 지급되어야 하는 잔액 105.67파운드가 아직 정산되지 않아 독촉장을 보내게 되어 유감입니다. (b) 명세서는 1월 2일에 발송되었으며 여기 사본을 동봉합니다. (c) 당사는 조기 결제의 조건으로 귀사에게 대단히 낮은 가격에 견적해드린 것임을 상기시켜 드리고자 합니다.
> (d) 아마도 미지급이 실수로 인한 것일 수 있으므로, 추후 며칠 내로 수표를 보내 주시면 감사하겠습니다.

해설 주어진 문장과 다른 내용을 찾는 유형이다. (c)는 조기 결제를 조건으로 낮은 가격에 견적해 주었다는 내용이다. 따라서 답은 ③번이다.

어휘 quote 견적하다 settlement 결제 oversight 실수
cheque 수표

<제2과목> 영작문

26 빈칸에 적절한 것 찾기 문제

해석 다음 중 빈칸 (a)~(c)에 가장 적절한 것은?

> 1. 매입은행은 매도인에게 지급하거나 매도인에 의해 발행된 환어음을 ((a) 할인하고), 선적서류를 매수인 국가의 개설은행에 보낸다.
> 2. 개설은행은 ((b) 지급)에 대해서 선적서류를 수입국의 매수인에게 인도한다.
> 3. 대금수령인은 운송사에 ((c) 선하증권)을 제시함으로써 화물을 받는다.

① (a) 할인하다 – (b) 지급 – (c) 선적서류
② (a) 결제하다 – (b) 매입 – (c) 선하증권
③ (a) 결제하다 – (b) 매입 – (c) 선적서류
④ (a) 할인하다 – (b) 지급 – (c) 선하증권

해설 신용장의 관련 당사자들에 대한 내용으로, 매입은행은 매도인의 일치하는 제시를 매입(할인)하는 은행이며, 개설은행은 송부되어 온 선적서류를 매수인에게 인도하며 신용장 대금의 지급을 요구한다. 매수인은 물품의 수하인으로서 선적서류 중 하나인 선하증권의 원본을 운송인에게 제출하고 물품을 수령할 수 있다. 따라서 답은 ④번이다.

어휘 negotiating bank 매입은행 shipping document 선적서류
issuing bank 개설은행 accounter 대금수령인
consignment 화물 honour 지불하다 bill of lading 선하증권

27 빈칸에 적절한 것 찾기 문제

해석 UCP 600 하에서 빈칸에 적절한 것을 고르시오.

> 지정에 따라 행동을 취하는 지정은행, 확인은행이 있는 경우에는 확인은행, 혹은 개설은행은 (신용장에 의해 허용된 금액을 초과한) 금액에 대해 발행된 상업송장을 수리할 수 있으며, 문제의 그 은행이 (신용장에 의해 허용된 금액을 초과한) 금액을 결제 또는 매입하지 않았던 경우에 한하여, 그 결정은 모든 당사자를 구속하게 된다.

① 신용장에 의해 허용된 금액을 초과한
　– 신용장에 의해 허용된 금액보다 적은
② 신용장에 의해 허용된 금액보다 적은
　– 신용장에 의해 허용된 금액보다 적은
③ 신용장에 의해 허용된 금액보다 적은
　– 신용장에 의해 허용된 금액을 초과한
④ 신용장에 의해 허용된 금액을 초과한
　– 신용장에 의해 허용된 금액을 초과한

해설 주어진 지문의 빈칸에 적절한 것을 찾는 유형이다. 신용장의 금액을 초과하여 상업송장이 발행된 경우, 신용장에 달리 금지된다는 문구가 없는 한, 지정은행은 신용장 금액을 한도로 결제 또는 매입할 수 있다. 따라서 답은 ④번이다.

어휘 nominated bank 지정은행 confirming bank 확인은행
issuing bank 개설은행 commercial invoice 상업송장
binding upon ~에 구속력이 있는 negotiate 매입하다
provided ~을 조건으로, 만약 ~라면 in excess of ~을 초과하여

28 빈칸에 적절한 것 찾기 문제

해석 빈칸에 틀린 단어를 고르시오..
① (매입은행)은 개설은행 외에 신용장 하에서 발행된 환어음을 할인 또는 구매한 은행을 의미한다.
② 한국에 있는 은행에 의해 개설되어 국내 공급자 앞으로 발행된 (내국신용장)은 수출자를 대신하여 수출용 원재료나 완제품 공급자에 대한 은행의 지급 의무를 보증하기 위함이다.
③ (회전신용장)은 특정한 신용장의 조건변경 없이 금액이 갱신되거나 자동적으로 복구된다는 조건을 가진다.
④ 신용장에 관한 은행 수수료는 관련 당사자가 부담한다. 수입자의 국가 외에서 발생한 모든 은행 수수료는 보통 (신용장 개설의뢰인)이 부담한다.

해설   주어진 지문의 빈칸에 적절하지 않은 것을 찾는 유형이다. 신용장과 관련한 은행 비용은 관계 당사자가 부담해야 하고, 수입국 이외에서의 은행 비용 중 수입국에서 발생하는 비용은 수익자 부담으로 하는 경우도 빈번하다. 따라서 답은 ④번이다.

어휘   issuing bank 개설은행   draft 환어음
       negotiating bank 매입은행   domestic 국내의
       undertake 보증하다   reinstate 복구하다
       amendment (신용장의) 조건변경, 수정
       banking charges 은행 수수료

29 Not / True 문제

해석   협회적하약관에 대해 사실이 아닌 것은?
       ① ICC(B)와 ICC(C) 간 유일한 차이점은 ICC(B) 적하보험증권 하에서 담보되는 추가 위험이다.
       ② ICC(B)는 선박, 배, 선창, 운송수단, 컨테이너 혹은 저장 공간으로의 해수 및 호수나 강물의 침입에 의해 초래된 피보험 목적물에 대한 손해나 손상을 담보하지만 ICC(C)는 그렇지 않다.
       ③ ICC(B)는 공동해손희생에 의해 초래된 피보험목적물에 대한 손해나 손상을 담보하지만 ICC(C)는 그렇지 않다.
       ④ ICC(C)는 시장에서 이용 가능한 최소담보 적하보험증권이다.

해설   주어진 보기 중 틀린 것을 찾는 유형이다. ICC(C)는 ICC(B)와 마찬가지로 공동해손을 보상한다. 따라서 답은 ③번이다.

어휘   subject-matter insured 피보험목적물, 보험의 목적
       conveyance 운송수단
       general average sacrifice 공동해손희생

30 빈칸에 적절한 것 찾기 문제

해석   다음 단어들 중 아래 빈칸 (a)~(d)에 적절하지 않은 것은 무엇인가?

> 모든 브레이크 벌크선과 벌크선에는 ((a) 본선수취증)이라고 하는 서류가 있다. 이 서류는 인도증과 같으며 화물 품목, 꾸러미 개수, 중량, 용적 등과 같은 선적과 관계된 모든 정보를 갖고 있고, 이 서류는 선적 시 선박으로 인도된다.
> 만약 실제 인도된 화물과 ((a) 본선수취증) 사이에 차이가 발견된다면, 일등 항해사가 화물을 점검하고 이러한 차이를 기록하여 화물이 그 상태로 수취 되었음을 확인한다. 이것은 컨테이너 운송 이전 시대에 선박/대리인이 화물을 물리적으로 점검하고 확인할 수 있었기 때문에 가능했다.
> 하지만, 컨테이너로 운송되는 화물과 특히 ((b) 혼재 화물)의 경우, 운송인/대리인은 컨테이너 포장과 화물의 종류에 대해 알지 못한다. 운송인은 화물, 포장 개수, 중량 및 용적에 관해서는 송하인에 의해 제공되는 정보에

의존한다. 따라서 ((c) 송하인의 적입, 적부 및 개수)는 송하인이 이후 단계에서 운송인에게 제기할 수 있는 모든 클레임으로부터 운송인을 보호하기 위해 ((d) 선하증권)에 들어가 있다.

① (a) 본선수취증
② (b) 혼재 화물
③ (c) 송하인의 적입, 적부 및 개수
④ (d) 선하증권

해설   주어진 지문의 빈칸에 적절하지 않은 것을 찾는 유형이다. SHIPPER'S LOAD, STOW, AND COUNT(송하인의 적입, 적부 및 개수)와 같은 부지조항(Unknown Clause)은 송하인에 의해 포장되고 운송인에게 인도되어 해당 화물을 직접 확인하지 못하는 특히 FCL Container의 운송에 있어 운송인을 보호하기 위해 B/L에 기재되는 운송인 면책조항의 하나이다. 따라서 답은 ②번이다.

어휘   break-bulk 브레이크 벌크   bulk Vessel 벌크선
       delivery note 인도증   pertaining to ~에 관계된
       description 품목, 명세   hand over 인도하다, 건네주다
       discrepancy 차이, 불일치   containerization 컨테이너화
       verify 확인하다   privy (은밀히, 서로) 알고 있는

31 Not / True 문제

해석   다음 중 해상보험에서 공동해손에 대한 진술로 맞지 않는 것은 무엇인가?
       ① 공동해손에 관한 1994년 요크–앤트워프 규칙에 의해 정의된 이 규칙들은 선박, 선원, 또는 남아 있는 화물을 구하기 위해 화물이 투하되어야 하는 경우에 손해 배분(정산)에 대한 지침을 제시한다.
       ② 손해는 희생의 이유가 이례적이거나 관련된 재산을 보존하기 위해 공동의 안전을 목적으로 희생이 합리적으로 행해지는 경우에만 공동해손으로 여겨질 것으로 간주된다.
       ③ 공동해손은 운송되는 화물이나 선박의 실질적 가치와 직접적으로 연관된 손해에 대해서만 적용될 것이다.
       ④ 지연으로 인해 생기는 모든 클레임, 시가 변동에 의한 손실로 인해 야기된 손해나 비용, 또는 모든 간접적 손해는 공동해손으로 간주되어야 한다.

해설   주어진 보기 중 틀린 것을 찾는 유형이다. 공동해손은 공동해손 행위에 의한 직접적인 손해여야 하며, ④의 내용은 해상보험에서는 담보되지 않는 손해의 유형들이다. 따라서 답은 ④번이다.

어휘   General Average 공동해손   distribution 배분, 분배
       jettison 투하하다   deem 간주하다   property 재산
       expense 비용   loss of market 시가 변동에 의한 손실

32 빈칸에 적절한 것 찾기 문제

해석 UCP 600에 따라 문장을 완성할 가장 적절한 용어를 고르시오.

> (상업송장)에서 물품의 명세는 신용장에서의 명세와 일치하여야 하고, (상업송장)은 신용장 개설의뢰인 명의로 작성되어야 한다.

① 선하증권　　　② 상업송장
③ 해상화물운송장　　④ 환어음

해설 주어진 지문의 빈칸에 적절한 것을 찾는 유형이다. UCP상 송장의 요건에 대한 규정으로, 송장은 수익자가 개설의뢰인 앞으로 발행해야 하며 그 명세는 신용장상의 명세와 일치해야 한다. 따라서 답은 ②번이다.

어휘 description 명세, 품목
correspond with ~과 일치하다, ~에 부합하다
make out (서류 등을) 작성하다

33 다른 문장/같은 문장 찾기 문제

해석 각 밑줄 친 부분을 대체할 수 없는 것을 하나 고르시오.

> 귀사는 20년 넘게 당사와 함께했습니다. 이러한 충성심을 간과할 수 없습니다. 당사는 귀사가 저희와 한 신용(외상) 계정을 살펴보았고 돕기로 했습니다. 아시다시피, (a) 귀사는 네 개의 연체된 송장이 있고, 가장 최근의 것은 약 6개월이 연체되었습니다. 이것은 귀사에 있음직하지 않은 일이기 때문에, 당사는 이러한 (b) 지연이 귀사가 (c) 겪고 계시는 현 경제적 상황과 관련되어 있다고 추정했습니다.
> 당사는 금일로부터 30일 이내에 (d) 지급이 이루어진다면 연체된 모든 송장에 20퍼센트 할인을 제공해드리고 싶습니다. 당사는 본 이메일에 새로운 송장을 첨부했습니다. 당사는 귀사가 당사와 맺은 신용 관계에 큰 가치를 둘 거라 생각합니다. 따라서, 당사는 규정된 일자에 지급받기를 희망합니다.

① (a) 네 개의 송장이 아직 연체 상태입니다.
② (b) 적시의 지불
③ (c) 맞닥뜨리고 있는
④ (d) 송장 결제가 처리된다.

해설 주어진 문장과 다른 의미를 찾는 유형이다. 지불이 지연되고 있다고 했으므로, 적시의 지불이라는 것은 다른 내용이다. 따라서 답은 ②번이다.

어휘 loyalty 충성심　overlook 간과하다　credit account 신용 거래
overdue 연체된　go through ~을 겪다　stipulate 규정하다
outstanding 연체된 (미지급금)　settlement 결제

34 빈칸에 적절한 것 찾기 문제

해석 빈칸에 가장 알맞은 단어는 무엇인가?

> 당사는 인도 지연이 매우 심각한 문제를 일으킬 수도 있기 때문에 의료 기구가 정해진 일자(에) 도착하는 것이 필수적임을 이미 설명했습니다.

① ~에　　　② ~를 위해
③ ~에서　　　④ ~로부터

해설 주어진 서신의 빈칸에 적절한 것을 찾는 유형이다. 의료 기구가 정해진 일자에 도착하는 것이 필수적이라는 내용이 와야 적절하다. 따라서 답은 ①번이다.

35 다른 의도 찾기 문제

해석 다음 중 다른 것들과 의도가 다른 것은 무엇인가?
① 귀사가 기다려주시고 이해해주신다면 정말 감사드리겠습니다.
② 기한을 조금 더 주시면 수표를 결제하는 데 한 달의 추가 기한이 생기므로 당사에 매우 도움이 될 것입니다.
③ 당사는 귀사가 이번만 기한 연장을 허락해주시기를 요청합니다. 당사는 이러한 일이 다시는 일어나지 않을 것이라 확인합니다.
④ 귀사의 거래처 중 두 곳의 부도로 귀사가 어려움에 처하셨다는 것을 듣게 되어 유감입니다.

해설 주어진 보기 중 다른 의도를 가진 것을 찾는 유형이다. 기한을 늘려줄 것을 요구하는 내용이므로, 귀사가 어려움에 처하여 유감이라는 내용은 의도가 다르다. 따라서 답은 ④번이다.

어휘 patience 인내심　extension 연장　grant 허락하다
assure 확인하다　bankruptcy 부도　client 거래처

36 빈칸에 적절한 것 찾기 문제

해석 서류 심사를 고려하여 틀린 단어를 고르시오.

> (ⓐ 개설의뢰인)의 주소 및 연락처가 (ⓑ 수하인) 또는 (ⓒ 착화통지처)의 일부로 기재되는 경우, 그것들은 신용장에 적힌 것들과 (ⓓ 일치하지) 않아야 한다.

① ⓐ 신용장 개설의뢰인
② ⓑ 수하인
③ ⓒ 착화통지처
④ ⓓ 일치하다

해설 주어진 지문의 빈칸에 적절하지 않은 것을 찾는 유형이다. UCP의 규정에 의하면 어떤 서류에 나타나는 수익자와 개설의뢰인의 주소 및 연락처는 신용장에 기재된 것과 동일할 필요는 없으며 같은 국가의 주소이기만 하면 된다. 그러나 개설의뢰인의 주소 및 연락처가 운송서류의 수하인 또는 착화통지처의 일부로 기재되는 경우에는 신용장의 그것과 일치해야 한다. 따라서 답은 ④번이다.

어휘 　applicant (신용장의) 개설의뢰인 　consignee 수하인
　　　notify party 착화통지처

37 빈칸에 적절한 것 찾기 문제

해석 　빈칸에 들어갈 틀린 단어를 고르시오.

> UCP 600 운송조항에 적용되지 않는 증권은 (　　)이다.
>
> ① 인도증　　　　　② 화물인도지시서
> ③ 화물수령증　　　④ 복합운송증권

해설 　주어진 지문의 빈칸에 적절하지 않은 것을 찾는 유형이다. UCP 600에서 운송서류로서 명시하고 있는 것은 복합운송서류, 선하증권, 해상화물운송장, 용선계약선하증권, 항공화물운송장, 육상 및 내수로 운송서류, 특송수령증 및 우편수령증이다. 따라서 답은 ④번이다.

어휘 　transport 운송 　article 조항

38 빈칸에 적절한 것 찾기 문제

해석 　빈칸 (a)~(b)에 가장 적절한 단어를 고르시오.

> 지금까지, 귀사로부터 어떤 지급도 받지 못했으며, 당사는 이것이 귀사 측의 단순 (a) 실수라고 생각합니다. 기일이 (b) 지난 총액 전부를 즉시 송금해주시기 바랍니다.

> ① (a) 실수　　　(b) 지난
> ② (a) 실수　　　(b) 의도된
> ③ (a) 2주일　　(b) 의도된
> ④ (a) 2주일　　(b) 지난

해설 　주어진 서신의 빈칸에 적절한 것을 찾는 유형이다. 어떤 지급도 받지 못한 것이 귀사 측의 단순 실수일 거라 생각한다고 했으므로, 기일이 지난 총액 전부를 송금해달라는 내용이 와야 적절하다. 따라서 답은 ①번이다.

어휘 　merely 단순히 　remit 송금하다 　oversight 실수
　　　fortnight 2주일

39 Not / True 문제

해석 　다음 문장 중 맞지 않는 것은 무엇인가?

> Mr. Kim께,
> (a) 우리 소프트웨어 제품에 관심을 보여주신 귀사의 4월 13일 자 문의에 대해 감사드립니다. 귀사의 서신에 대한 답변으로서, 당사는 (b) 귀사께서 요청하신 당사의 디자인 소프트웨어에 대한 상세한 카탈로그와 가격표를 동봉합니다.
> (c) Business Monthly에서 광고되는 것 외에도, 첨부된 삽화 책자는 귀사께서 이용하실 수 있는 다양한 소프트웨어를 보여줍니다.
> 당사가 보낸 (d) 자료에 다루어지지 않은 질문이나 관심 사항이 있으시다면, 망설이지 마시고 언제든지 당사에 연락해주십시오.

①(a)　　　②(b)　　　③(c)　　　④(d)

해설 　주어진 지문에서 틀린 것을 찾는 유형이다. (c)에서 'Business Monthly에서 광고되는 것 외에도'라는 내용이 나와야 하는데, 전치사 Beside와 현재분사 advertising이 쓰여서 'Business 월간지에서 광고하는 것 옆에'라는 어색한 의미가 되었다. '~ 외에'라는 의미를 가진 전치사 Besides가 쓰여야 하고, those가 '광고되는' 수동의 의미이므로 과거분사 advertised를 사용하여 "Besides those advertised in the Business Monthly가 되어야 한다. 따라서 답은 ③번이다.

어휘 　inquiry 문의 　price list 가격표 　advertise 광고하다
　　　illustrated 삽화를 넣은 　brochure 책자 　various 다양한
　　　available 이용할 수 있는

[40~41] 다음을 읽고 질문에 답하시오.

> Mr. MacFee께,
> 당사는 Hannam Trading사의 경리 부장인 David Han씨의 추천으로 귀사에 서신을 보냅니다. 그는 그의 회사가 당사에 요청한 신용공여에 관한 신용조회인으로서 귀사와 연락하라고 통지했습니다.
> 그 회사가 미화 3백만 달러의 신용거래에 충분히 견실한지 확인해 주실 수 있으실까요?
> ((A) 귀사가 편하신 가장 이른 시간에) 답변해주시면 정말 감사하겠습니다.
> 그럼 안녕히 계십시오.

40 추론 문제

해석 　밑줄 친 'credit facilities'가 의미하는 것은 무엇인가?
　　　① 잠재적 매수인이 차후에 대금을 결제하기를 원한다.
　　　② 매도인이 은행에서 약간의 대출을 받고 싶어 한다.
　　　③ 매도인이 잠재적 매수인에게서 신용(한도)을 얻기를 원한다.
　　　④ 잠재적 매수인은 은행에 무제한의 신용(한도)을 요청할 수도 있다.

해설 　주어진 지문에서 추론할 수 있는 것을 찾는 유형이다. credit facilities, 즉 신용공여라는 의미는 매도인이 매수인에게 외상거래를 할 수 있도록 신용을 공여하고, 후불로 판매하는 것이다. 따라서 답은 ①번이다.

41 빈칸에 적절한 것 찾기 문제

해석 빈칸 (A)에 적절한 단어를 고르시오.

① 귀사가 편하신 가장 이른 시간에
② 당사가 조정한 시간까지
③ 그들이 편한 가장 이른 시간에
④ 당사가 만족하도록

해설 주어진 서신의 빈칸에 적절한 것을 찾는 유형이다. Hannam Trading사의 신용이 충분한지 확인해달라고 요청하고 있으므로, 귀사가 편하신 가장 이른 시간에 답변을 해달라고 요청하는 내용이 와야 적절하다. 따라서 답은 ① 번이다.

어휘 recommendation 추천 Chief Accountant 경리 부장
referee 신용조회인 concerning ~에 관한
credit facility (외상거래의) 신용 공여 confirm 확인해 주다

42 빈칸에 적절한 것 찾기 문제

해석 다음 중 빈칸에 가장 적절한 것은 무엇인가?

> (부선)은 항구의 물품을 선박으로 나르거나, 또는 그 반대로 사용된다. 그것들은 바지선과 같은 작업을 할 수 도 있다.

① 카 페리 　　② 유조선
③ 부선 　　　④ 트레일러

해설 주어진 지문의 빈칸에 적절한 것을 찾는 유형이다. 부선은 본선에 적재될 화물을 항구 내 또는 가까운 거리 간에 운반하는 운송수단인데, 바닥이 평평한 형태의 바지선도 같은 용도로 이용될 수 있다. 따라서 답은 ③번이다.

어휘 port 항구 vice versa 반대로
car ferry 카 페리(자동차를 건네는 연락선) oil-tanker 유조선

[43~44] 다음을 읽고 질문에 답하시오.

> 당사는 송장번호 1555번에 대한 지급을 받지 못하셨다는 귀사의 11월 20일 자 서신을 받아 놀랐습니다.
> 당사는 11월 2일에 거래은행인 서울 은행에 귀사의 런던 HSBC 계좌에 미화 2백만 달러를 ((A) 입금하도록) 지시했습니다.
> 거래은행 명세서에서 당사 계좌에서 돈이 인출되었다고 나와 있었기 때문에, 또한 ((B) 당사는 그 대금이 귀사의 계좌로 입금되었다고 생각했습니다).
> 귀사의 거래 은행이 귀사에 아직 통지하지 않았을 수도 있습니다. 그럼 안녕히 계십시오.

43 빈칸에 적절한 것 찾기 문제

해석 빈칸 (A)를 채우시오.

① 입금하다(대변에 기재하다)
② 인출하다(차변에 기재하다)
③ 선별하다
④ 발행하다

해설 주어진 서신의 빈칸에 적절한 것을 찾는 유형이다. 지급을 받지 못했다는 귀사의 11월 20일 자 서신을 받아 놀랐다고 했으므로, 당사가 거래은행에 귀사의 계좌에 입금하도록 11월 2일에 지시했었다는 내용이 와야 적절하다. 따라서 답은 ①번이다.

44 빈칸에 적절한 것 찾기 문제

해석 빈칸 (B)에 가장 적절한 것은 무엇인가?

① 당사는 귀사 계좌에 중복 지급됐다고 생각했습니다.
② 당사는 자금이 귀사의 계좌로 입금되었다고 생각했습니다.
③ 당사는 지급이 제대로 되었다고 확신합니다.
④ 귀사가 원하신다면 당사 계좌에서 인출할 수도 있습니다.

해설 주어진 서신의 빈칸에 적절한 것을 찾는 유형이다. 거래은행 명세서에 당사 계좌에서 돈이 인출되었다고 나와 있었다고 했으므로, 당사는 돈이 귀사의 계좌로 입금되었다고 생각했다는 내용이 와야 적절하다. 따라서 답은 ②번이다.

어휘 invoice 송장 instruct 지시하다 statement 명세서
debit 인출하다, 차변에 기재하다 sort out 선별하다
draw 발행하다 in order 제대로, 적법하게

45 빈칸에 적절한 것 찾기 문제

해석 다음 중 빈칸에 가장 적절한 문장은 무엇인가?

> 귀사의 제안을 제출해주셔서 감사합니다. (유감이지만 제 답변이 지연될 것 같습니다). 웹사이트 재설계를 맡을 외부 업체를 고용할 필요가 있을지 여부를 판단하기에는 아직 너무 이르기 때문입니다.

① 저는 귀사의 제안을 수락합니다.
② 아마 우리는 이 사업이 되도록 하는 데 협력할 수 있을 것입니다.
③ 이 입찰의 최종 결과를 당사에 알려주십시오.
④ 유감이지만 제 답변이 지연될 것 같습니다.

해설 주어진 서신의 빈칸에 적절한 것을 찾는 유형이다. 외부 업체를 고용할 필요가 있을지 여부를 판단하기에는 아직 너무 이르다고 했으므로, 제안을 제출해준 것은 감사하지만 답변이 지연될 것 같다는 내용이 와야 적절하다. 따라서 답은 ④번이다.

어휘 submit 제출하다 proposal 제안 bid 입찰 delay 지연시키다

46 Not / True 문제

해석 다음 중 보증신용장에 대한 진술 중 옳지 않은 것은?

> (a) 보증신용장('SBLC')은 서비스 계약에서 안전장치로 사용될 수 있다. (b) 이것의 이유는 위험을 막기 위해서일 것이다. 간단한 말로, (c) 이것은 의뢰인 대신 은행에 의해 발행될 지급 보증서로서, "최종 지급"으로 여겨진다. (d) 이것은 계약상 의무를 이행하지 않은 경우 대개 해제될 것이다.

   ① (a)   ② (b)   ③ (c)   ④ (d)

해설 주어진 지문에서 틀린 부분을 찾는 유형이다. 보증신용장은 금융 또는 채무보증 등을 목적으로 발행되는 무화환신용장인데, 채무 불이행의 경우에 신용장에 의거 발행은행 앞으로 지급을 청구, 채권을 회수할 수 있게 된다. 따라서 답은 ④번이다.

어휘 Stand-by Letter of Credit 보증신용장 mechanism 장치
hedge out (위험을) 헷지하다 guarantee 보증서
client 의뢰인 perceive 여기다 last resort 최후의 (구제)수단
fulfill 이행하다 contractual 계약상의 obligation 의무

47 다른 문장 / 같은 문장 찾기 문제

해석 밑줄 친 것(ⓐ~ⓓ)을 주어진 단어로 대체할 때 다음 중 옳지 않은 것은?

> 당사는 거래 은행에 귀사 앞으로 12월 10일까지 유효한 총액 10,000달러에 대한 취소불능신용장을 발행하도록 지시했습니다.
> → 당사는 거래 은행에 ⓑ 귀사 앞으로 12월 10일까지 ⓒ 유효한 ⓒ 총액 10,000달러에 대한 취소불능신용장을 발행하도록 ⓐ 지시했습니다.

  ① ⓐ 지시했다 → ~을 조정했다
  ② ⓑ 귀사 앞으로 → 귀사의 앞으로 발행된
  ③ ⓒ 총액 → 합계가 ~에 달하는
  ④ ⓓ 유효한 → 기한이 지난

해설 주어진 문장과 다른 내용을 찾는 유형이다. 유효한(valid)과 기한이 지난(expired)은 다른 내용이다. 따라서 답은 ④번이다.

어휘 instruct 지시하다 irrevocable letter of credit 취소불능신용장
valid 유효한 arrange 조정하다 amount to 합계가 ~에 달하다
expired 기한이 지난

48 빈칸에 적절한 것 찾기 문제

해석 빈칸에 가장 적절한 것은 무엇인가?

> UCP 600 하에서, 서류 발행인을 묘사하기 위해 사용되는 "일류의", "저명한", "자격 있는", "독립적인", "공인된", "유능한" 또는 "현지의" 같은 용어는 (수익자를 제외한 모든 발행인이 그 서류를 발행하도록) 허용한다.

  ① 수익자를 포함한 모든 발행인이 그 서류를 발행하도록
  ② 수익자를 제외한 모든 발행인이 그 서류를 발행하도록
  ③ 신용장의 특정 발행인이 그 서류를 발행하도록
  ④ 수익자로 알려지지 않은 발행인이 그 서류를 발행하도록

해설 주어진 지문의 빈칸에 적절한 것을 찾는 유형이다. UCP 600 제3조에 따르면, 서류의 발행자를 표현하기 위하여 사용되는 "일류의", "저명한" 등의 용어들은 수익자를 제외하고, 해당 서류를 발행하는 모든 서류 발행자가 사용할 수 있다고 규정하고 있다. 따라서 답은 ②번이다.

어휘 first class 일류의 qualified 자격 있는
independent 독립적인 official 공인된 competent 유능한
local 현지의 issuer 발행인 beneficiary 수익자

49 Not / True 문제

해석 1) ~ 3)에 알맞지 않은 것을 고르시오.

> CISG 조항에 따르면, 매도인은 다음과 같은 경우에 계약의 해제를 선언할 수 있다.
> 1) _____
> 2) _____
> 3) _____

  ① 매수인이 계약이나 본 협약 하의 의무 불이행이 본질적 계약위반에 이르는 경우
  ② 매도인이 설정한 추가 기간 내에 매수인이 대금 지급 의무를 이행하지 않은 경우
  ③ 매수인이 설정한 추가 기간 내에 매수인이 물품 인도 의무를 수행하지 않은 경우
  ④ 매도인이 설정한 추가 기간 내에 매수인이 대금 지급 또는 물품 수령 의무를 이행하지 않겠다고 선언한 경우

해설 주어진 보기 중 틀린 것을 찾는 유형이다. 매도인에게는 계약해제권이 있는데, '매수인의 의무 불이행이 본질적 계약위반에 해당하는 경우', '매수인이 추가 기간 내에 대금 지급, 물품 수령 의무를 이행하지 않은 경우', '매수인이 추가 기간 내에 대금 지급, 물품 수령 의무를 이행하지 않겠다고 선언한 경우'에 계약을 해제할 수 있다. 따라서 답은 ③번이다.

어휘 provision 조항 declare 선언하다 obligation 의무
convention 협약 amount to ~에 이르다
fundamental 본질적인 breach 위반

50 빈칸에 적절한 것 찾기 문제

해석 다음 중 아래 빈칸에 적절하지 않은 단어는 무엇인가?

> 체화료와 지체료는 수출하는 경우에 일어날 수도 있지만 대부분 수입과 관련된다. ((a) 체화료)는 수입자가 허용된 Free Time 내에 (화물)적출을 위해 모든 컨테이너를 인수하여 항구/터미널 밖으로 반출하지 못한 경우에 선사가 수입자에게 부과하는 요금이다. 반면에, ((b) 지체료)는 수입자가 적출을 위해 모든 컨테이너를 인수했지만(Free Time 내에), 빈 컨테이너를 허용된 일수 만료 전에 지정된 빈 컨테이너 장치장에 반납하지 않았을 경우에 선사가 수입자에게 부과하는 요금이다.
> 만약 고객이 (7월 8일에 만료되는) 허용된 일수 내인 7월 7일에 전체 컨테이너를 항구/터미널에서 반출했지만, 빈 컨테이너를 선사의 지정된 창고에 7월 19일이 되어서야 반납했다고 가정해보자. 그렇다면, 선사는 수하인에게 7월 9일(허용된 일수 만료 이후)부터 7월 19일까지에 해당하는 11일에 대해 선사가 설정한 ((d) 수수료)로 ((c) 체선료)를 부과할 수 있을 것이다.

① (a) 체화료   ② (b) 지체료
③ (c) 체화료   ④ (d) 수수료

해설 주어진 지문의 빈칸에 적절하지 않은 것을 찾는 유형이다. 7월 8일이 만료일이라고 했고, 고객이 허용된 일수 내인 7월 7일에 반출했지만, 빈 컨테이너를 지정된 장치장에 7월 19일에 반납했다고 가정했으므로, 선사는 지체료를 부과할 수 있다. 아울러 (d)는 '선사가 정한 요율로'라는 의미로 'at the rate fixed by the line'이 되어야 하므로 복수정답 처리 되었다. 따라서 답은 ③번과 ④번이다.

어휘 demurrage (컨테이너) 체화료   detention 지체료
levy 부과하다   shipping line (정기)선사   port 항구
nominated 지정된   depot 장치장, 창고   expiry 만료
eligible ~을 할 수 있는   consignee 수하인
commission 수수료

\<제3과목\> 무역실무

51 무역계약 / 매수인의 의무

해설 CISG 규정에 의하면 물품의 중량에 의해 대금이 결정되는 경우 그 중량에 의혹이 있는 경우 순중량에 의해 따른다.

52 무역계약 / Incoterms 2020

해설 FOB와 같은 해상·내수로 전용규칙의 경우에는 CY에서 인도되는 컨테이너 운송과 같은 경우에는 적합하지 않으며 운송인인도조건(FOB의 경우에는 FCA)을 이용하는 것을 권고하고 있다.

53 무역계약 / 손해배상책임의 면책

해설 손해배상책임의 면책은 장해가 존속하는 기간 동안에만 적용된다.

54 무역결제 / 신용장의 종류

해설 내국신용장은 수출자가 통지받은 수출신용장(원신용장)을 견질로 하여 수출용 물품의 조달을 위해 수출국 내에서 개설되는 신용장이므로 수출국의 은행이 지급을 확약한다.

55 무역결제 / 포페이팅방식

해설 포페이팅은 수출자의 매출채권을 포페이터가 고정이자율로 무소구조건으로 할인하는 금융기법으로 수출자의 환어음이나 신용장을 대상으로 한다.

56 무역운송 / 해상운임

해설 성수기의 화물 증가로 인한 컨테이너 수급의 어려움과 항만의 혼잡에 대한 성수기할증료(PSS)에 대한 설명이다.

57 무역계약 / 무역계약의 기본조건

해설 ICC의 운송약관은 보험자의 책임이 통상의 운송과정에서 계속됨을 규정하고 있으므로, 통상의 운송과정을 벗어나면 보험자의 책임은 종료되는 것으로 해석된다.

58 대외무역법 / 외화획득용 원료 · 기재의 수입과 구매 등

해설 내국신용장과 구매확인서 모두 발급차수에는 제한이 없다.

59 무역운송 / 복합운송증권

해설 지참인식(소지인식)의 운송증권은 배서 없이 단순 교부에 의해 양도된다.

60 무역운송 / 운송인에 대한 클레임

해설 함부르크 규칙에 따르면 인도지연에 대한 운송인의 책임은 총운임의 한도 내에서 운임의 2.5배로 제한된다.

61 무역보험 / 신협회적하약관(2009)의 내용

해설 지진·화산분화·낙뢰, 갑판유실, 물의 침입, 하역작업중 포장단위 전손은 ICC(C)에서는 담보하지 않는 위험이다.

62 무역보험 / 신협회적하약관(2010)의 내용

해설 해적행위는 ICC(A)에서는 전쟁면책위험에서 제외되어 담보된다.

63 무역보험 / 해상보험계약의 개요

해설 Open Account는 사후송금방식을 의미하며, 포괄(예정)보험과는 관련이 없다.

64 무역계약 / 무역클레임의 처리방안

해설 알선과 조정은 강제력이 없어 당사자들이 그 결과에 만족하지 않는 경우 중재 또는 소송으로 분쟁을 최종해결 할 수 있다.

65 무역계약 / 무역클레임의 개요

해설 경미한 하자를 구실로 제기하는 Market Claim에 대한 설명이다.

66 무역계약 / 중재의 절차

해설 중재법에 따르면 중재인의 수에 대한 합의가 없는 경우 중재인은 3인으로 한다.

67 무역계약 / 계약위반에 대한 규제

해설 물품명세확정권은 CISG상 매도인만이 행사할 수 있는 구제책이다.

68 무역결제 / 송금결제방식의 개요

해설 송금방식에서는 은행의 계좌를 이용한 송금이 이루어질 뿐 은행은 지급을 확약하지도 결제에 관여하지도 않는다.

69 무역계약 / Incoterms 2020의 개관

해설 보기 중 FOB는 선적 항구, CFR, CIF는 목적 항구의 명칭이 기재되어야 하며 운송인 인도조건인 CIP의 경우에는 목적지(Place)가 기재된다.

70 무역계약 / 무역계약의 기본조건

해설 곡물류 거래 시 T.Q.(Tale Quale)는 선적품질조건을 의미한다. S.D(Sea Damage)도 원칙적 선적품질조건에 해수피해를 매도인이 부담하는 절충조건이지만 주어진 문제에서와같이 1개의 선적품질조건만을 골라야 하는 경우에는 T.Q.가 정답으로 적절하다.

71 기술무역 / 기술무역의 의의와 특징

해설 우리나라 특허법에 따르면 독점적 라이센스 계약에서는 기술이용자(전용실시권자)에게 단독으로 침해의 정지 또는 예방의 청구 등을 행하는 권리를 부여하고 있다.

72 무역운송 / 복합운송인의 책임

해설 UN복합운송협약(MT조약)에 의하면 물품 인도일로 통지된 날로부터 60일 이내에 복합운송인에 대해 문서로 통지하지 않은 경우 인도지연으로 인한 손실에 대한 배상금은 지급되지 않는다고 규정하고 있다.

73 관세법 / 관세의 의의와 성격

해설 관세는 수입물품에 부과된다는 점에서 대물세(對物稅)의 성격을 가진다.

74 전자무역 / 전자신용장 제도

해설 eUCP는 신용장 하에서 종이문서만 허용되는 경우에는 적용되지 않는다.

75 무역계약 / Incoterms 2020의 개관

해설 인코텀즈 2010과 2020의 차이점 중 하나는 CIF에서는 기존의 ICC(C)로 부보하는 것이 유지되었으나, CIP의 경우에는 ICC(A)로 부보하도록 한 것이다.

바로 채점 및
성적 분석 서비스

<제1과목> 영문해석

01 ③	02 ②	03 ④	04 ②	05 ①
06 ①	07 ①	08 ③	09 ④	10 ①
11 ③	12 ②	13 ④	14 ④	15 ②
16 ①	17 ②	18 ④	19 ③	20 ②
21 ④	22 ①	23 ④	24 ①	25 ③

<제2과목> 영작문

26 ①	27 ①	28 ①	29 ②	30 ①
31 ①	32 ②	33 ②	34 ②	35 ①
36 ①	37 ②	38 ④	39 ②	40 ②
41 ①	42 ②	43 ②	44 ②	45 ①
46 ①	47 ①	48 ①	49 ②	50 ①

<제3과목> 무역실무

51 ④	52 ②	53 ③	54 ②	55 ②
56 ②	57 ③	58 ③	59 ④	60 ③
61 ③	62 ④	63 ④	64 ②	65 ④
66 ④	67 ④	68 ③	69 ③	70 ①
71 ③	72 ②	73 ④	74 ②	75 ②

<제1과목> 영문해석

01 Not/True 문제

해석 다음은 매매계약에 자주 사용되는 조항들이다. 다음 조항 중 매도인과 매수인 간의 '완전 합의(조항)'을 가장 잘 보여주지 못하는 조항은 무엇인가?

① Plan과 함께 본 합의는 이 문서의 내용과 관련된 당사자들 사이에, 구두 또는 서면으로 이루어진 이전의 모든 합의와 상호 이해를 대체하며, 언급된 내용과 관련된 당사자들 사이의 유일하고 단 하나인 합의를 이룬다.

② 본 합의는 단독으로 이 문서의 내용과 관련된 당사자들의 합의를 충분하고 완전히 나타낸다. 이 문서에 명시된 경우를 제외하고 서면 또는 구두의 거래, 이해, 합의, 진술 또는 보증의 다른 과정은 없다.

③ 당사자가 본 합의의 어떠한 조건 혹은 의무의 이행을 요구하지 않는 것 이나, 어떤 당사자의 본 합의에 대한 위반에 대한 (권리)포기가 해당 조건이나 의무의 후속적인 집행을 방해하거나 추후의 위반의 포기로 간주되어서는 안 된다.

④ 본 합의는 그들의 합의의 최종적인 표현으로서 당사자들에 의해 의도되며 이 문서에 포함된 내용과 관련한 당사자들의 합의와 이해의 완전하고 배타적인 진술이 의도되었다.

해설 주어진 보기 중 틀린 것을 찾는 유형이다. 당사자 일방이 계약을 위반하는 경우 상대방이 이에 대해 이의를 제기하지 않았다는 것이 곧 어떠한 권리를 포기하는 것으로 해석되어서는 안 되며 권리의 포기는 서면으로 승인·확인한 경우에만 포기한 것으로 간주한다는 내용은 권리불포기조항이다. 따라서 답은 ③번이다.

어휘 supersede 대체하다, 대신하다 oral 구두의 hereof 이 문서의 constitute 구성하다 sole 유일한 warranty 보증 herein 이 문서에서 obligation 의무 waiver (권리)포기 breach 위반 intended 계획된, 의도된 hereto 이것에, 여기에

02 목적/주제 찾기 문제

해석 다음 서신의 목적은 무엇인가?

> Mr. Mike께,
> 당사는 올겨울 중학교 탁구 코치들을 위한 일련의 온라인 코칭 클리닉을 준비했습니다. 가상 교육을 위해, 당사는 등록된 모든 참가자들에게 대화형 실시간 의사소통을 위한 태블릿 PC를 제공하고자 합니다.
> 저는 제 동료와 함께 귀사의 태블릿 종류를 보여주는 카탈로그를 보았습니다. 당사는 한 번에 1,000세트 이상 주문을 할 예정입니다. 대량구매를 대상으로 이용할 수 있는 할인 패키지가 있습니까? 당사가 웹캠이 달린 데스크톱 PC를 최소 15대 주문했을 경우의 그 최저가도 알고 싶습니다.

① 제안 요청
② 견적 요청
③ 구매주문서
④ 확정청약

해설 주어진 서신의 목적을 찾는 유형이다. 1,000세트 이상의 대량 구매 시 이용할 수 있는 할인 패키지의 유무와 웹캠이 달린 15대 이상의 데스크톱 PC 구매 시 최저가를 문의하고 있다. 따라서 답은 ②번이다.

어휘 virtual 가상의 registered 등록된 bulk 대량의 Request for Proposal(RFP) 제안 요구 Request for Quotation(RFQ) 견적 요청 Firm Offer 확정청약

03 Not / True 문제

해석 UCP 600 하에서 틀린 정의 설명을 고르시오.
  ① 통지은행은 개설은행의 요청에 따라 신용장을 통지하는 은행을 의미한다.
  ② 개설의뢰인은 그의 요청에 의해 신용장이 개설되는 당사자를 의미한다.
  ③ 수익자는 그를 위하여 신용장이 개설되는 당사자를 의미한다.
  ④ 결제는 신용장이 일람지급으로 이용이 가능하다면 연지급을 확약하고 만기에 지급하는 것을 의미한다.

해설 주어진 보기 중 틀린 것을 찾는 유형이다. 결제(Honour)에서 신용장이 일람지급으로 이용이 가능하다면 일람출급으로 지급하며, 연지급으로 확약하고 만기에 지급하는 것은 신용장이 연지급으로 이용 가능한 경우에 해당한다. 따라서 답은 ④번이다.

어휘 **advising bank** 통지은행 **issuing bank** 개설은행
  applicant 개설의뢰인 **deferred payment** 연지급
  undertake 확약하다 **pay at maturity** 만기일이 지급하다
  sight payment 일람지급

04 Not / True 문제

해석 수익자가 자신의 금융편의(혜택)에 영향을 미치지 않고 선적 전 자금조달을 받을 수 있는 신용장은 무엇인가?
  ① 보증신용장　　　② 선대신용장
  ③ 회전신용장　　　④ 동시개설신용장

해설 주어진 보기 중 적절한 것을 찾는 유형이다. 선대신용장은 수출자가 해당 상품의 선적 전에 대금을 선지급 받을 수 있도록 수권하고 있는 신용장이다. 따라서 답은 ②번이다.

어휘 **documentary credit** 화환신용장 **beneficiary** 수익자
  financing 자금조달 **impact** 영향을 미치다
  facility: (금융상의) 편의, 혜택, 상품 **Standby L/C** 보증신용장
  Red clause L/C 선대신용장 **Revolving L/C** 회전신용장
  Back-to-back L/C 동시개설신용장

05 Not / True 문제

해석 UCP 600에 따라, 아래 선적 중 서류 제시 시 결제될 것은 무엇인가?

> 미화 160,000달러에 대한 신용장은 2, 3, 4, 5월에 비료를 분할 선적할 것을 요구한다. 각 선적은 약 500톤이 될 예정이다. 선적은 다음과 같이 이행되었다:
> a. 미화 36,000달러로 2월 24일 발송된 450톤
> b. 미화 44,000달러로 4월 12일 발송된 550톤
> c. 미화 36,800달러로 4월 30일 발송된 460톤
> d. 미화 44,000달러로 6월 4일 발송된 550톤

  ① a　　　　　　　② a, b
  ③ a, b, c　　　　　④ 해당 없음

해설 주어진 보기 중 적절한 것을 찾는 유형이다. 2, 3, 4, 5월에 분할하여 선적한다고 했으므로, 할부선적임을 알 수 있다. 또한 수량 앞에 "about"을 사용했으므로 수량에 대해 ±10%의 과부족이 허용된다. a의 경우 약(about) 500톤으로, 500의 ±10%(450~550톤)까지 선적할 수 있어 유효한 계약이행이 된다. 그러나 b의 선적은 3월에 이루어져야 하는데, 3월에 이루어지지 않고 c와 함께 4월에 2번 이루어졌기 때문에, b는 계약위반이 된다. UCP 600상에서 분할선적에 대한 신용장에 대해서는 해당 위반된 할부분과 그 이후의 할부분 모두 무효가 된다고 규정하고 있으므로 b 이후의 신용장은 모두 사용할 수 없게 된다. 따라서 답은 ①번이다.

어휘 **call for** 요구하다 **instalment** 분할 **fertilizer** 비료
  effect (계약, 선적 등을) 이행하다

06 Not / True 문제

해석 선하증권에 대한 다음 설명 중 가장 적절하지 않은 것은 무엇인가?
  ① 기명식 선하증권은 양도 가능한(유통성의) 서류이다.
  ② 지시식 선하증권은 발행되는 가장 일반적이고 흔한 형태의 선하증권 중 하나이다.
  ③ 기명식 선하증권이 발행되었을 때, 화물은 기명된 수하인에게만 인도되며 발행된 선하증권 원본 중 적어도 1부가 제시되었을 때 인도된다.
  ④ 기명식 선하증권은 국제 거래에서 본사와 지사 사이에서 사용될 수 있다.

해설 주어진 보기에서 틀린 것을 찾는 유형이다. 기명식 선하증권은 유통 및 배서·양도가 불가능한 비유통성으로 간주된다. 따라서 답은 ①번이다.

어휘 **straight B/L** 기명식 선하증권 **order B/L** 지시식 선하증권

07 빈칸에 적절한 것 찾기 문제

해석 빈칸에 알맞은 정답을 고르시오.

> 보험료는 피보험 위험으로 인한 손실이 있는 경우, 보험자가 피보험자에게 배상하기로 동의하는 대가로 (B 피보험자)가 (C 보험자)에게 지급한 (A 약인) 또는 금액을 의미한다. 보험자는 보험료가 납부되기 전에 (D 보험증권)을 발행할 의무가 없다.

	(A)	(B)	(C)	(D)
①	약인	피보험자	보험자	보험증권
②	약인	보험자	피보험자	보험증권
③	수수료	보험자	피보험자	증명서
④	수수료	피보험자	보험자	증명서

해설 주어진 지문의 빈칸에 적절한 단어를 찾는 유형이다. 보험료는 보험자가 위험을 담보하는 대가로 보험자에게 지급하는 대금을 말하며, 보험증권은 보험에 가입했다는 증빙으로 계약의 내용을 기재하고 보험자가 기명날인하여 피보험자에게 발급하는 증서이다. 따라서 답은 ①번이다.

어휘 premium 보험료 insurer 보험자 indemnify 배상하다
peril 위험 be bound to ~할 의무가 있다
consideration 대가 the assured 피보험자
policy 보험증권 fee 수수료 certificate 증명서

08 추론 문제

해석 다음 지문에 가장 적절한 답을 고르시오.

> 항해용선계약 하에 선박의 용선자가 화물의 선적 및 양
> 륙의 비용을 지불하는 데 동의하는 용선 조건이다.
>
> ① FI   ② FO
> ③ FIO   ④ FIOST

해설 주어진 지문에서 추론할 수 있는 용어를 찾는 유형이다. 화
물의 선적 비용과 양륙비용을 용선자(화주)가 부담하는 조
건은 FIO(Free In and Out)이다. 따라서 답은 ③번이다.

어휘 chartering 용선 charterer 용선자
voyage charter 항해용선(계약) discharge 양륙하다

09 빈칸에 적절한 것 찾기 문제

해석 아래 신용장 업무의 빈칸에 가장 적절한 답을 고르시오.

> 수익자는 보통 유효기한 내에 매입은행에 화환어음을
> 제출하기 위해 물품을 선적한 후 (선적서류를 준비하고
> 매입을 위한 환어음을 발행한다).
>
> ① 해외 사업 연계를 찾는다.
> ② 카탈로그를 포함하여 수입자에게 거래제의 안내문을
>   발송한다.
> ③ 신용장 개설을 신청한다.
> ④ 선적서류를 준비하고 매입을 위한 환어음을 발행한다.

해설 주어진 지문의 빈칸에 적절한 것을 찾는 유형이다. 수익자
는 물품을 선적한 후 매입은행에 선적서류를 송부하여 환
어음의 매입을 요청한다. 따라서 답은 ④번이다.

어휘 beneficiary 수익자 tender 제출하다
documentary draft 화환어음 dispatch 발송하다
Trade Circular 거래제의 안내문 issuance 발행

10 추론 문제

해석 다음 지문을 가장 잘 설명하는 것을 고르시오.

> 선적서류는 기한부환어음이 인수되었을 때 제시은행에
> 의해 수하인에게 양도된다. 그로써 물품의 점유권을 얻은
> 수하인은 지급기일의 만기 전에 물품을 처분할 수 있다.
>
> ① 서류인수인도조건
> ② 서류지급인도조건
> ③ 추심
> ④ 사후송금방식

해설 주어진 지문에서 추론할 수 있는 것을 찾는 유형이다. (D/A)
서류인수인도조건에서는 매수인(수하인)이 기한부 어음을 인
수하는 때에 서류를 인수받고 대금은 만기에 지급한다. 따라
서 답은 ①번이다.

어휘 surrender 양도하다 consignee 수하인
presenting bank 제시은행 acceptance (어음의) 인수
time draft 기한부환어음 possession 점유(권), 소유(권)
dispose 처분하다 fall due 만기가 되다

11 빈칸에 적절한 것 찾기 문제

해석 다음 중 (A)에 적절한 것은 무엇인가?

> (A 사후송금방식) 거래는 결제의 만기 전에 물품이 선적
> 및 인도되는 거래이다. 이 옵션은 현금 유동성과 비용 면
> 에서 수입자에게 가장 유리하지만, 결과적으로 수출자에
> 게는 가장 위험성이 높은 옵션이다. 그러나, 수출자는 수
> 출신용보험과 같은 하나 이상의 적절한 거래 금융 기법을
> 사용함으로써 지급거절의 위험을 상당히 완화하면서 경
> 쟁력 있는 (A 사후송금방식) 조건을 제공할 수 있다.
>
> ① 전신송금   ② 주문불
> ③ 사후송금방식   ④ 신용장

해설 주어진 지문의 빈칸에 적절한 것을 찾는 유형이다. 30일에
서 90일 정도의 비교적 단기의 기간을 설정하고, 물품을 먼
저 인도한 후 사후에 송금을 통해 대금을 지급하기로 하는
사후송금방식에 대한 설명이다. 따라서 답은 ③번이다.

어휘 advantageous 유리한 importer 수입자 cash flow 현금 흐름
exporter 수출자 competitive 경쟁력 있는 mitigate 완화하다
export credit insurance 수출신용보험
telegraphic transfer 전신송금 cash with order 주문불
open account 사후송금방식 letter of credit 신용장

12 추론 문제

해석 다음은 고객 불만에 대한 답신이다. 다음 중 적절하지 않은
것 무엇인가?

> A. 바쁜 일정 중 시간을 내어 저희의 제품과 서비스가
>   고객님의 기대에 미치지 못한 것에 대한 불만을 표현
>   해 주셔서 감사합니다.
> B. 이는 제가 귀사의 이메일을 보았음을 확인하기 위한
>   것입니다. 저는 귀사가 약속한 대로 다음 주에 화물
>   을 수령하기를 기대합니다.
> C. 그러나, 당사는 고객님께서 요구하신 대로 반품도 환
>   불도 해드릴 수 없습니다. 이는 당사의 방침 때문입
>   니다. 당사는 구매 후 2주 이내에 불만 사항이 접수
>   된 주문에 대해서만 환불을 해드립니다.
> D. Skynet Express Delivery Service를 이용하여 고객님
>   의 주문을 제때 배송하려 노력했음에도 불구하고, 당
>   사가 그 제품들의 배송에 정해진 시간을 맞추지 못한
>   것은 매우 유감스럽습니다.
>
> ① A   ② B   ③ C   ④ D

해설   고객 불만에 대한 답신으로 적절하지 않은 것을 추론하는 유형이다. 다음 주에 화물을 수령하기를 기대한다는 내용은 고객 불만에 대한 답신으로 적절하지 않음을 추론할 수 있다. 따라서 답은 ②번이다.

어휘   grievance 불만, 고충   consignment 화물
allot 정하다, 할당하다

13   빈칸에 적절한 것 찾기 문제

해석   빈칸에 가장 적절한 정답을 고르시오.

> 이번 주 말까지 (B 대체품)을 보내드릴 수 있음을 (A 확신합니다). 당사는 이러한 불규칙한 일이 (D 반복되지) 않도록 (C 모든 것)을 다하겠습니다.

	(A)	(B)	(C)	(D)
①	확신하는	대체품	모든	대체하다
②	확신하는	대리	모든	대체하다
③	확신하는	대리	모든 것	대체된
④	확신하는	대체품	모든 것	반복된

해설   주어진 빈칸에 적절한 것을 찾는 유형이다. convinced와 confident 모두 '~을 확신하다'의 의미를 가지고 있지만, convinced는 누군가에게 설득되어 확신하는 경우에 사용되므로 문맥상 어색하며, '대체품, 대용품'을 의미할 때 보통 substitute를 사용한다. substitution은 주로 '대용, 대리'의 의미를 나타낼 때 쓰이며, all은 단독으로 '모든 것'의 의미로 쓰이지 않고 보통 뒤에 관계절이 함께 사용된다. 문맥상 불규칙적인 일이 재발하지 않도록 하겠다는 내용이 되어야 하므로, repeated가 적절하다. 따라서 답은 ④번이다.

어휘   irregularity 불규칙한 일   convinced 확신하는
substitute 대체품   substitution 대리, 대용
confident 확신하는

14   Not / True 문제

해석   다음 중 담화에 따라 가장 올바르지 않은 것은 무엇인가?

> Lee : 안녕하세요, Mr. Jung. Jack Lee입니다.
> Jung: 안녕하세요, Mr. Lee. 저는 SRG 일렉트로닉스사에서 근무하고 있습니다. 그리고 저는 당사의 전자 부품 라인에 대해 이야기하고 싶었습니다.
> Lee : 아, 네, SRG에 대해 들어본 적 있습니다. 한국 상황은 어떻습니까?
> Jung: 좋아요, 감사합니다. 사실, 최근에 당사 부품에 대한 수요가 많아 매우 바쁩니다.
> Lee : 잘 됐군요. 저는 귀사의 가격에 확실히 관심이 있습니다.
> Jung: 음, 제가 다음 주에 샌프란시스코에 있을 예정인데, 혹시 저와 만날 시간이 있으실까요?
> Lee : 언제 이곳에 계신가요?
> Jung: 다음 주 수요일과 목요일입니다. 일정이 어떻게 되시나요?

> Lee : 음… 제 달력을 한번 확인해볼게요. 어디 보자, 수요일 오전에 미팅이 하나 있네요. 수요일 오후 2시는 어떠신가요?
> Jung: 좋습니다.

① Jung은 SRG 일렉트로닉스사에서 근무한다.
② Jung과 Lee는 샌프란시스코에서 만날 예정이다.
③ Jung과 Lee는 이미 통화 전부터 아는 사이이다.
④ SRG 일렉트로닉스사에는 거의 고객이 없다.

해설   주어진 지문과 일치하지 않은 것을 찾는 유형이다. 최근에 당사 부품에 대한 수요가 많아 매우 바쁘다고 하였으므로 SRG 일렉트로닉스사 고객이 많다는 것을 알 수 있다. 따라서 답은 ④번이다.

어휘   demand 수요

15   추론 문제

해석   한국에서 수출신용보험기관 역할은 누가 하는가?

> 국제 거래에서, 수출신용기관들은 종종 은행과 수출업자 사이에서 다리와 같은 역할을 한다. 금융 부문이 아직 발달되지 않은 개발도상국에서는, 정부가 종종 이 수출신용보험기관의 역할을 맡는다.

① 한국무역협회
② 한국무역보험공사
③ 대한무역투자진흥공사
④ 대한상공회의소

해설   주어진 지문에서 추론할 수 있는 것을 찾는 유형이다. 수출신용보험기관은 수입국의 신용위험과 비상위험으로 인해 수출대금을 받지 못할 자국의 수출자의 위험에 대비하는 보험상품등을 제공한다. 한국에서는 한국무역보험공사(K-Sure)에서 해당 역할을 한다. 따라서 답은 ②번이다.

어휘   export credit insurance agency 수출신용보험기관
emerging economies 개발도상국

16   빈칸에 적절한 것 찾기 문제

해석   (취소불능 자유매입)신용장은 다음과 같이 명시한다. "모든 은행에서 매입에 의해 이용 가능한 수익자의 일람불환어음의 지급을 위한 신용장. 이 신용장은 UCP 600에 따른다."

① 취소불능 자유매입   ② 취소가능 자유매입
③ 취소불능 매입제한   ④ 취소가능 매입제한

해설   주어진 빈칸에 적절한 것을 찾는 유형이다. 모든 은행에서 가능하므로 매입은행에 대한 지정이 없는 자유매입신용장임을 알 수 있으며, UCP 600에 따르면 기본적으로 신용장은 취소불능이다. 따라서 답은 ①번이다.

어휘   beneficiary 수익자   draft at sight 일람불 환어음
irrevocable 취소불능의   revocable 취소가능한

17 Not/True 문제

해석 다음 중 클레임 서신에 대한 답신으로 적절하지 않은 것은 무엇인가?

① 조사에서, 선적 전에 철저한 조사에도 불구하고, 당사는 종종 결함이 있는 물품들이 통과된다는 것을 발견했습니다.

② m/s "Chosun"을 통한 당사의 주문번호 10의 T.V. 세트 10개가 이곳에 도착했지만, 당사는 C/N 10 중 6개가 당사 주문의 사양과 품질 면에서 상이하다는 점을 귀사에 알리게 되어 매우 유감입니다.

③ 해결책으로서, 당사는 송장 금액의 특별 3퍼센트 할인과, 물품 전체를 이용 가능한 첫 선박에 다시 실을 준비를 했습니다.

④ 신중한 조사를 거친 후에, 당사는 당사 측의 실수를 발견할 수 없었습니다. 동봉한 포장 검사 증명서에서 분명히 알 수 있듯이 귀하의 주문을 이행하기 위해 최선을 다했기 때문입니다.

해설 클레임 서신에 대한 답신으로 적절하지 않은 것을 고르는 유형이다. 주문한 사양과 받은 물품의 품질이 상이하여 유감이라는 내용은 클레임 서신에 대한 답신으로 적절하지 않다. 따라서 답은 ②번이다.

어휘 investigation 조사 defective 결함이 있는 filter 통과하다
rigorous 철저한 regret 유감이다 inform 알리다
specification 사양 settlement (분쟁의) 해결(방안), 합의, 결제
reship 다시 싣다 evident 분명한

18 추론 문제

해석 상황에 맞는 것을 고르시오.

> Roori 은행에 의해 개설된 신용장에 제시된 선적서류는 완전히 일치한다. 개설의뢰인은 이미 자신의 은행에 결제하였고 이후 개설은행은 매입은행에 지급(상환)한다. 며칠 후, 개설의뢰인은 상품의 품질이 좋지 않다는 것을 알게 된다. 그는 개설은행에 가서 은행에 그에 대한 환불을 요청한다.

① Roori 은행은 개설의뢰인에게 결제금액을 환불해야 한다.

② Roori 은행은 수익자의 의견을 요청해야 한다.

③ Roori 은행은 수익자에게 금액의 환불을 요청할 것이다.

④ Roori 은행은 금액을 환불할 의무가 없다.

해설 주어진 지문에서 추론할 수 있는 것을 찾는 유형이다. 신용장은 독립성의 원칙에 의해 매매계약과는 독립적인 별개의 거래이며 서류로만 대급지급의 여부를 판단한다. 그러므로 개설의뢰인은 서류상의 불일치가 없는 한 물품이 계약에 일치하는지 여부와는 관계없이 개설은행에 신용장 대금을 지급해야 하며, 위의 상황에서 개설은행이나 수익자는 환불요구에 응할 의무가 없다. 따라서 답은 ④번이다.

어휘 comply 일치하다, 준수하다 applicant 개설의뢰인
issuing bank 개설은행, 발행은행 negotiating bank 매입은행
obligation 의무

19 Not/True 문제

해석 신용장에 추가 정의 없이 '송장'을 필요로 한다. 다음 중 UCP600 하에서 반드시 불일치로 간주되어야 하는 것은 무엇인가?

> 상업송장
>
> A. 수익자에 의해 발행된 것으로 보인다.
> B. 개설의뢰인의 명의로 작성되었다.
> C. 신용장과 다른 통화로 작성되었다.
> D. 수익자가 서명하지 않았다.

① A   ② A, B   ③ C   ④ D

해설 주어진 보기 중 틀린 것을 찾는 유형이다. 상업송장은 개설의뢰인 앞으로 수익자가 발행하며, 서명될 필요가 없고, 신용장과 동일한 통화로 작성되어야 하므로 C가 틀린 내용이다. 따라서 답은 ③번이다.

어휘 definition 정의 discrepancy 불일치, 하자
commercial invoice 상업송장 beneficiary 수익자
applicant 개설의뢰인 currency 통화

[20~21] 다음을 읽고 답하시오.

> 당사의 제품 거래를 위해 당사와의 거래 시작에 문의를 주신 것에 감사드립니다. 동봉된 금융 정보 양식을 3년에 대해 작성해 주시고 하나의 은행신용조회처와 둘 이상의 동업자신용조회처를 알려주십시오.
> 물론, 모든 정보는 엄격한 기밀로 유지될 것입니다.
> 협조에 대단히 감사드립니다.

20 추론 문제

해석 작성자는 누구인가?

① 은행가   ② 매도인
③ 매수인   ④ 징수원

해설 주어진 지문에서 추론할 수 있는 것을 찾는 유형이다. 거래 문의에 대한 신용조회를 위해 재무 정보를 요청하고 있으므로, 매도인이 작성자임을 알 수 있다. 따라서 답은 ②번이다.

21 추론 문제

해석 금융 정보에 포함되지 않는 것은 무엇인가?

① 현금흐름   ② 손익계정
③ 대차대조표   ④ 환어음

해설 | 주어진 지문에서 추론할 수 있는 것을 찾는 유형이다. 매수인이 매도인의 신용상태를 확인하기 위해 요구되는 금융정보로는 재무제표(Financial Statements)에 해당하는 대차대조표, 손익계산서, 자본변동표, 현금흐름표 등이 포함될 수 있겠으나, 환어음은 이에 포함되지 않는다. 따라서 답은 ④번이다.

어휘 | open account with ~와 거래를 시작하다
trade reference 동업자신용조회처
bank reference 은행신용조회처 confidence 기밀, 비밀
cash flow 현금흐름
profit and loss account 손익계정
balance sheet 대차대조표 draft 환어음

[22~23] 다음을 읽고 답하시오.

Peter Park께,

당사는 앞으로 몇 달 안에 귀사에 상당한 양의 주문을 할 예정입니다.
아시다시피, 지난 2년간 당사는 귀사에 많은 주문을 해왔으며 *신속하게 결제했으므로*, 이 점이 귀사에 당사의 평판을 쌓았기를 바랍니다. 그럼에도 불구하고, 필요하시다면, 당사는 기꺼이 신용조회처를 제공하겠습니다.
가능하다면, 추후의 계정을 분기별 명세서에 대한 결제로 3개월마다 정산하고 싶습니다.

22 다른 문장/같은 문장 찾기 문제

해석 | *신속하게 결제했다*와 가장 비슷하지 않은 것을 고르시오.
① 예정대로 차변에 기입했다
② 기한을 엄수하여 결제했다
③ 기한을 엄수하여 결제했다
④ 예정대로 결제했다

해설 | 주어진 부분과 다른 내용을 찾는 유형이다. 신속하게 처리했다는 의미는 기한 혹은 예정된 시간에 맞춰 지불 혹은 결제를 했다는 의미이며 debit은 '차변에 기입하다' 또는 '차감하다'라는 의미이다. 따라서 답은 ①번이다.

23 추론 문제

해석 | 위 지문에서 추론할 수 있는 것은 무엇인가?
① Peter Park은 매수인이다.
② 작성자는 매도인과 첫 주문을 하고자 한다.
③ 매수인이 매도인의 신용을 우려하는 경우 신용조회처가 제공된다.
④ 요청이 승인되면 매도인은 분기별 기준으로 결제를 위한 송장을 보낼 것이다.

해설 | 주어진 지문에서 추론할 수 있는 것을 찾는 유형이다. 매수인인 작성자는 가능하다면, 추후의 계정을 분기별 명세서에 대한 지불로 3개월마다 정산하고 싶다고 했으므로, 요청이 승인되면 매도인은 분기별 기준으로 결제를 위한 청구서를 매수인에게 보낼 것이다. 따라서 답은 ④번이다.

어휘 | substantial 상당한 settle 지불하다 promptly 신속하게
reputation 평판 necessary 필요한 reference 신용조회처
account 계정 quarterly 분기별의
debit 차변에 기입하다, 차감하다 punctually 기한을 엄수하여
buyer 매수인 seller 매도인 credit 신용

24 흐름에 맞지 않는 문장 찾기 문제

해석 | 다음 밑줄 친 부분들에서 어색한 것을 고르시오.

(A) 미국에 위치한 당사의 제조사들에 의한 예상된 가격 인상으로 인해, 당사의 모든 수입 신발의 (B) 가격을 2020년 5월 6일부터 4퍼센트 인상할 수밖에 없다는 점을 알려드리게 되어 죄송합니다. 그러나 (C) 이 날짜 전에 받은 주문들은 현재 가격 수준으로 송장이 작성될 것입니다. (D) 당사는 진심으로 이러한 인상의 필요에 대해 유감스럽게 생각합니다.
하지만 당사는 귀사가 이 인상이 당사의 통제 밖에 있다는 점을 이해해주실 것이라고 생각합니다.

① (A) ② (B) ③ (C) ④ (D)

해설 | 주어진 지문에서 흐름에 맞지 않는 문장을 찾는 유형이다. 예상하지 못했던 제조사들의 가격 인상으로 제품 가격 인상이 불가피하게 되었다는 점에 대해 사과하고 있으므로, 가격 인상이 예상되었다는 내용은 흐름과 맞지 않는다. 따라서 답은 ①번이다.

어휘 | expected 예상된 manufacturer 제조사 imported 수입된

25 빈칸에 적절한 것 찾기 문제

해석 | 다음 밑줄 친 부분에 적절한 것을 고르시오.

해상보험계약에 포함된 선주상호보험은 (다음을) 보상한다. 선박에 의해 발생한 제3자의 손해에 대한 해상법상 책임.

① 항해 중의 통상적인 손실 또는 손상
② 송하인 비용의 손해
③ 선박에 의해 발생한 제3자의 손해에 대한 해상법상 책임
④ 충돌에 의해 발생한 다른 선박의 피해

해설 | 주어진 지문의 빈칸에 적절한 것을 찾는 유형이다. 선주상호보험(P&I : Protection and Indemnity)은 선박의 운항과 관련하여 발생한 사고로 인해 제3자가 입은 손해에 대한 선주의 배상책임에 대비하여 선주 상호 간 자체적으로 운영하는 보험이다. 따라서 답은 ③번이다.

어휘 | Protection and Indemnity(P&I) insurance 선주상호보험
voyage 항해 legal 법적인 collision 충돌

<제2과목> 영작문

26 빈칸에 적절한 것 찾기 문제

해석 다음 중 아래 빈칸에 적절하지 않은 단어를 고르시오.

> 귀사가 지리적으로 더 뻗어나갈수록, 이 조항은 더 중요해질 것이다. 예를 들어, 귀사가 100퍼센트 독점적으로 현지인들과만 거래하는 작은 지역 사업체라면, 귀사는 귀사의 고객들에게 어떤 법이 적용되는지를 알려주는 조항이 정말로 필요하지 않을 수도 있다. 모든 사람들은 그것이 그 작은 지역 사업체가 위치한 어떤 국가의 법이 되기를 기대할 것이다.
>
> 자, 세계의 수많은 나라에 고객과 사무실이 있는 대기업을 예로 들어 보자. 한국에 있는 한 고객이 제품의 문제에 대해 소송을 제기하고 싶어 한다면, 한국 법이 적용될 것인가 아니면 다른 어떤 나라의 법이 이를 넘겨받을 것인가? 아니면, 귀사가 유럽의 고객들을 보유한 미국의 사업체라면 어떻게 되는가?
> 두 가지 경우에서, (준거법) 조항이 어떤 법이 적용될 것인지 분명하게 할 것이고, 두 회사 모두 국제 변호사를 고용하지 않도록 할 수 있다.

① 통제법　　　　　② 준거법
③ 준거법　　　　　④ 준거법

해설 지문의 빈칸에 적절하지 않은 것을 찾는 유형이다. 국제 물품매매계약의 당사자들은 법체계와 상관습이 상이한 서로 다른 국가에 소재하고 있으므로, 큰 혼란이 생길 수 있으며 이를 해결하기 위해 준거법을 합의하고 결정해두는 것이 중요하다. 준거법은 Governing law, Applicable law, Proper law 등으로 표현되며, Conflict Law(저촉법률, 충돌법)도 준거법의 의미로 사용될 수 있다. 따라서 답은 ①번이다.

어휘 geographic 지리적인　clause 조항　exclusively 독점적으로 numerous 수많은　take over (지위를) 넘겨받다, 인수하다. declare 분명하게 하다, 선언하다

[27~28] 다음을 읽고 답하시오.

> 가장 일반적인 유통성 서류는 선하증권이다. 선하증권은 선사에 의해 화주에게 주어지는 수령증이다. 선하증권은 권리증권의 역할을 하며 지정된 항구에서 물품을 수령할 사람이 누구인지를 명시한다. 기명식 선하증권에서, 매도인은 물품을 매수인에게 바로 송부한다. 이 유형의 증권은 보통 신용장 거래에는 적합하지 않은데, (이는 매수인이 물품의 점유(권)을 바로 얻게 하기) 때문이다.
>
> 지시식 선하증권에서 화주는 물품을 은행으로 송부할 수 있다. 이 방식은 신용장 거래에서 선호되어진다. 은행은 매수인이 서류에 대해 결제할 때까지 물품에 대한 통제를 유지한다.

27 Not / True 문제

해석 기명식 선하증권의 특성은 무엇인가?

① 비유통성 선하증권
② 유통성 선하증권
③ 사고부 선화증권
④ 지시식 선하증권

해설 주어진 보기 중 적절한 것을 찾는 유형이다. 기명식 선하증권은 유통의 의사가 없는 매도인이 특정 수하인에게 바로 물품을 인도하려고 하는 경우에 사용되며, 비유통성 증권으로 간주된다. 따라서 답은 ①번이다.

28 빈칸에 적절한 것 찾기 문제

해석 빈칸에 가장 적절한 것은 무엇인가?

① 이는 매수인이 물품의 점유(권)을 바로 얻게 한다.
② 송하인은 물품을 은행으로 송부할 수 있다.
③ 은행이 물품에 대한 통제를 매수인이 서류에 대해 결제할 때까지 유지한다.
④ 은행은 매수인에게 선하증권을 내어줄 수 있다.

해설 주어진 지문의 빈칸에 적절한 것을 찾는 유형이다. 만약 선하증권이 매수인의 기명식으로 발행되면 개설은행에 대한 신용장 대금의 상환과는 관계없이 매수인이 물품을 수령할 수도 있기 때문에 보통 신용장 거래에 적합하지 않다. 따라서 답은 ①번이다.

어휘 negotiable 유통성의, 유통가능한　bill of lading 선하증권 receipt 수령증　document of title 권리증권 straight bill of lading 기명식 선하증권 consign 송부하다, 보내다　order bill of lading 지시식 선하증권 foul bill of lading 사고부 선하증권

29 다른 문장 / 같은 문장 찾기 문제

해석 다음 중 다른 의미를 가지고 있는 것은 무엇인가?

① 귀사가 5월 12일까지 주문을 하신다면, 당사는 특별 할인을 제공하겠습니다.
② 귀사는 5월 12일까지 주문을 받으면 특별 할인을 받게 될 것입니다.
③ 5월 12일 전까지 귀사가 주문을 하면, 특별 할인을 받을 것입니다.
④ 5월 12일 혹은 그 이전의 주문은 특별 할인이 가능합니다.

해설 주어진 문장과 다른 내용을 찾는 유형이다. 'take order'는 '주문을 받다'라는 의미이므로, '주문을 하다'라는 의미인 'place order', 또는 'make order'를 사용해야 한다. 따라서 답은 ②번이다.

어휘 take order 주문을 받다

30 빈칸에 적절한 것 찾기 문제

해석 다음 중 빈칸에 적절한 것은 무엇인가?

> 법원에서의 소송의 경우와 비교했을 때, 중재는 신속한 결정, 저비용, 전문적인 중재인의 지명 그리고 (판결의 국제적인 효력)의 이점을 가진다.
>
> ① 판결의 국제적인 효력
> ② 중재판정의 의무적 공개
> ③ 정부에 의한 법적 접근
> ④ 더 높은 법적 안정성

해설 주어진 지문의 빈칸에 적절한 것을 찾는 유형이다. 소송과 달리 중재판정은 뉴욕협약에 의거하여 국제적 집행이 가능하다. 따라서 답은 ①번이다.

어휘 **lawsuit** 소송, 고소 **arbitration** 중재 **nomination** 지명, 임명 **arbitrator** 중재인 **mandatory** 의무의, 강행적인 **publication** 공개 **arbitral award** 중재판정

31 빈칸에 적절한 것 찾기 문제

해석 다음 중 아래 빈칸에 적절하지 않은 것은 무엇인가?

> 해상보험의 종류들은 다음과 같이 구분될 수 있다.
>
> (A 항해보험)은 선박에 의해 운송되는 해상 화물에 특정하여 적용되며 또한 선박의 항해자들의 소지품에 관련한다.
> (B 선박보험)은 발생할 수 있는 어떠한 사고의 경우에 선박에 손실을 피하기 위해 주로 선주에 의해 부보된다.
> (C 책임보험)은 선박의 사고나 충돌 그리고 다른 유도된 공격 때문에 발생하는 모든 책임에 대해 보상이 제공되는 해상보험의 종류이다.
> (D 운임보험)은 사고를 당한 선박으로 인해 화물이 멸실된 경우, 운임 손실의 가능성이 있는 무역선 회사에 보호책을 제공한다.
>
> ① (A) : 항해보험
> ② (B) : 선박보험
> ③ (C) : 책임보험
> ④ (D) : 운임보험

해설 주어진 지문의 빈칸에 적절하지 않은 것을 찾는 유형이다. 해상운송 중에 있는 화물을 보험의 목적물로 하는 해상보험은 적하보험으로, 선박에 의해 운반되는 해상 화물에 적용되며 선박의 항해자들의 소지품에 관련한 해상보험을 항해보험이라고 하는 것은 적절하지 않다. 따라서 답은 ①번이다.

어휘 **marine insurance** 해상보험 **pertain** 관련하다 **mishap** 사고 **liability** 책임 **induced** 유도된 **merchant** 상인 **voyage insurance** 항해보험 **hull insurance** 선박보험 **liability insurance** 책임보험 **freight insurance** 운임보험

32 Not / True 문제

해석 문법적으로 옳지 않은 것은 무엇인가?

> 2020년 2월 23일 자의 귀사의 주문에 감사드립니다. 당사는 (A) 귀사의 주문번호 3634가 M/S Ventura에 선적되었음을 알리게 되어 기쁘며, 이는 (B) 2020년 3월 10일에 부산을 떠나 (C) 2020년 4월 3일경에 제노바에 도착합니다. (D) 포장은 귀사의 설명에 따라 조심스럽게 이행되었으며, 당사는 모든 물품이 좋은 상태로 귀사에 도착할 것을 확신합니다.
>
> ① (A)   ② (B)   ③ (C)   ④ (D)

해설 주어진 지문에서 틀린 것을 찾는 유형이다. 출발지인 부산에서 떠나 제노바에 도착하는 것으로, 동사 leave는 타동사로 뒤에 전치사 없이 목적어가 바로 와 '(출발지)를 떠나다'라는 의미로 쓰여야 하며 자동사 leave가 전치사 for를 동반하는 경우 '(목적지)를 향해 떠나다, 출발하다'라는 의미를 가진다. 따라서 답은 ②번이다.

어휘 **packing** 포장 **condition** 상태

33 Not / True 문제

해석 다음 지문에서 잘못된 부분을 고르시오.

> (A) 해손 정산인은 해상 보험에서 손실 정산, 특히 선체와 선체 이익에 관련한 전문가이다. (B) 그는 특히나 더욱 모든 분손 정산과 관계가 있다. (C) 그는 보통 정산을 해야 할 책임이 있는 선주들을 위한 공동해손 정산을 수행하기 위해 지명된다. (D) 그의 책임과 비용은 정산의 일부를 형성한다.
>
> ① (A)   ② (B)   ③ (C)   ④ (D)

해설 주어진 지문에서 틀린 것을 찾는 유형이다. 해손 정산인은 해난에 의해 선체 또는 적재 화물이 손상되거나 멸실되는 손해가 발생한 경우, 특히 공손해손 및 공동해손 정산금을 사정하여 이해 관계자의 부담액을 정해진 규정에 따라 공정히 산정하는 전문가이다. 따라서 답은 ②번이다.

어휘 **average adjuster** 해손 정산인 **adjustment** 정산 **partial loss** 분손 **general average** 공동해손 **onus** 책임

34 Not / True 문제

해석 다음 지문에서 잘못된 부분을 고르시오.

> (A) 해상화물운송장은 해상운송을 위한 운송서류로, 운송계약의 추정적 증거로 역할을 하며, (B) 운송되는 화물의 수령증 및 권리증권의 역할을 한다. (C) 화물의 인수를 받기 위해서, 해상화물운송장의 제시가 불필요하다. (D) 일반적으로, 수령인은 자신의 신원을 증명하기만 하면 되며, 그렇게 함으로써 목적항에서의 처리를 빠르게 할 수 있다.
>
> ① (A)   ② (B)   ③ (C)   ④ (D)

해설 주어진 지문에서 틀린 것을 찾는 유형이다. 해상화물운송
장은 기명식으로 발행되어 유통성이 없으며, 물품 인도 요
구 시 원본 제시가 필요치 않으므로 권리증권성을 가지지
않는다. 따라서 답은 ②번이다.

어휘 **Sea Waybill** 해상화물운송장
prima-facie evidence 추정적 증거
document of title 권리증권

35 Not / True 문제

해석 문법적으로 옳지 않은 것은 무엇인가?

> (B) 계약 외의 혹은 계약에 관한 혹은 (C) 계약과 관련된
> 당사자들 사이에 계약의 위반에 있어서 (A) 제기될 수
> 있는 모든 분쟁, 논쟁 혹은 차이는 (D) 서울에서의 중재
> 에 의해 최종적으로 해결될 것이다.

① (A)   ② (B)   ③ (C)   ④ (D)

해설 주어진 지문에서 틀린 것을 찾는 유형이다. raise 뒤에 목
적어가 따라 나오지 않으므로 자동사가 쓰여야 하며, '제기
될 수 있는, 발생할 수 있는'의 의미가 되어야 문맥상 자연
스러우므로 타동사 raise를 자동사 arise로 고쳐야 한다.
따라서 답은 ①번이다.

어휘 **dispute** 분쟁   **controversy** 논쟁   **breach** 위반
thereof 그것의   **settle** 해결하다   **arbitration** 중재

36 다른 문장 / 같은 문장 찾기 문제

해석 다음 중 영어로 가장 올바르지 않게 작문한 것을 고르시오.
① 당사는 귀사에 당사의 늦은 답장에 대해 사과드리고
   싶습니다.
   – 당사는 귀사에 당사의 늦은 답장에 대해 사과드리
     고 싶습니다.
② 귀사의 담당자는 당사의 어떤 이메일에도 답을 하지
   않았습니다.
   – 귀사의 책임자는 당사의 어떤 이메일에도 답변하
     지 않았습니다.
③ 귀사의 제안은 다음 회의에서 다루어질 것입니다.
   – 귀사의 제안은 다음 회의에서 다뤄질 것입니다.
④ 신상품 라인에 대하여 설명해 주시겠습니까?
   – 새로운 상품 라인에 대해 설명해주시겠습니까?

해설 주어진 문장과 같지 않은 내용을 찾는 유형이다. '사과하다'
라는 뜻을 가진 동사 apologize는 사과를 하는 이유 앞에
전치사 for를 사용해야 한다. 따라서 답은 ①번이다.

어휘 **in charge** 담당인

37 다른 문장 / 같은 문장 찾기 문제

해석 다음 중 영어로 가장 올바르지 않게 작문한 것을 고르시오.
① 이 계약서의 조건을 몇 가지 수정하고 싶습니다.
   – 이 계약의 몇 가지 조건을 수정하고 싶습니다.
② 가격을 원래보다 20달러 더 낮출 수 있을 것 같네요.
   – 20달러의 가격을 낮출 수 있을 것 같네요.
③ 계약 기간은 2년입니다.
   – 계약은 2년 동안 유효합니다.
④ 3년간 이 소프트웨어 독점 사용권을 제공해 드릴 수
   있습니다.
   – 당사는 이 소프트웨어를 귀사에 3년간 독점 사용
     권을 제공할 수 있습니다.

해설 주어진 문장과 같지 않은 내용을 찾는 유형이다. 가격을 원
래 가격에서 20달러만큼 더 낮출 수 있다는 내용이므로 '~
만큼 낮추다'라는 의미가 될 수 있도록 전치사 of가 아닌
by로 써야 한다. 따라서 답은 ②번이다.

어휘 **amend** 수정하다   **lower** 낮추다   **exclusive** 독점의
license 사용권

38 다른 문장 / 같은 문장 찾기 문제

해석 다음 중 영어로 가장 올바르지 않게 작문한 것을 고르시오.
① 제품 No.105와 106호의 즉시 선적이 불가능하다면,
   제품 No.107과 108호를 대신 보내주십시오.
   – 제품 No. 105호와 106호가 즉시 선적이 불가능하다
     면, 제품 No. 107호와 108호를 대신 보내주십시오.
② 이 가격이 귀사에게 괜찮다면 우리는 주문 양식을
   보내드리고자 합니다.
   – 이 가격이 귀사에 만족스럽다면, 당사는 귀사에 주
     문 양식을 보내드리고 싶습니다.
③ 귀사가 제품을 공급해줄 수 없다면, 이유를 알려주시
   기 바랍니다.
   – 귀사가 그 제품을 당사에 공급할 수 없다면, 귀사
     의 이유를 당사에 알려주시기 바랍니다.
④ 당사의 송장은 주문한 안락의자들을 7월 12일 오후 5
   시까지 설치해줄 것을 구체적으로 명시하고 있습니다.
   – 당사의 송장은 주문하는 안락의자들이 7월 12일
     오후 5시까지 설치되도록 구체적으로 명시하고 있
     습니다.

해설 주어진 문장과 같지 않은 내용을 찾는 유형이다. 안락의
자들(armchairs)은 주문이 된 대상이므로 능동태가 아
닌 수동태로 수식해야 하므로, ordering을 ordered로 고
쳐야 하며, 당사의 송장이 명시하는 주체이므로 수동태 is
stated를 능동태 states로 고쳐야 한다. 따라서 답은 ④번
이다.

어휘 **immediate** 즉시의   **explanation** 이유, 설명
specifically 구체적으로   **furnish** 설치하다, 제공하다

39 빈칸에 적절한 것 찾기 문제

해석 빈칸에 가장 적절한 답을 고르시오.

> (상계관세)는 수출국 정부가 다른 국가로 수출하는 상품들에 대해 제공하는 보조금의 효과를 상쇄하기 위해 부과된 세금이다.
>
> ① 보복관세
> ② 상계관세
> ③ 덤핑관세
> ④ 덤핑방지관세

해설 주어진 지문의 빈칸에 적절한 것을 찾는 유형이다. 상계관세는 외국에서 제조·생산 또는 수출에 관하여 보조금 등을 받은 물품의 수입으로 인하여 국내 산업이 실질적인 피해를 받거나 우려가 있는 경우 혹은 국내 산업의 발전이 실질적으로 지연된 경우에 물가 안정 및 국내 산업을 보호하기 위한 세율이다. 따라서 답은 ②번이다.

어휘 tax 세금 assess 부과하다 counter 상쇄하다
subsidy 보조금 Retaliatory duties 보복관세
Countervailing duties 상계관세
Anti-dumping duties 덤핑방지관세

[40～41] 다음을 읽고 답하시오.

> 당사가 이전에 귀사의 주문 배송 지연에 대해 서신에 작성했듯, 상황은 여전히 동일하며, 노동조합 파업이 진행 중입니다. 당사는 이 일에 대해 사과드리지만, 이는 당사의 소관 밖이므로, 이를 (바로잡기) 위해 당사가 할 수 있는 일이 많지 않습니다. 귀사의 주문 배송이 지연되어 다시 한번 사과드리며 유감입니다.

40 추론 문제

해석 위 서신에서 설명되고 있는 상황은 무엇인가?

① 연체 ② 불가항력
③ 지급거절 ④ 조기 인도

해설 주어진 서신에서 설명하고 있는 상황을 추론하는 유형이다. 노동조합 파업 진행으로 배송이 지연되고 있는데, 자신들의 소관 밖이므로, 할 수 있는 일이 없다고 했으므로, 불가항력에 대한 설명임을 추론할 수 있다. 따라서 답은 ②번이다.

41 빈칸에 적절한 것 찾기 문제

해석 빈칸에 적절한 단어를 채우시오.

① 바로잡다 ② 조사하다
③ 준비하다 ④ 보관하다

해설 주어진 서신의 빈칸에 적절한 것을 찾는 유형이다. 노동조합 파업이라는 문제가 아직 해결되지 않은 채 진행 중이라고 했으므로 빈칸에는 이 문제를 바로잡는다는 내용이 와야 적절하다. 따라서 답은 ①번이다.

어휘 trade union 노동조합 strike 파업
out of one's hands 자기의 소관 밖인 force majeure 불가항력
nonpayment 미지급 rectify 바로잡다

[42～43] 아래는 수입화물선취보증서의 일부이다. 각 문제에 답하시오.

> (A) 귀사가 상기 선적물에 대한 선하증권을 발행한 것에 대하여, 상기 화물이 위의 양하항에 도착하였고, 당사는 이로써 귀사가 원본의 선하증권 제시 없이 위에서 언급한 당사자에게 상기 화물을 인도할 것을 요청합니다.
>
> 당사의 위와 같은 요청을 귀사가 수락하시는 것에 대한 약인으로 당사는 다음과 같이 **보상할** 것을 합의합니다 :
> 아래에 서명하는 당행은 운송계약과 관련하는 운임, 체화료 또는 기타 경비와는 무관하다는 것을 전제로, 귀사가 당사의 요청에 따라 화물을 인도하는 것을 이유로 발생하게 될 경비.
> 상기 화물과 관련하는 원본 선하증권이 당행의 수중에 들어오는 즉시 당사는 (B) 동일한 것을 귀사에 양도할 것이며 그 이후 당사의 하기책임은 종료될 것입니다.

42 Not / True 문제

해석 다음 중 A와 B에 적절한 짝은 무엇인가?

① (A) 운송인 – (B) 수입화물선취보증서
② (A) 운송인 – (B) 선하증권
③ (A) 매수인 – (B) 선하증권
④ (A) 매도인 – (B) 수입화물선취보증서

해설 주어진 보기 중 적절한 것을 찾는 유형이다. 선하증권은 본선에 화물적재 완료 후 운송인이 송하인에게 발행하므로 (A)귀사는 운송인이고, 원본 선하증권이 당행의 수중에 들어오는 즉시 귀사에 동일한 것을 양도한다고 했으므로 (B) 동일한 것은 선하증권이 적절하다. 따라서 답은 ②번이다.

43 다른 문장 / 같은 문장 찾기 문제

해석 단어 *보상하다* 와 비슷한 것은 무엇인가?

① 등록하다
② 상환하다
③ 상환청구
④ 제출하다

해설 주어진 단어와 같은 단어를 찾는 유형이다. indemnify (보상하다)와 비슷한 의미는 reimburse(배상하다)이다. 따라서 답은 ②번이다.

어휘 Letter of Guarantee 수입화물선취보증서
bill of lading 선하증권 cargo 화물
port of discharge 양륙항 demurrage 체화료, 체선료
in accordance with ~에 따라 surrender 제출하다, 양도하다
whereupon (바로) 그 이후, 그 결과 liability 책임
hereunder 하기에, 아래에 indemnify 보상하다, 배상하다
reimburse 배상하다 recourse 상환청구(권), 소구(권)

[44~45] 다음을 읽고 답하시오.

> 백지식 배서는 선하증권이 (C) 지시식 또는 송하인 지시식으로 작성된 경우에 특정인을 기재(B) 하여 그 뒷면에 (A) 배서인이 서명하는 행위이다. 선하증권은 그 후 소지인식 증권이 되고 (D) <u>소지인</u>은 물품을 수령하기 위해 선사에 그것을 제시할 수 있다.

44 Not / True 문제

해석 백지식 배서의 설명으로 잘못된 것은 무엇인가?

① (A)　　② (B)　　③ (C)　　④ (D)

해설 주어진 보기 중 틀린 것을 찾는 유형이다. 백지식 배서는 송하인이 피배서인을 기재하지 않고(without) 본인 서명만 하기 때문에 특정인을 기재하지 않는다. 따라서 답은 ②번이다.

45 Not / True 문제

해석 소지인에 대해 올바른 것은 무엇인가?

① 소지인은 선하증권을 소유하거나 보유한 사람이다.
② 소지인은 선하증권을 타인들에게 양도할 수 없다.
③ 유통성 선하증권 업무에서 소지인은 보통 은행이다.
④ 소지인은 선하증권을 보유할 수 없지만, 제삼자에게 배서할 수 있다.

해설 소지인은 해당 증권을 보유하고 있는 권리자를 말한다. 유통성 증권의 소지인은 해당 증권을 양도하거나 자신이 그 증권상의 권리를 직접 행사할 수도 있다. 따라서 답은 ①번이다.

어휘 blank endorsement 백지식 배서　endorser 배서인
bearer instrument 소지인식 증권　holder 소지인
own 소유하다　possess 보유하다　negotiable 유통가능한
endorse 배서하다

[46~47] 다음을 읽고 답하시오.

> 전위험담보는 보험에 의해 보장되는 조건들을 의미하는 보험 용어이다.
> (A) 보험이 모든 손해에 항상 적용된다는 의미로 해석되어야 한다. 적하보험에서, 이 용어는 운송 중에 발생하는 (　　)와 같은 모든 우연한 손해를 포함하고 (B) <u>많은 면책위험을 포함한다.</u>
>
> 다시 말해서, 모든 전위험담보 보험은 (C) 계약이 특별히 보상 범위에서 제외하지 않는 한, 모든 위험을 보상하는 일종의 재산 혹은 사고 보험증권이다. 이는, (D) <u>위험요소가 제외항목으로 나열되지 않는 한, 그것이 보장된다는 것이다.</u>

46 Not / True 문제

해석 전위험담보 보험의 설명에서 적절하지 않은 것은 무엇인가?

① (A)　　② (B)　　③ (C)　　④ (D)

해설 주어진 보기 중 적절하지 않은 것을 찾는 유형이다. 전위험 담보의 보험이라도 면책위험은 담보하지 않으며 보험자의 책임은 보험기간 동안에만 유효하므로 보험이 모든 손해에 대해 항상 보상한다고 할 수는 없다. 따라서 답은 ①번이다.

47 빈칸에 적절한 것 찾기

해석 빈칸에 적절하지 않은 것은 무엇인가?

① 고유의 하자　　② 화재
③ 지진　　　　　④ 투하

해설 주어진 지문의 빈칸에 적절하지 않은 것을 찾는 유형이다. 전위험담보 조건은 지연, 보험목적물의 고유의 하자 또는 성질, 피보험자의 고의에 의한 불법행위, 통상의 지연소모, 통상의 누손과 파손, 쥐나 해충에 의한 손해, 전쟁위험 및 동맹파업위험의 면책위험을 제외하고 보험목적물의 멸실이나 손상의 일체의 위험을 담보한다. 따라서 답은 ①번이다.

어휘 all risks 전위험담보　term 용어　denote 의미하다
construe 해석하다　cargo insurance 적하보험
embrace 포함하다　fortuitous 우연한, 뜻밖의
incorporate 포함하다　excluded peril 면책위험
casualty 사고　exclusion 제외　inherent vice 고유의 하자
jettison 투하

[48~49] 다음을 읽고 답하시오.

> 다른 결제 유형과 비교하여, 화환신용장 거래에서 은행의 역할은 중요하다.
> 은행들은 매개자의 역할을 수행함으로써 거래의 당사자 양측에 추가적인 보장을 제공한다. 은행들은 매도인이 지정은행을 통해 개설은행에 필요한 서류를 제공하면 결제 받을 것을 보장한다.
> 은행들은 또한 매수인에게 (　　)와 같은 선적서류가 제시되지 않는 한 매수인의 돈이 지급되지 않을 것임을 보장한다.

48 Not / True 문제

해석 신용장에서 지정은행에 보통 어떤 표현이 명시되는가?

① ~에서 이용가능
② ~에 이용가능
③ ~에 의해 이용가능
④ ~에 청구함

해설 주어진 보기 중 적적한 것을 찾는 유형이다. 신용장에서 보통 지정은행을 표시하기 위해 'available with'라는 표현을 명시한다. 따라서 답은 ①번이다.

49 빈칸에 적절한 것 찾기

해석 빈칸에 적절하지 않은 것은 무엇인가?

① 포장명세서
② 환어음
③ 송장
④ 검사 증명서

해설 주어진 지문의 빈칸에 적절하지 않은 것을 찾는 유형이다. 별도의 정의 없이 선적서류라는 용어가 사용된 경우, 환어음, 전송보고서, 서류의 발송을 증빙하는 특송영수증, 우편영수증 및 우편증명서를 제외한 신용장에서 요구하는 모든 서류를 의미한다. 따라서 답은 ②번이다.

어휘 substantial 중요한
documentary Letter of Credit(L/C) 화환신용장
intermediary 중개인   issuing bank 개설은행
nominated 지정된

50 빈칸에 적절한 것 찾기

해석 빈칸들을 올바른 단어로 채우시오.

> 신용장은 중간의 거래를 용이하게 하는 어떠한 은행들과 관계없이 개설은행과 (A 수익자) 사이의 계약임을 명심해야 한다. 따라서, 신용장에 명시된 제시 장소가 개설은행의 위치와 다르더라도, 수익자는 개설은행에 (B 직접적인) 제시를 할 자유가 있으며 개설은행은 만약 제시가 일치한다면 결제할 의무가 있다.

① (A) 수익자 – (B) 직접적인
② (A) 개설의뢰인 – (B) 직접적인
③ (A) 수익자 – (B) 간접적인
④ (A) 개설의뢰인 – (B) 간접적인

해설 지문의 빈칸에 적절한 것을 찾는 유형이다. 신용장은 신용장 개설은행이 수출자인 수익자(beneficiary)에게 대금지급을 확약하는 개설은행의 조건부 지급확약서이다. 또한 지정은행은 수출국에서의 제시 및 신용장의 결제/매입을 용이하게 하기 위한 은행일 뿐이며 개설은행에 일치하는 제시가 직접 제시된 경우에도 개설은행은 결제하여야 한다. 따라서 답은 ①번이다.

어휘 issuing bank 개설은행   intermediary 중간의
facilitate 촉진하다   beneficiary 수익자
oblige to ~할 의무가 있다   compliant 준수하는

<제3과목> 무역실무

51 무역계약 / 국제물품매매계약에 관한 UN협약(CISG)

해설 CISG는 계약체결 후 제조/생산되어 공급될 물품(선물)의 매매계약에도 적용되나, 개인용, 가정용, 가사용 물품, 경매나 강제집행에 의한 매매, 선박/항공기 등의 매매에는 적용되지 않는다.

52 기술무역 / 라이센스계약의 종류

해설 라이센스의 대상이 되는 노하우는 공중에게 알려지지 않은 것이며, 상당한 노력에 의해 비밀로 유지되고 독립된 경제적 가치를 지닌 것이어야 한다.

53 무역계약 / C조건

해설 C규칙의 매도인은 수출통관을 이행해야 할 의무가 있으나, 인도 이후에 제3국을 통과하기 위한 절차는 매수인이 이행하여야 한다.

54 관세법 / 총칙

해설 관세법상 우리나라의 선박 등이 공해(외국의 영해가 아닌 경제수역을 포함)에서 채집하거나 포획한 수산물 등은 내국물품으로 본다.

55 무역운송 / 선하증권(B/L)

해설 주어진 조건에서 보험증권의 피보험자는 수익자인 ㈜ Haiyang의 지시식으로 발행하도록 하였고 백지배서 할 것이 요구되었으므로 개설의뢰인인 Hochimin Co., Ltd.의 백지배서는 요구되지 않는다.

56 무역결제 / 양도가능신용장

해설 신용장의 양도 시에는 해당 양도은행이 개설은행으로부터 양도하도록 지정 또는 수권을 받은 은행인지가 문제되며, UCP 규정상 개설은행은 양도은행이 될 수 있으므로 개설은행이 수권을 받았는지를 확인할 필요는 없다.

57 무역결제 / 신용장의 개요

해설 수입화물 대도란 개설의뢰인이 신용장 대금을 개설은행에 지급하지 않고 선적서류를 먼저 수령하여 해당 물품을 처분하여 신용장 대금을 상환하도록 하는 은행의 신탁인도를 의미하므로 그러한 금융혜택을 누리는 당사자는 개설의뢰인인 수입자이다.

58 무역운송 / 해상운임

해설 화물의 품목과 관계없이 컨테이너 등의 운송용구 하나를 기준으로 일률적으로 부과하는 운임인 품목무차별운임(FAK, Freight All Kinds rate)에 대한 설명이다.

59 무역계약 / 무역계약의 기본조건

해설 중재조건(조항)은 계약서상의 다른 조건들과 달리 서면으로 체결될 것이 요구되며 중재지, 준거법(중재규칙), 중재기관 등의 일정 요건이 기재되어야 인정된다.

60 무역결제 / 추심결제당사자

해설 은행에 추심업무를 위탁하는 자는 추심의뢰인(Principal)이다.

61 전자무역 / 전자선하증권(e-B/L)

해설 전자식 선하증권은 분실 또는 송부지연이 발생될 확률이 낮으므로 물품은 양륙항에 도착했으나 선하증권이 도착하지 않아 물품의 인도가 지연되는 선하증권의 위기에 대한 해결책이 되며, 전자식 선하증권의 사용으로 L/G를 이용한 보증도가 줄어들 수 있다.

62 무역운송 / 선하증권(B/L)

해설 선하증권은 운송조건이 기재되어 운송계약의 추정적 증빙의 역할을 하나 그 자체가 운송계약서가 되는 것은 아니다.

63 무역운송 / 해상운송계약

해설 약정된 정박기간 이전에 하역작업을 완료한 경우 용선자는 선주로부터 조출료(Despatch Money)를 지급받을 수 있다.

64 무역보험 / 해상보험계약의 당사자 및 용어정리

해설 피보험이익은 적법성, 경제성, 확정성의 요건을 갖추어야 한다. 그중 확정성과 관련하여 피보험이익은 반드시 계약 체결 당시에 현존하고 그 귀속이 확정되어 있어야 하는 것은 아니며 보험사고가 발생할 때까지 확정될 수 있는 것이면 족하다.

65 무역계약 / 청약

해설 청약조건에 대해 단순히 조회(문의)하는 것은 청약의 효력에 아무런 영향을 미치지 않는다.

66 무역계약 / 청약

해설 Sub-con Offer(Offer subject to our final confirmation)는 대표적인 청약의 유인이다.

67 무역보험 / 해상보험계약의 개요

해설 해상보험에서 위부(Abandonment)는 추정전손이 발생한 경우 현실전손으로 보상받기 위한 전제조건이 되나 현실전손이나 분손의 경우에는 요구되지 않는다.

68 무역계약 / 매수인의 구제

해설 물품명세확정권은 매도인만이 행사할 수 있는 권리이다.

69 무역계약 / 중재합의

해설 중재법상 임시적 처분은 중재판정부가 중재판정이 내려지기 전에 어느 한쪽 당사자에게 다음 각 호의 내용을 이행하도록 명하는 잠정적 처분으로 한다
1. 본안에 대한 중재판정이 있을 때까지 현상의 유지 또는 복원
2. 중재절차 자체에 대한 현존하거나 급박한 위험이나 영향을 방지하는 조치 또는 그러한 위험이나 영향을 줄 수 있는 조치의 금지
3. 중재판정의 집행 대상이 되는 자산에 대한 보전 방법의 제공
4. 분쟁의 해결에 관련성과 중요성이 있는 증거의 보전

70 무역계약 / incoterms 2020의 개관

해설 인코텀즈 규칙 중 D규칙들은 목적지에서 인도가 이루어지고 위험이 이전되는 양륙지 인도조건에 속하며, 그외 E, F, C규칙들은 선적지 인도조건이다.

71 무역계약 / 상사중재의 개요

해설 중재계약(합의)는 서면으로 체결될 것과 중재지, 준거법(중재규칙), 중재기관 등의 일정 요건이 기재되어야 할 것이 요구되므로 계약체결의 방식을 선택할 자유는 일부분 제한된다. 그러나 그렇다고 해서 스스로의 판단으로 자유로이 계약 체결의 여부를 결정하고, 계약 상대방을 선택하며 준거법을 결정할 수 있는 계약자유의 원칙이 적용되지 않는 것은 아니다.

72 서비스무역 / 대리점계약

해설 표현대리(Apparent Auhoriy)란 대리인에게 대리권이 없음에도 불구하고 외관상 대리권이 있는 것으로 보이는 경우 본인이 그러한 외관의 발생에 일정 정도 책임이 있다면 대리행위의 효과를 본인에게 귀속시키는 것을 말한다.

73 무역결제 / 신용장 업무의 관행

해설 공식검사기관이 아닌 자가 발행한 검사증명서를 요구하는 경우 해당 검사증명서가 공정하게 발행될지 여부를 수익자 측에서 확신할 수 없고, 통상적으로 운송서류에 기재되는 화주의 책임과 계량(Shipper's Load and Count) 즉 부지약관(Unknown Clause)을 수리하지 않는 것 그리고 신용장의 이용조건으로 다른 조건 특히 개설의뢰인 측에서 발생하는 사건을 조건으로 하는 것은 신용장상의 독소조항에 해당된다. 이들과 달리 신용장의 조건이 매매계약과 일치하는지의 여부는 신용장을 통지받은 수익자가 통상적으로 검토해야 하는 사항에 해당한다.

74 전자무역 / 전자무역의 정의와 특징

해설 전자무역은 지역에 제한 없이 전세계와 거래가능하며, B2C(Business to Customer)에 한정되지 않고 B2B(Business to Business), B2G(Business to Government), C2C(Customer to Customer) 등의 여러 유형으로 이루어 진다.

75 무역계약 / 무역계약의 종류

해석 판매된 모든 물품은 각각의 계약서에 명시된 기간 내에 선적되어어야 한다. 선하증권의 일자는 선적일의 확정적 증거로서 간주된다. 특별히 합의된 경우를 제외하고, 선적항은 매도인이 선택한다.

해설 선적일과 선적일의 증명 그리고 선적항의 선택에 대한 내용으로 보아 선적조건에 해당하는 조항이다.

<제1과목> 영문해석

01 ④	02 ①	03 ②	04 ①	05 ①
06 ④	07 ①	08 ③	09 ①	10 ①
11 ②	12 ④	13 ③	14 ①	15 ④
16 ①	17 ②	18 ④	19 ③	20 ①
21 ④	22 ②	23 ②	24 ②	25 ③

<제2과목> 영작문

26 ②	27 ①	28 ①	29 ①	30 ②
31 ②	32 ③	33 ③	34 ④	35 ②
36 ④	37 ③	38 ④	39 ③	40 ②
41 ③	42 ①	43 ③	44 ①	45 ④
46 ①	47 ④	48 ②	49 ③	50 ①

<제3과목> 무역실무

51 ④	52 ②	53 ②	54 ①	55 ③
56 ③	57 ②	58 ④	59 ②	60 ④
61 ④	62 ④	63 ③	64 ①	65 ④
66 ③	67 ④	68 ①	69 ③	70 ④
71 ②	72 ④	73 ③	74 ③	75 ④

<제1과목> 영문해석

01 추론 문제

해석 아래 문장으로부터 무엇을 추론할 수 있는가?

> 무역금융은 일반적으로 보통 자기회수적인 수출 자금 조달을 가리킨다.

① 모든 수출액은 지급되고 난 후, 대출 연장에 적용된다. 나머지는 수입자의 계좌에 입금된다.
② 선적 전 금융은 일반적 운영 자금 대출로 청산된다.
③ 수출 자금 조달은 일반적 운영 자금 대출보다 다소 사용하기 어렵다.
④ 모든 수출액은 추심되어 이후 대출금을 청산하는 데 적용된다. 남은 수익은 수출자의 계좌에 입금된다.

해설 주어진 문장에서 추론할 수 있는 것을 찾는 유형이다. 자기회수적인 자금 조달이라는 점으로부터 수출액이 추심되어 대출금 청산에 적용되며 남은 수익이 수출업자의 계좌로 입금된다는 것을 추론할 수 있다. 따라서 답은 ④번이다.

어휘 trade finance 무역금융 financing 자금 조달
self liquidating 자기회수적인, 곧 현금화되는 expend 연장하다
loan 대출 credit 입금하다 pay off 청산하다

02 흐름에 맞지 않는 문장 찾기 문제

해석 아래는 지급 보증 대리인에 관한 것이다. 다른 것들과 일치하지 않는 것은 무엇인가?

> (A) 팩터가 위탁판매계약에서 상품을 판매할 때 (대금 지급 보증 수수료라고 불리는) 추가적인 수수료를 위해 (B) 구매자의 지급 능력과 그의 계약 이행을 보증하는 계약. 이러한 대리인은 대금 지급 보증 대리인이라고 불린다. (C) 그는 단순히 보증인이며, 구매자가 채무 불이행을 할 시에만 그의 본인에게 책임을 진다. (D) 대리인에 의해 제삼자에게 제공된 신용 거래의 결과로 본인에게 손해가 발생한 경우에 자신의 본인에게 배상할 의무가 있는 대리인.

① (A) ② (B) ③ (C) ④ (D)

해설 주어진 지문에서 흐름에 맞지 않는 문장을 찾는 유형이다. 지급보증대리인은 현지 고객에게 신용으로(on credit) 판매한 금액의 지급을 보장한다는 계약을 맺는 대리인이다. 따라서 답은 ①번이다.

어휘 on consignment 위탁 판매로 solvency 지급 능력, 상환 능력
surety 보증인 principal 본인 default 채무 불이행
indemnify 배상하다

[03~04] 다음을 읽고 답하시오.

> 당사는 귀사의 5월 25일 자 서신에서 언급된 KAsia사가 작지만 잘 알려져 있고 매우 훌륭한 회사이며, (A) 5년 이상 이 도시에서 자리 잡아왔다는 점을 명시하게 되어 기쁩니다.
> 당사는 현재 (B) 분기별 사후지급 계정 조건으로 5년 넘게 그 회사와 거래를 해오고 있으며, 비록 (C) 그 회사가 현금 할인을 이용하지 않아 왔지만, 항상 최종 날짜에 시간을 엄수하여 지급해왔습니다. 당사가 그 회사에 허용한 신용은 (D) 귀사가 언급한 미화 100,000달러를 훌쩍 넘는 액수였습니다.

03 추론 문제

해석 작성자는 누구일 것인가?

① 은행   ② 신용조회처
③ 매수인   ④ 매도인

해설 주어진 보기 중 틀린 것을 찾는 유형이다. 이전 서신에서 KAsia사의 신용에 대해 문의했으며 작성자가 해당 회사의 신용 관련 정보를 제공하고 있으므로 작성자가 신용조회처임을 추론할 수 있다. 따라서 답은 ②번이다.

04 Not / True 문제

해석 문법적으로 틀린 것은 무엇인가?

① (A)   ② (B)   ③ (C)   ④ (D)

해설 주어진 서신에서 틀린 것을 찾는 유형이다. 타동사 establish가 쓰였으며 뒤에 목적어가 없으므로 who has been established와 같이 수동태로 쓰여야 함을 알 수 있다. 따라서 답은 ①번이다.

어휘 **respectable** 훌륭한, 존경할 만한   **establish** 자리 잡다
take advantage of ~을 이용하다   **promptly** 시간을 엄수하여
net 최종적인

05 추론 문제

해석 다음 중 아래 지문으로부터 추론될 수 없는 것은 무엇인가?

> Mr. Cooper께,
>
> EduCare에 실린 당사의 광고에 대한 귀사에 답신에 감사드립니다.
>
> 당사가 귀사의 제안에 관심이 있긴 하지만, 송장 가격으로 견적하신 수수료 5퍼센트는 당사가 지급하고자 하는 것보다 높습니다. 하지만, 귀사의 견적서에 견적된 다른 조건들은 당사에 적합합니다.
>
> 다시 한번 말씀드리면, 송장 정가에 대해 3퍼센트 수수료 이상을 지급하는 것은 예상하지 않으나, 귀사께서 이 수수료율을 기꺼이 받아들이신다면 당사는 8월 1일부터 효력을 가지는 1년 계약서에 서명하겠습니다.
>
> 한 가지 덧붙이고 싶은 것은 해당 거래량이 당사의 제안을 수락할 만한 가치가 있게 할 것이라는 점입니다.

① Peter는 대리인이다.
② Cooper는 수수료 기반 사업에 종사하고 있다.
③ 본인에게 있어 3%의 수수료가 적용할 수 있는 최대치이다.
④ 낮은 수수료는 많은 거래량으로 보상될 수 있다.

해설 주어진 지문에서 추론할 수 없는 것을 찾는 유형이다. Peter는 수수료를 지급하는 입장이므로, 그가 대리인이라는 것은 추론할 수 없다. 따라서 답은 ①번이다.

어휘 **proposition** 제안   **quotation** 견적서   **suit** 적합하다, 맞다
envisage 예상하다, 그려보다   **commission** 수수료
volume of business 거래량

06 Not / True 문제

해석 UCP 600에 따르면 매입에 대한 잘못된 설명을 고르시오.

> 매입은 (D) 상환이 개설은행에 행해져야 할 은행 영업일 또는 그 전에 (C) 수익자에게 대금을 선지급 하거나 선지급에 동의함으로써, (B) 일치하는 제시에 따른 서류 및/또는 (A) (지정은행 외 다른 은행 앞으로 발행된) 환어음의 지정은행에 의한 구매를 의미한다.

① (A)   ② (B)   ③ (C)   ④ (D)

해설 주어진 지문에서 틀린 것을 찾는 유형이다. 상환을 받을 대상은 개설은행이 아닌 지정은행이다. 개설은행은 일치하는 제시에 대하여 결제 또는 매입을 하고, 그 서류를 개설은행으로 송부한 지정은행에 대하여 신용장 대금을 상환할 의무를 부담한다. 따라서 답은 ④번이다.

어휘 **negotiation** 매입   **nominated bank** 지정은행   **draft** 환어음
complying presentation 일치하는 제시   **advance** 선금을 주다
beneficiary 수익자   **banking day** 은행 영업일
reimbursement 상환

07 Not / True 문제

해석 선하증권의 운용에서 소지인에 대해 올바른 것은 무엇인가?

① 소지인은 선하증권을 소유하거나 점유하는 자이다.
② 소지인은 선하증권을 다른 사람에게 양도할 수 없다.
③ 소지인은 보통 유통 가능한 선하증권 매매에서 두 번째 송하인이다.
④ 소지인은 선하증권을 소지할 수 없지만 제삼자에게 양도하기 위해 선하증권에 배서할 수 있다.

해설 주어진 보기 중 적절한 것을 고르는 문제이다. 소지인은 환어음이나 선하증권과 같은 유통증권을 소지하고 있는 권리자를 가리킨다. 따라서 답은 ①번이다.

어휘 **bearer** 소지인   **assign** 양도하다   **consignor** 송하인
endorse 배서하다

08 Not / True 문제

해석 UCP 600 하에서 신용장에 대해 잘못된 설명을 고르시오.

> (A) 신용장은 모든 약정을 말하는데, (B) 그 명칭이나 기술에 관계없이 (C) 취소불능하거나 취소가능한 그리고 그로써 확약을 구성하는 (D) 일치하는 제시에 대해 결제하겠다는 개설은행의 모든 약정을 말한다.

① (A)   ② (B)   ③ (C)   ④ (D)

해설 주어진 지문에서 적절하지 않은 것을 찾는 유형이다. UCP 600에 따르면 신용장은 그 명칭이나 기술에 관계없이 일치하는 제시에 대해 결제하겠다는 개설은행의 취소 불가능한 확약을 구성하는 모든 약정을 말한다. 따라서 답은 ③번이다.

어휘 credit 신용장 irrevocable 취소 불가능한
revocable 취소가능한 constitute 구성하다
complying presentation 일치하는 제시

09 빈칸에 적절한 것 찾기 문제

해석 빈칸에 가장 적절한 답을 고르시오.

> 면책위험은 보험 대상의 손실 혹은 파손이 피보험자의 (A 고의에 의한 불법행위), 지연, (B 통상의 누손), 고유의 하자나 해충과 같은 특정 이유에서 발생하거나 손실이 담보위험에 (C 근인하여 발생하지) 않은 경우에 보험자를 책임에서 면제하는 위험을 의미한다.

① (A) 고의에 의한 불법행위 (B) 통상의 자연소모
  (C) 근인하여 발생된
② (A) 고의에 의한 불법행위 (B) 자연소모
  (C) 근인하여 발생된
③ (A) 불법행위 (B) 자연소모 (C) 발생된
④ (A) 불법행위 (B) 통상의 자연소모 (C) 발생된

해설 주어진 지문의 빈칸에 적절한 것을 찾는 유형이다. 일반면책 약관상 규정된 면책위험에는 피보험자의 고의적 불법행위, 지연, 통상의 누손, 자연소모, 포장 또는 준비의 불완전, 화물 고유의 하자 또는 성질 등이 있다. 따라서 답은 ①번이다.

어휘 excepted peril 면책위험 exempt 면제하다 liability 책임
inherent 고유의, 내재된 vice 하자, 결함 vermin 해충
willful 고의의 misconduct 불법행위

10 목적/주제 찾기 문제

해석 다음 지문의 주제는 무엇인가?

> 보통 수입업자가 선하증권을 수령하기 전에 선사로부터 물품의 인도를 받을 수 있도록 수입자의 요청으로 개설은행에 의해 발행되는 서면의 진술서

① 수입화물선취보증서   ② Letter of Surrender
③ 환어음   ④ 수입화물대도

해설 주어진 지문의 주제를 찾는 유형이다. 선하증권보다 물품이 먼저 도착한 경우 수입자가 원본 선하증권 없이 물품을 수령하기 위해 은행에 요청하여 발행받아 운송인에게 제출하는 수입화물선취보증서에 대한 설명이다. 따라서 답은 ①번이다.

어휘 importer 수입자 so as to ~하기 위하여
Bill of Exchange 환어음 Trust Receipt 수입화물대도

11 빈칸에 적절한 것 찾기 문제

해석 다음 중 아래 빈칸들에 적절하지 않은 것은 무엇인가?

> 팩터는 (A 외상매출금 계정)의 구매를 통해 자금조달을 이행하는 은행 또는 전문 금융 회사이다. 수출 팩토링에서, 팩터는 일반적으로 (C 상환청구권 없이) 액면가로부터 할인된 금액으로 현금으로 받을 수 있는 수출자의 (B 장기) 해외 계정들을 매입한다. 이는 종종 해외 매수인의 지급 불능에 대해 (D 공제 제도나 위험 분담 없이) 100퍼센트까지의 보호를 제공한다.

① (A) 외상매출금 계정
② (B) 장기의
③ (C) 상환청구 없이
④ (D) 공제 제도나 위험 분담 없이

해설 주어진 지문의 빈칸에 적절하지 않은 것을 찾는 유형이다. 팩토링은 단기금융에 속한다. 따라서 답은 ②번이다.

어휘 factor 팩터 factoring 팩토링 receivable 받을 수 있는
face value 액면가 account receivable 미수금 계정
recourse 상환청구 deductible 공제의
risk-sharing 위험 분담

[12~13] 다음 서신을 읽고 질문에 답하시오.

> 5월 1일 자 귀사의 통지에 감사드립니다. 당사는 이제 뉴질랜드에 있는 당사의 고객들에게 (A 선적)을 이행하였고 귀사가 요청하신 (B 선적서류)와 귀사의 (C)을/를 포함한 당사의 23,100파운드 환어음을 동봉해드립니다. (D 화환어음)을 결제하고 (E 대금)을 런던 W1A 1AA, 옥스퍼드가, Mainland 은행에 당사 계정으로 송금해주시기 바랍니다.

12 빈칸에 적절한 것 찾기 문제

해석 빈칸 (C)에 적절하지 않은 것을 고르시오.
① 할인   ② 수수료
③ 비용   ④ 대금

해설 주어진 지문의 빈칸에 적절하지 않은 것을 찾는 유형이다. 지문의 내용상 서신 작성자는 화환추심을 의뢰하는 매도인이며 상대방에게 수수료나 비용 등의 명목으로 일부 대금을 할인하는 것으로 보인다. 따라서 답은 ④번이다.

13 빈칸에 적절한 것 찾기 문제

해석 다음 중 빈칸 (A), (B), (D), (E)를 가장 적절하게 완성하는 것을 고르시오.

① (A) 발송   (B) 운송서류
    (D) 화환어음   (E) 진행하다

② (A) 선적   (B) 운송서류
    (D) 무화환어음   (E) 진행하다

③ (A) 선적   (B) 선적서류
    (D) 화환어음   (E) 대금

④ (A) 발송   (B) 선적서류
    (D) 무화환어음   (E) 대금

해설 주어진 빈칸에 적절한 것을 찾는 유형이다. 매도인이 물건을 선적할 수 있으며 매수인이 요청한 선적서류와 환어음을 서신에 동봉하였다고 했으므로 추심의뢰한 화환어음을 결제하고 대금의 송금을 요청하는 것이 자연스럽다. 따라서 답은 ③번이다.

어휘 enclose 동봉하다   remit 송금하다   proceeds 대금
dispatch 발송   documentary draft 화환어음
proceed 진행하다

14 문장 순서 찾기 문제

해석 다음 문장들을 순서대로 나열하시오.

(A) 귀사와 여러 해 동안 거래해왔으니, 당사는 더 나은 대우를 받을 자격이 있습니다.
(B) 귀사의 경쟁사들은 당사의 신용을 기꺼이 존중하여 줄 것이며 당사는 추후 거래를 다른 곳으로 이전할 것입니다.
(C) 당사는 첨부된 사본인 위 청구서와 관련하여 어제 귀사의 신용 부서로부터 받은 퉁명스러운 서신이 달갑지 않습니다.
(D) 당사는 이 비용들을 두고 두 달 동안 분쟁을 벌여 왔습니다.

① (C) – (D) – (A) – (B)
② (A) – (B) – (D) – (C)
③ (B) – (D) – (C) – (A)
④ (D) – (A) – (B) – (C)

해설 주어진 문장을 순서대로 나열하는 유형이다. 서신 작성하게 된 이유 언급 – 문제에 대한 불만 사항 – 추후 거래처를 바꾸겠다는 계획 – 거래처 바꾸는 이유 언급의 순서가 되어야 하므로, (C) – (D) – (A) – (B) 순서로 와야 자연스럽다. 따라서 답은 ①번이다.

어휘 curt 퉁명스러운   dispute 분쟁을 벌이다

15 다른 문장/같은 문장 찾기 문제

해석 다음 중 다른 목적을 가진 것을 고르시오.

① 마감이 좋지 않으며 도금이 부분적으로 떨어집니다.
② 몇몇 실수로 상품들이 잘못 인도되었습니다.
③ 샘플과 함께 수령한 상품들과 비교했을 때, 당사는 색상이 동일하지 않은 점을 발견했습니다.
④ 당사의 지시에 따라 모든 표시는 송장에 기재된 바와 반드시 동일해야 합니다.

해설 주어진 보기 중 다른 내용을 찾는 유형이다. 청구서에 기재된 것과 동일하게 표시를 해야 한다는 당부와 수령 상품의 하자에 대한 내용은 의도가 다르다. 따라서 답은 ④번이다.

어휘 finish 마감   gilt 도금   come off 떨어지다
in accordance with ~에 따라

[16~19] 다음 지문을 읽고 질문에 답하시오.

일치하는 제시의 UCP 600의 정의는 화환신용장의 조건과 이 규칙들 및 국제표준은행관행의 적용 가능한 규정에 일치하는 제시를 의미한다.
이 정의는 세 가지 개념을 포함한다. 첫 번째로, (A 서류의 제시가 화환신용장의 조건과 반드시 일치해야 한다.) 두 번째로, 서류의 제시는 반드시 매매에 적용되는 UCP 600에 포함되어 있는 규칙 즉 (B 화환신용장의 조건에 의해 수정되거나 배제되지 않았던 것들)과 일치해야 한다. 세 번째로, 서류의 제시는 반드시 국제표준은행관행과 일치해야 한다. 앞의 두 개의 조건들은 화환신용장의 세부 조건과 규칙 자체를 살펴봄으로써 알 수 있다. ⓐ 국제표준은행관행인 세 번째는 다음과 같은 사실을 반영하는데, 화환신용장과 ⓑ 그 규칙이 서류심사 및 일치 확인에서 은행이 수행하는 일부절차들만을 의미한다는 것이다. ⓒ 국제표준은행관행은 은행이 서류의 일치를 확인하는데 정기적으로 수행하는 관행들을 포함한다. ⓓ 이러한 관행들 중 다수는 화환신용장 하의 서류심사 시 적용되어야 할 국제표준은행관행("ISBP")을 설명하는 국제상업회의소의 간행물(국제상업회의소 간행물 No. 681)에 포함되어 있다. 그러나 그 관행들은 이 간행물에 명시되어 있는 것보다 더 광범위하다. 국제표준은행관행 간행물이 많은 은행 관행들을 포함하고 있는 반면, 서류심사에 관련된 것들을 넘어서서 화환신용장에서 흔히 사용되기도 하는 다른 것들도 있다. 이러한 이유로, (C 일치하는 제시의 정의가 명시적으로 국제표준은행관행 간행물을 가리키는 것은 아니다.)

16 빈칸에 적절한 것 찾기 문제

해석 빈칸 (A)에 적절한 것을 고르시오.

① 서류의 제시가 화환신용장의 조건과 반드시 일치해야 한다.
② 서류의 제시가 반드시 물품을 나타내야 한다.
③ 개설은행으로의 수익자에 의한 서류 전달은 시간이 엄수되어야 한다.
④ 일치하는 서류의 제시는 반드시 화환신용장 하의 지정은행에 이루어져야 한다.

해설 주어진 빈칸에 적절한 것을 찾는 유형이다. 첫 번째 문단에서 언급된 일치하는 제시의 정의에 따라 일치하는 제시는 서류의 제시가 화환신용장의 조건과 반드시 일치해야 한다는 것이다. 따라서 답은 ①번이다.

17 Not / True 문제

해석 밑줄 친 부분에서 잘못된 것을 고르시오.

① ⓐ   ② ⓑ   ③ ⓒ   ④ ⓓ

해설 주어진 지문에서 적절하지 않은 것을 찾는 유형이다. 국제표준은행관행은 신용장통일규칙에서 서류심사 시 적용되어야 할 서류심사기준을 광범위하게 포함하는 개념이다. 따라서 서류 심사 및 일치 확인을 위해 은행이 수행하는 일부 절차들만을 의미한다는 것은 적절하지 않다. 따라서 답은 ②번이다.

18 빈칸에 적절한 것 찾기 문제

해석 빈칸 (B)에 가장 적절한 것을 고르시오.

① 화환신용장의 조건에 의해 수정되거나 제외된 것들
② 규칙을 제외시키는 특정 조건의 방법으로 적용할 수 없는 것들
③ 규칙을 수정하거나 제외시키는 특정 조건의 방법으로 적용할 수 없는 것들
④ 화환신용장의 조건에 의해 수정되거나 제외되지 않았던 것들

해설 주어진 빈칸에 적절한 것을 찾는 유형이다. UCP 600의 적용 범위는 신용장에서 명시적으로 수정되거나 그 적용이 배제되지 않는 한 모든 당사자를 구속한다. 따라서 답은 ④번이다.

19 빈칸에 적절한 것 찾기 문제

해석 빈칸 (C)에 가장 적절한 것을 고르시오.

① 일치하는 제시의 정의는 국제표준은행관행 간행물에 명시적으로 언급된다.
② 일치하는 제시의 정의는 국제표준은행관행과 UCP 간행물에 명시적으로 언급되지 않는다.
③ 일치하는 제시의 정의가 명시적으로 국제표준은행관행 간행물을 가리키는 것은 아니다.
④ 일치하는 제시의 정의는 국제표준은행관행과 UCP 간행물에 명시적으로 언급된다.

해설 주어진 빈칸에 적절한 것을 찾는 유형이다. 국제표준은행관행은 ISBP에 명시된 규정들보다 더 넓은 범위에 걸친 관행 그 자체를 의미하므로 일치하는 제시의 기준인 국제표준은행관행은 ISBP 745와 같은 ICC의 간행물 그 자체를 의미하는 것은 아니다. 따라서 답은 ③번이다.

어휘 complying presentation 일치하는 제시
documentary credit 화환신용장   applicable 적용되는
ICC 국제상업회의소   ISBP 국제표준은행관행
punctual 시간을 엄수하는

20 빈칸에 적절한 것 찾기 문제

해석 빈칸에 올바른 단어의 짝은 무엇인가?

> 일람불 환어음은 화물이 목적지에 도착하여 결제가 이루어질 때까지 수출자가 화물에 대한 권리를 보유하기 원할 때 사용된다.
> 실제 실무에서, 해상선하증권은 (A 수출자)에 의해 배서되어 수출자의 은행을 통해 매수인의 은행으로 보내어진다. 이것에는 환어음, 선적 서류 그리고 (B 매수인)에 의해 명시된 기타 선적서류가 첨부된다. 외국의 은행은 이 서류들을 받으면 매수인에게 통지한다. 환어음이 지급되자마자, 외국 은행은 선하증권과 다른 서류들을 교부하여 (C 매수인)이 선적 화물을 입수할 수 있게 한다.

	(A)	(B)	(C)
①	수출자	매수인	매수인
②	수출자	수출자	매수인
③	매수인	수출자	매수인
④	매수인	매수인	매수인

해설 주어진 빈칸에 적절한 것을 찾는 유형이다. 서류지급인도조건(D/P)의 결제방식을 통한 거래로, 수출자가 물품을 선적한 후, 일람불 환어음을 발행하여 추심을 의뢰하여 매수인이 대금을 지급하는 경우에 선적서류를 인도한다. 따라서 답은 ①번이다.

어휘 sight draft 일람불 환어음   retain 보유하다
ocean bill of lading 해상선하증권

21 빈칸에 적절한 것 찾기 문제

해석 빈칸에 적절하지 않은 것은 무엇인가?

> 인코텀즈 2020 규칙은 (   )를 다루지 않는다.

① 매매계약의 존부
② 매매 물품의 성상(性狀)
③ 제재의 효력
④ 수출/수입 통관 및 협력

해설 주어진 빈칸에 적절하지 않은 것을 찾는 유형이다. 인코텀즈 2020 규칙은 수출/수입 통관에 대한 내용을 다루고 있다. 따라서 답은 ④번이다.

어휘 specifications 성상(性狀)   sanction 제재   clearance 통관

22 다른 문장 / 같은 문장 찾기 문제

해석 다음 중 한국어 번역이 가장 적절하지 않은 것은 무엇인가?

① 당사는 귀사의 최근 인도가 귀사의 평소 수준에 미치지 못한다는 것을 알려드리게 되어 매우 유감입니다.
 → 귀사의 최근 발송품은 평소의 수준에 미치지 못하는 것이었음을 알려드리게 되어 유감입니다.
② 당사 측의 기록 오기로 발생한 마지막 순간의 문제에 대해 다시 한번 사과드려야 하겠습니다.

→ 당사 측의 사소한 실수로 인해 발생한 문제에 대해 마지막으로 다시 사과드려야 하겠습니다.

③ 결과적으로 당사는 당사의 대리점들에 손실의 일부를 부담해줄 것을 요청하지 않을 수 없습니다.
→ 따라서 당사는 당사 대리점들이 이번 손실의 일부를 부담해줄 것을 요청하지 않을 수 없습니다.

④ ABC 공급에 대한 귀사의 견적에 감사드리지만 당사는 이번 경우에 다른 곳에서 주문을 할 수밖에 없게 되었습니다.
→ ABC의 공급에 대한 견적을 보내주셔서 감사합니다. 하지만 이번에 한해서는 타사에 주문할 수밖에 없게 되었습니다.

해설 주어진 부분과 다른 내용을 찾는 유형이다. Last minute problems는 마지막에 일어난 문제를 의미하고 clerical error는 장부상의 오기를 의미하므로, 사소한 실수로 인해 발생한 문제에 대해 마지막으로 다시 사과한다는 내용은 다르다. 따라서 답은 ②번이다.

어휘 standard 수준, 기준   clerical error 장부상의 오기
consequence 결과   compel ~하게 만들다   quotation 견적
instance 경우

23 빈칸에 적절한 것 찾기 문제

해석 다음은 인코텀즈 2020에 관한 것이다. 빈칸에 알맞은 것을 고르시오.

> 인코텀즈 규칙은 CIF(운임·보험료포함인도), DAP(도착지인도조건) 등과 같이 가장 일반적으로 사용되는, 세 글자로 이루어진, 물품(C 매매)계약상 (B 기업 간의) 거래 관행을 반영하는 (A 11)개의 거래 조건을 설명한다.

① (A) 12 (B) 기업과 소비자 간의 (C) 매매
② (A) 11 (B) 기업 간의 (C) 매매
③ (A) 11 (B) 기업과 소비자 간의 (C) 판매
④ (A) 12 (B) 기업 간의 (C) 판매

해설 주어진 빈칸에 적절한 것을 찾는 유형이다. 인코텀즈 2020은 물품매매계약상 기업 간의 거래 관행을 반영하는 총 11개의 규칙을 포함하고 있다. 따라서 답은 ②번이다.

어휘 business-to-business 기업 간의   sale and purchase 매매
business-to-consumer 기업과 소비자 간의

24 Not / True 문제

해석 인코텀즈 2020에서의 변경에 대한 잘못된 설명을 고르시오.
① FCA 인코텀즈 규칙에서 본선적재표기가 있는 선하증권이 요구될 수 있다.
② 하나의 조항에 열거된 의무들
③ CIF와 CIP 간 서로 다른 부보 수준
④ FCA, DAP, DPU 및 DDP에서 매수인 또는 매수인 자신의 운송 수단에 의한 운송 준비

해설 주어진 보기 중 적절하지 않은 것을 찾는 유형이다. 인코텀즈 2020에서 A1/B1 등의 번호가 붙은 일련의 10개의 조항에서

매도인과 매수인의 의무를 다룬다. 따라서 답은 ②번이다.

어휘 on-board notation 본선적재표기   FCA 운송인인도
carriage 운송   CIF 운임 및 보험료포함인도
CIP 운송비 · 보험료지급인도   DAP 도착지인도
DPU 도착지양하인도   DDP 관세지급인도

25 Not / True 문제

해석 다음 지문이 적용되지 않는 조건 또는 조건들을 고르시오.

> 지정된 장소는 물품의 "인도" 장소를 가리킨다. 즉, 위험이 매도인에게서 매수인에게 이전되는 곳이다.

① E 조건
② F 조건들
③ C 조건들
④ D 조건들

해설 주어진 보기 중 틀린 것을 찾는 유형이다. C 조건들은 목적지는 운송의 목적지일 뿐이며 인도지가 아니고 위험이 이전하는 장소도 아니다. 즉 C규칙에서는 인도 및 위험의 이전시점과 비용의 분기점의 두 지점이 서로 다르다. 따라서 답은 ③번이다.

어휘 risk 위험   transfer 이전되다

<제2과목> 영작문

[26 ~ 28] 다음 서신을 읽고 각 질문에 답하시오.

> (A) 당사는 당사 거래 은행인 서울의 한국 외환은행에 (CIF London) 선적에 대한 취소 불능의 미화 22,000달러(미화 약 2만 2천 달러) 신용장을 개설해줄 것을 지시했습니다. 이 신용장은 2020년 6월 10일까지 (a 유효)합니다.
>
> (B) 선하증권 (3부)
> CIF London 송장 (2부)
> 미화 24,000달러의 전위험 보험증권
>
> (C) 당사는 귀사의 견적송장 NO.548의 C3001 컴퓨터 12대에 대한 첨부된 주문을 합니다.
>
> (D) 귀사는 당사 은행 대리인 HSBC London으로부터 확인을 받으실 것이며, 일람 후 60일로 송장의 총액에 대해 환어음을 발행하실 수 있습니다. 당사의 환어음을 제시하실 때 다음 서류들을 동봉해주십시오.
>
> (b 선적)이 준비되는 대로 당사에 팩스나 이메일을 보내주시기 바랍니다.

26 문장 순서 찾기 문제

해석 문장 (A)~(D)를 올바른 순서로 나열하시오.
① (D) – (B) – (A) – (C)
② (C) – (A) – (D) – (B)
③ (D) – (C) – (B) – (A)
④ (B) – (A) – (C) – (D)

해설 주어진 문장을 순서대로 나열하는 유형이다. 주문 – 신용장 개설 통지- 제시서류 조건 – 선적 통지 요청의 순서가 되어야 하므로, (C) – (A) – (D) – (B) 순서로 와야 자연스럽다. 따라서 답은 ②번이다.

27 빈칸에 적절한 것 찾기 문제

해석 (a)에 적절하지 않은 단어는 무엇인가?

① 무효한   ② 효력을 가지는
③ 유효한   ④ 이용 가능한

해설 주어진 보기 중 빈칸에 적절하지 않은 것을 찾는 유형이다. 신용장이 2020년 6월 10일까지 이용 가능한 혹은 유효하다는 내용이 와야 하므로, '무효한'은 적절하지 않다. 따라서 답은 ①번이다.

28 빈칸에 적절한 것 찾기 문제

해석 (b)에 가장 적절한 단어는 무엇인가?

① 선적   ② 보험
③ 매입   ④ 송장

해설 주어진 지문의 빈칸에 적절한 것을 찾는 유형이다. 매수인이 매도인에게 선적준비가 되면 미리 알려달라고 요구하는 내용이다. 따라서 답은 ①번이다.

어휘 instruct 지시하다   irrevocable 취소불능의   proforma invoice 견적송장   draw on ~를 지급인으로 환어음을 발행하다   submit 제출하다

29 Not / True 문제

해석 다음 지문에 올바른 용어를 고르시오.

> 운임은 중량이나 용적이 아니라 선복의 크기나 항해 단위를 기준으로 계산된다.

① 선복운임   ② 부적운임
③ 용적운임   ④ 품목별 무차별운임

해설 주어진 보기 중 적절한 것을 찾는 유형이다. 항해용선 계약에서 화물의 수량, 중량 등에 관계없이 항해 단위나 선박의 크기를 기준으로 포괄하여 계산하는 운임은 선복운임이다. 따라서 답은 ①번이다.

어휘 freight 운임

30 다른 문장 / 같은 문장 찾기 문제

해석 UCP 600에 따라 밑줄 친 부분과 같은 의미를 가지는 것을 고르시오.

> 당사는 신용장 하에서 다음 달 (B) 초에 (A) 소형보트들과 그 장비의 화물을 런던으로 선적하려 합니다.

① (A) 보트들 – (B) 1일부터 10일
② (A) 요트들 – (B) 1일부터 15일
③ (A) 기계들 – (B) 1일부터 10일
④ (A) 선체 – (B) 1일부터 15일

해설 주어진 문장과 같은 내용을 찾는 유형이다. dinghy는 소형보트를 의미하며, UCP 600에서 어느 월의 "Beginning"이라는 단어가 사용된 경우에 각 해당 월을 1일부터 10일로 해석된다. 따라서 답은 ①번이다.

어휘 consignment 화물   dinghy 소형보트   hull 선체

31 빈칸에 적절한 것 찾기 문제

해석 어떤 종류의 환어음이 필요한가 그리고 빈칸을 적절한 단어로 채우시오.

> 이 신용장은 (송장금액 전액)에 대해 당사 앞으로 발행된 일람불 환어음에 의해 이용 가능합니다.

① (A) 기한부(어음) – (B) 송장금액의 110%
② (A) 일람불(어음) – (B) 송장금액 전액
③ (A) 일람불(어음) – (B) 송장금액의 110%
④ (A) 기한부(어음) – (B) 송장금액 전액

해설 주어진 지문의 빈칸에 적절한 것을 찾는 유형이다. 일람불 환어음이 발행되었다고 했으므로 어음 제시 즉시 지급하는 일람불 어음(demand draft)이 요구되며, 달리 합의한 것이 없다면 환어음 금액은 송장금액 전액에 대한 것이 된다. 따라서 답은 ②번이다.

어휘 usance 기한부   demand 일람불

32 Not / True 문제

해석 다음 지문에서 틀린 부분을 고르시오.

> (A) 지급수권은 신용장이 아니라, (B) 지급지의 통지일 뿐이며 지급을 받기기 위해 필요한 서류들 또한 명시한다. (C) 이는 어떤 은행이든 결제할 의무를 지운다. (D) 신용장보다 훨씬 저렴하며 주로 D/P에 의해 대체되어 왔다.

① (A)   ② (B)   ③ (C)   ④ (D)

해설 주어진 지문에서 틀린 것을 찾는 유형이다. 지급수권의 경우 특정 은행을 지정하여 지급수권하는 것이 일반적이다. 따라서 답은 ③번이다.

어휘 Authority to Pay 지급수권   supersede 대체하다

33 빈칸에 적절한 것 찾기 문제

해석 다음 중 빈칸에 가장 적절한 것은 무엇인가?

> 만약 신용장이 분할선적을 금지하고 있고, 하나 이상의 출발 공항으로부터의 발송을 포함하는 하나 또는 그 이상의 항공운송서류가 제시되면, 그것들이 동일한 항공기와 항공편에 대한 물품의 발송을 포함하고 동일한 도착공항을 목적지로 한 것을 전제하였을 때 이러한 서류들은 (A 수리된다). 서로 다른 선적일을 표시하고 있는 둘 이상의 항공운송서류가 제시된 경우에는, 선적일 중 (B 가장 늦은) 날짜가 제시 기간의 계산에 적용될 것이다.

① (A) 수리되지 않는 – (B) 가장 늦은
② (A) 수리되지 않는 – (B) 가장 이른
③ (A) 수리되는 – (B) 가장 늦은
④ (A) 수리되는 – (B) 가장 이른

해설 주어진 지문의 빈칸에 적절한 것을 찾는 유형이다. 하나의 운송수단에 적재된 것이라면 둘 이상의 운송서류가 서로 다른 선적일자 또는 다른 선적지를 표시하더라도 분할선적으로 보지 않는다. 여러 통의 선하증권이 제시될 경우 선적일은 가장 늦은 일자를 기준으로 한다. 따라서 답은 ③번이다.

어휘 partial shipment 분할 선적 dispatch 발송
incorporate 포함하다

34 빈칸에 적절한 것 찾기 문제

해석
> 지정은행이 제시가 일치하다고 판단하고 개설은행 또는 확인은행에 선적서류를 발송하면, 지정은행이 결제 또는 매입하였는지와 관계없이, 서류가 지정은행과 개설은행 또는 확인은행 사이에서 송부 도중 분실되었더라도 개설은행 또는 확인은행이 반드시 지정은행에 (결제 또는 매입하거나 상환해야) 한다.

① 상환하다.
② 결제 또는 상환하다.
③ 매입 또는 상환하다.
④ 결제 또는 매입 또는 상환하다.

해설 주어진 지문의 빈칸에 적절한 것을 찾는 유형이다. UCP 600에 따라 은행은 서류나 통보의 송달 중 지연 및 멸실로 인하여 발생하는 결과 지연, 송부 도중의 분실, 손상으로 발생하는 결과 또는 모든 통신의 송신 중 발생하는 지연, 훼손 등에 대하여 책임이 없으므로, 송부 도중 서류가 분실되었더라도 수익자에 대한 의무인 결제와 매입 그리고 지정은행에 대한 의무인 상환은 이행되어야 한다. 따라서 ④번이 정답이다.

어휘 nominated bank 지정은행 comply 일치하다
forward 발송하다 issuing bank 개설은행
confirming bank 확인은행 honour 결제하다
negotiate 매입하다 reimburse 상환하다

35 Not / True 문제

해석 신용장이 선하증권과 보험 증명서의 제시를 요구한다. 만약 선하증권의 적적일이 2020년 5월 20일인 경우, 다음 중 그러한 선하증권과 일치하는 서류는 무엇인가?

> A. 발행일이 2020년 5월 20일인 보험 증명서
> B. 발행일이 2020년 5월 21일인 보험 증명서
> C. 발행일이 2020년 5월 20일인 보험증권
> D. 발행일이 2020년 5월 20일인 부보각서

① A
② C
③ A, C
④ 모든 보기

해설 주어진 보기 중 적절한 것을 찾는 유형이다. 보험서류의 발행일은 실제 선적일보다 늦어서는 안 되며, 부보각서는 보험 서류로 인정되지 않아 수리되지 않는다. 따라서 답은 ③번이다.

어휘 letter of credit 신용장 bill of lading 선하증권
insurance certificate 보험 증명서 issue 발행
cover note 부보각서

36 Not / True 문제

해석 다음 중 600 하에서 용선계약선하증권에 대해 옳지 않게 설명하는 것은 무엇인가?
① 용선계약선하증권은 선장, 선주, 용선자 또는 그의 대리인에 의해 서명되어야 한다.
② 용선계약선하증권은 미리 인쇄된 문구 또는 본선적재표기에 의해 물품이 신용장에 기재된 선적항에서 본선적재되었다는 것을 명시해야 한다.
③ 용선계약선하증권이 선적일자를 표시하는 본선적재표기를 하지 않은 경우에 용선계약선하증권의 발행일을 선적일로 본다.
④ 신용장의 조건에 의해 용선계약이 제시되어야 한다면 은행은 용선계약선하증권을 심사할 것이다.

해설 주어진 보기 중 틀린 것을 찾는 유형이다. 비록 신용장의 조건이 용선계약의 제시를 요구하더라도 은행은 용선계약을 심사하지 않는다. 따라서 답은 ④번이다.

어휘 charter party bill of lading 용선계약선하증권 master 선장
charterer 용선자 board notation 본선적재표기

37 빈칸에 적절한 것 찾기 문제

해석 다음 중 빈칸에 알맞은 용어를 고르시오.

> (A 송금) 결제 방식은 매수인과 매도인 간에 직접적으로 이루어지는 반면, (B 화환추심) 결제 방식은 은행의 지급 의무 없이 화환어음의 제시에 대하여 이루어진다.

① (A) 화환추심 – (B) 신용장
② (A) 송금 – (B) 화환추심
③ (A) 신용장 – (B) 화환추심
④ (A) 송금 – (B) 신용장

해설 주어진 지문의 빈칸에 적절한 것을 찾는 유형이다. 송금 결제 방식은 은행의 개입 없이 수입자가 수출자에게 직접 물품대금을 송부하며, 추심 결제 방식에서는 은행을 통해 화환어음이 송부되나 은행이 지급확약을 하는 것은 아니다. 따라서 답은 ②번이다.

어휘 obligation 의무 Documentary Collection 화환추심
Remittance 송금

38 Not / True 문제

해석 다음 중 은행 보증과 신용장 사이의 차이점에 대해 가장 옳지 않은 것은 무엇인가?

① 신용장과 보증 간의 가장 큰 차이점은 금융서류가 사용되는 방법에 있다.
② 정기적인 물품의 수출과 수입에 관련된 상인들은 인도와 결제를 보장하기 위해 신용장을 선택한다.
③ 사회기반시설 프로젝트에 입찰하는 도급업자들은 보증을 통해 그들의 재정적 신뢰성을 증명한다.
④ 신용장에서, 결제의 의무는 원인 매매계약에 달려 있다.

해설 주어진 보기 중 틀린 것을 찾는 유형이다. 신용장 본질상 그 기초가 되는 매매 또는 다른 계약과는 별개의 거래로 신용장에 그러한 계약에 대한 언급이 있더라도 은행은 그 계약과 아무런 관련이 없고 또한 그 계약 내용에 구속되지 않는다. 따라서 답은 ④번이다.

어휘 Bank Guarantee 은행 보증 financial instrument 금융 서류
bid for ~에 입찰하다 infrastructure 사회기반시설
credibility 신용, 신뢰성 underlying contract 원인계약

39 Not / True 문제

해석 다음 중 아래 서신에 대한 당신의 답신의 일부로 적절하지 않은 것은 무엇인가?

> 7월 5일 자 당사의 매트리스에 대한 청약을 요청하는 귀사의 팩스에 대해 감사드립니다. 당사는 귀사의 승낙이 7월 20일까지 당사에 도착할 것을 조건으로 하여 확정 청약합니다.
> 당사의 조건은 다음과 같습니다 :
> 상품 : 매트리스 (퀸 사이즈)
> 수량 : 300개
> 가격 : 개당 미화 1,100.00달러, CIF 뉴욕 조건
> 선적 : 5월 중
> 지불 : 취소불능신용장 하의 일람불 환어음

① 당사는 6월 초에 상품이 필요하기 때문에 선적 조건만 변경하고 싶습니다.
② 귀사의 확정청약에 감사하며, 당사는 동봉된 당사의 구매확약서에 명시된 바와 같이 귀사의 청약을 기꺼이 승낙합니다.
③ 귀사에 청약을 요청하는 당사의 서신에 감사드리며, 당사는 청약을 하고자 합니다.
④ 당사는 귀사의 경쟁사 가격과 비교했을 때 높은 가격으로 인해 당사의 청약을 승낙할 수 없음을 알려드리게 되어 유감입니다.

해설 주어진 보기 중 틀린 것을 찾는 유형이다. 지문은 이전에 팩스로 청약 요청을 받았으며 이에 대해 확정 청약을 한다는 내용이므로 본 서신에 대한 답신에 청약을 요청하는 내용은 적절하지 않다. 따라서 답은 ③번이다.

어휘 at sight under 일람불 환어음 irrevocable 취소불능의

40 문장 순서 찾기 문제

해석 문장 A ~ D를 올바른 순서로 나열하시오.

> (A) 마지막으로, 당사의 매수인의 지시에 따라, 당사는 전쟁위험을 포함하는 분손담보조건으로 AAA보험사에 보험 계정을 개설했습니다.
> (B) 당사는 보험료 지불을 위해 씨티은행으로부터의 미화 50달러의 수표를 동봉해 드립니다.
> (C) 아시다시피, 당사의 매수인은 당사에 2월 15일 부산을 떠나는 S.S "Ahra"호에 의해 뉴욕으로 선적할 예정인 안경테 300박스에 대해 귀사와 전쟁위험을 포함하는 분손담보조건으로 해상보험계약을 체결하라고 지시했습니다.
> (D) 당사는 귀사가 어제 유선으로 당사에 제안한 요율로, 미화 2,050달러로, 전쟁 위험을 포함하는 분손담보조건으로 부보해주길 바라며, 당사의 송장 사본 1부가 이 문서에 동봉되어 있습니다.

① A – B – C – D
② C – D – B – A
③ D – B – C – A
④ B – C – D – A

해설 주어진 문장을 순서대로 나열하는 유형이다. 매수인의 요청사항을 보험사에 고지 – 보험료 산정 – 보험료 지불 관련 내용 – 마지막으로 보험 계정 개설 고지의 순서가 되어야 하므로, C – D – B – A 순서로 와야 자연스럽다. 따라서 답은 ②번이다.

어휘 in accordance with ~에 따라 W.A. 분손담보조건
herein 이 문서에

41 Not / True 문제

해석 신용장에 따라 선하증권이 제시되는 경우 가장 적절하지 않은 것은 무엇인가?

> 선하증권은 보통 (A) 유통성의 3통 한 세트로 발행되며, 물품은 (B) 선사에 대한 그중 한 통의 제시와 상환으로 인도된다. 준비된 유통성 서류의 통수는 선하증권에 언급될 것이며, "(C) 선하증권들 중 1부가 사용되면, 나머지는 유효하다"는 것도 규정한다. 따라서, (D) 은행이 선하증권의 모든 사본들을 수령한다는 것이 매우 중요하다.
>
> ① (A) ② (B) ③ (C) ④ (D)

해설 주어진 지문에서 틀린 것을 찾는 유형이다. 세트로 발행된 3통의 선하증권 중 어느 1통이 사용되면 나머지 효력을 잃는다고 규정해야 한다. 따라서 답은 ③번이다.

어휘 tender 제시하다, 제출하다 negotiable 유통성의, 양도 가능한
surrender 양도하다

42 Not / True 문제

해석 해상 보험 운용에서 다음이 가리키는 것은 무엇인가?

> 피보험자가 보험금을 수령한 후, 보험자가 피보험자의 입장에 선다. 보험금을 지급한 후에는, 보험자가 피보험 목적물의 소유자가 된다.
>
> ① 대위의 원칙
> ② 분담의 원칙
> ③ 위부의 원칙
> ④ 피보험이익의 원칙

해설 주어진 보기 중 적절한 것을 찾는 유형이다. 보험자는 피보험자에게 보험금을 지급하면 피보험목적물에 대한 권리를 이전받게 되는데 이를 대위의 원칙이라고 한다. 따라서 답은 ①번이다.

어휘 insurer 보험자 step into the shoes of ~의 입장이 되다
insurance claim 보험청구 subject matter (피보험)목적물
subrogation 대위 abandonment 위부
insurable interest 피보험이익

43 Not / True 문제

해석 다음 중 중재를 잘못 설명한 것은 무엇인가?

> ① 계약서의 중재 조항이 있는 가운데, 당사자들은 법정에 가는 대신 사적인 분쟁 해결 절차를 선택한다.
> ② 중재는 양 당사자들이 합의한 경우에만 발생할 수 있다.
> ③ 조정과 대조적으로, 한 당사자는 중재로부터 일방적으로 철회할 수 있다.
> ④ 중재를 선택함에 있어, 당사자들은 준거법, 언어 및 중재의 장소와 같은 매우 중요한 요소를 선택할 수 있다. 이는 그들이 어느 당사자도 자국 법원의 이점을 누릴 수 없도록 보장할 수 있다.

해설 주어진 보기 중 틀린 것을 찾는 유형이다. 조정에서 조정안의 수락 여부는 당사자의 자유의사에 속하는 반면 중재는 중재인의 판정을 거부할 수 없고 일방적인 철회(취소)도 불가능하다. 따라서 답은 ③번이다.

어휘 arbitration 중재 dispute 분쟁, 논쟁 resolution 해결
mediation 조정 unilaterally 일방적으로
withdraw 철회하다, 취소하다 applicable law 준거법

44 Not / True 문제

해석 다음 지문에 알맞은 용어를 고르시오.

> (공동해손) 희생이나 비용으로부터 혜택을 받는 해상사업의 모든 당사자들은 반드시 희생된 금액이나 발생한 비용을 보상하는 데 분담하여야 하는 원칙.
>
> ① 공동해손
> ② 투하
> ③ 단독비용
> ④ 단독해손

해설 주어진 보기 중 적절한 것을 찾는 유형이다. 공동의 위험에 처한 이익을 구조할 목적으로 공동의 안전을 위해 고의적이고 합리적으로 이례적인 공동해손 행위를 취하는 과정에서 발생하는 공동해손(General Average)의 유형에는 공동해손 희생손해(G.A. Sacrifice), 공동해손 비용손해(G.A. Expenditure)가 있으며 공동해손이 발생한 경우 이해당사자들이 비례적으로 손해를 보상하여야 하는데 이를 공동해손분담금(G.A. Contribution)이라고 한다. 따라서 답은 ①번이다.

어휘 adventure 위험 benefit 혜택을 받다
sacrifice 희생, 희생시키다 expenditure 지출 incur 발생하다
General average 공동해손 Jettison 투하
Particular charges 단독비용 Particular average 단독해손

45 Not / True 문제

해석 다음 지문의 관점에서 잘못된 용어를 고르시오.

> 하나의 지정은행으로 매입이 제한되지 않았거나 어떤 은행을 통해서든 이용 가능한 매입신용장.

① 자유매입신용장　　　② 제한되지 않은 신용장
③ 자유매입신용장　　　④ 자유인수신용장

해설 주어진 보기 중 틀린 것을 찾는 유형이다. 모든 은행에서 매입이 허용되기 때문에 모든 은행이 지정은행이 될 수 있는 자유매입신용장을 가리키며 ④번은 freely negotiable L/C로 고쳐야 자유매입신용장을 의미한다. 따라서 ④번이 정답이다.

어휘 negotiation credit 매입신용장　restrict 제한하다
general L/C, open L/C, freely negotiable L/C 자유매입신용장
unrestricted 비제한의, 제한하지 않는

46 Not / True 문제

해석 다음은 인코텀즈 2020의 CIF 조건에 대한 것이다. 틀린 것을 고르시오.

① 보험은 최소한 계약에서 규정된 대금의 10퍼센트를 더한 금액(즉 110퍼센트)이어야 하고 보험의 통화는 운송계약의 통화와 같아야 한다.
② 보험은 물품에 관하여 이 규칙에서 규정된 인도지점부터 지정 목적지항까지 부보되어야 한다.
③ 매도인은 매수인에게 보험증권이나 보험증명서 혹은 그 외의 부보 증거를 제공해야 한다.
④ 또한, 매도인은 매수인에게 매수인의 요청에 따라 위험과 비용으로 매수인이 추가 보험을 조달하는 데 필요한 정보를 제공해야 한다.

해설 주어진 보기 중 틀린 것을 찾는 유형이다. 보험의 통화는 운송계약이 아닌 매매계약의 통화와 같아야 한다. 따라서 답은 ①번이다.

어휘 CIF 운임 및 보험료포함인도　cover 부보하다, 보장하다
carriage contract 운송계약

47 Not / True 문제

해석 UCP 600 하에서 다음 지문의 틀린 부분을 고르시오.

> (A) 신용장은 고객의 요청으로 이루어지는 은행 또는 타인에 의한 하나의 약속을 의미하는데 (B) 이는 신용장에 명시된 조건과 일치할 때 개설은행이 환어음을 결제하거나 결제에 대한 다른 요구에 응하는 것이다. (C) 신용장은 반드시 취소불능이어야 한다. (D) 그 약속은 환어음을 결제할 것이라는 합의이거나 개설의뢰인 또는 타인이 결제 권한을 부여받는다는 진술일 수 있다.

① (A)　　② (B)　　③ (C)　　④ (D)

해설 주어진 지문에서 틀린 것을 찾는 것이다. 신용장은 수입자(개설의뢰인)의 요청에 의해 개설되는 일치하는 제시를 조건으로 하는 개설은행의 지급확약이므로 은행이 아닌 개설의뢰인이나 다른 사람이 결제의 권한을 부여받아서는 안 된다. 따라서 답은 ④번이다.

어휘 engagement 약속　issuer 개설은행　compliance 준수
irrevocable 취소불능의　applicant 개설의뢰인

48 빈칸에 적절한 것 찾기

해석 인코텀즈 2020 하에서 빈칸에 적절하지 않은 것을 고르시오.

> 매도인은 운송인인도조건에서 반드시 (　　　　) 을 지급해야 한다.

① 물품이 이 규칙에 의하여 운송될 때까지 이 규칙 하에 매도인이 부담해야 하는 비용을 제외한 물품과 관련된 모든 비용
② 이 규칙 하에서 물품이 인도되었다는 운송서류를 제공하는 비용
③ 적용되는 경우, 이 규칙에서 수출통관과 관련한 관세, 세금 그리고 그 외의 비용들
④ 이 규칙에 따라 서류와 정보를 획득하는 데에 도움을 제공하는 것과 관련되어 매수인에게 모든 비용과 요금을

해설 주어진 지문의 빈칸에 적절하지 않은 것을 찾는 유형이다. 매도인이 매수인에게 운송서류를 인도하여야 할 의무는 C 규칙들의 경우에만 규정되어 있으며 F규칙의 매도인은 인도가 이루어졌다는 통상의 증빙을 제공하면 되고 매수인이 운송서류를 취득하는 데 협력을 제공할 의무만을 부담한다. 따라서 답은 ②번이다.

어휘 FCA 운송인인도　applicable 적용되는　clearance 통관

49 Not / True 문제

해석 다음은 인코텀즈 2020의 소개문 본문의 목적이다. 틀린 것을 고르시오.

① 인코텀즈 2020 규칙이 하는 것과 하지 않는 것 그리고 인코텀즈 규칙을 가장 잘 포함할 수 있는 방법을 설명하는 것
② 매도인과 매수인의 기본적인 역할과 책임, 인도, 위험 등의 인코텀즈 규칙의 중요한 기본 성격을 규정하는 것
③ 일반적인 매매계약에 대한 올바른 인코텀즈 규칙을 가장 잘 선택하는 방법을 설명하는 것
④ 인코텀즈 2010과 인코텀즈 2020 사이의 주요한 변화를 규정하는 것

해설 주어진 보기에서 틀린 것을 찾는 것이다. 인코텀즈 2020 서문의 목적에서는 일반적인 매매계약이 아닌 특정매매계약에 올바른 인코텀즈 규칙을 가장 잘 선택하는 방법을 설명하는 것으로 기재되어 있다. 따라서 답은 ③번이다.

어휘   **incorporate** 포함시키다   **set out** 규정하다
      fundamental 기본 성격   **sale contract** 매매계약

50   Not / True 문제

해석   다음 중 논리적으로 올바르지 않은 것은 무엇인가?

   ① 그를 대행하도록 타인에 의해 수권된 사람을 본인이라고 한다.

   ② 공동 대리인은 다른 대리인과 함께 당사자를 대행하는 권한을 공유하는 사람이며 당사자에 의해 수권된 사람을 의미한다.

   ③ 물품 또는 상품매매에 고용된 대리인을 상사 대리인이라고 불린다.

   ④ 지급 보증 대리인은 수수료를 받고 판매하며 본인에게 전달된 주문이 결제될 것이라는 것을 보장하는 대리인이다.

해설   주어진 보기 중 틀린 것을 찾는 유형이다. 본인(Principal)을 대리하도록 수권된 사람을 대리인(Agent)이라고 한다. 따라서 답은 ①번이다.

어휘   **co - agent** 공동 대리인   **principal** (대리인에 대한) 본인
      mercantile agent 상사 대리인
      Del credere agent 지급 보증 대리인

<제3과목> 무역실무

51   무역계약 / Incoterms 2020의 개관

해설   DPU 조건에서 수입통관의 의무는 매수인이 부담한다.

52   무역계약 / 분쟁해결조항

해설   해당 권리침해조항에서 매수인이 책임을 부담한다고 약정한 경우를 전제로 했을 때, 매수인은 매도인에게 지식재산권과 관련한 책임에 대해 클레임을 제기할 수 없다.

53   무역계약 / Incoterms 2020의 개관

해설   인코텀즈 2020의 변경사항 중 하나로, FCA 규칙에서 본선적재표기가 있는 선하증권이 요구되는 경우, 매수인이 자신의 운송인에게 본선적재가 표기된 선하증권을 인도하도록 지시할 것을 매도인과 매수인이 합의할 수 있도록 하였다.

54   무역결제 / 신용장의 서류심사기준

해설   UCP 600에 규정된 은행의 서류심사 기간은 제시일 이후 최장 5영업일이다.

55   무역운송 / 해운동맹과 편의치적

해설   해운동맹의 운영수단 중 Sailing Agreement(배선협정), Pooling Agreement(공동계산협정), Fighting Ship(투쟁선)의 운영 등은 동맹선사 간의 대내적 운영수단에 속하나 Fidelity Rebate System(충실보상제)는 화주를 구속하기 위한 대외적 운영수단의 하나이다.

56   관세법 / 총칙

해설   관세법에서 동일한 세관의 관할구역에서 입국 또는 입항하는 운송수단에서 출국 또는 출항하는 운송수단으로 물품을 옮겨 싣는 것을 환적으로 정의하고 있으며, 문제의 서술은 복합환적에 대한 정의이다.

57   대외무역법 / 수출입공고와 통합공고

해설   통합공고란 관계 행정기관의 장이 대외무역법이 아닌 법령을 근거로 수출·수입요령을 제정하거나 개정하는 경우에는 그 수출·수입요령이 그 시행일 전에 공고될 수 있도록 이를 산업통상자원부장관에게 제출하여 산업통상자원부장관이 제출받은 수출·수입요령을 통합하여 공고한 것을 말한다.

58   무역운송 / 해상운임

해설   Heavy Cargo Surcharge, Lengthy Cargo Sur charge; Bulky Cargo Surcharge는 화물이 일정 기준보다 무겁거나 길거나 부피가 큰 경우에 적용되는 할증운임이며 Optional Surcharge는 양륙항선택료를 말한다.

59   대외무역법 / 외화획득용 원료 · 기재의 수입과 구매 등

해설   주어진 비교표를 옳게 고치면 다음과 같다.

구 분	내국신용장	구매확인서
㉠ 관련법규	한국은행의 무역금융 규정	대외무역법 시행령
㉡ 개설기관	외국환은행	외국환은행 또는 전자무역 기반사업자
㉢ 개설조건	무역금융 융자 한도 내에서 개설	제한 없이 발급
㉣ 수출실적	공급업체의 수출실적 인정	
㉤ 부가가치세	영세율 적용	
㉥ 지급보증	개설은행이 지급보증	지급보증 없음

60 **무역결제 / 동시지급방식**

해설 CAD에서 수입자는 선적서류와 상환으로 결제하므로 물품의 품질검사 이전에 대금을 지급하여야 하며, 서류의 인도는 일반적으로 수출국에서 매수인의 대리인에 대하여 이루어진다.

61 **무역운송 / 선하증권(B/L)**

해설 화물에 대하여 B/L이 발행된 경우, 그 화물을 처분할 때에는 반드시 B/L로써 하여야 하는 것은 선하증권의 처분증권성에 대한 설명이다.

62 **무역운송 / 항공화물 운임**

해설 Commodity Classification Rates에 의해 할인요금이 적용되는 품목은 신문, 잡지, 정기간행물, 책, 카탈로그, 맹인용 잡지 등이다.

63 **무역운송 / 선하증권(B/L)**

해설 FIATA 복합운송선하증권은 복합운송증권으로 운송주선인이 대리인이 아닌 운송인으로 복합운송계약을 체결하고 복합운송의 이행에 대해 책임을 부담한다는 것이 나타난다.

64 **무역운송 / 해상운임**

해설 Bulky cargo surcharge는 벌크화물에 대한 할증료가 아니라 화물의 부피가 일정기준을 초과하는 경우 부과되는 할증료이다.

65 **무역보험 / 해상손해**

해설 영국해상보험법(MIA)에 의하면 특별비용(particular charge)은 피보험목적물의 안전이나 보존을 위하여 피보험자에 의하여 지출된 비용으로서 공동해손비용과 구조료를 제외한 비용을 말한다.

66 **무역운송 / 복합운송인**

해설 NVOCC(Non Vessel Operation Common Carrier)는 미국 신해운법에 규정된 운송주선인형 복합운송인을 의미한다.

67 **무역계약 / 무역클레임의 처리방안**

해석 분쟁해결. 당사자들은 이 계약으로부터 발생하거나 계약과 연관되어 발생하는 모든 클레임, 분쟁 또는 다툼을 최초에 신의성실의 협의로서 해결하기로 노력하기로 합의한다. 만약 당사자들 사이에서 문제를 해결하지 못하는 경우에 해당 문제는 그 후에 대안적 분쟁해결 방법에 의해 해결되어야 한다.
① 화해에 의한 해결　　　② 조정
③ 중재　　　　　　　　　④ 소송

해설 대안적 분쟁해결 방법(ADR, alternative dispute resolution)이란 소송에 의하지 않는 알선, 조정, 중재를 의미한다.

68 **무역운송 / 국제복합운송의 형태**

해설 MLB(Mini Land Bridge)와 MB(Micro Bridge)는 각각 미 동해안까지의 해상운송된 화물이 미 동해안까지 내륙운송되는 것과 미국 내륙지역까지 운송되는 것을 의미하며, SLB(Siberian Land Bridge)는 러시아 극동해안에서 시베리아 철도를 이용하는 운송방법이므로 북미로는 운송될 수 없다.

69 **무역보험 / 해상손해**

해설 해상손해의 유형 중 구조료, 손해방지비용, 특별비용은 비용손해(Expenses)에 속하나 충돌손해배상책임은 배상책임손해(Liability Loss)에 속한다.

70 **무역계약 / 중재합의**

해설 우리나라 중재법에 의하면 중재인은 중재판정 전에 당사자를 심문하여야 하고, 임의로 출석한 증인 또는 감정인을 심문할 수 있다. 그러나 그 증인 또는 감정인을 선서시킬 수는 없다.

71 **무역계약 / 무역클레임의 처리방안**

해설 당사자 일방 또는 쌍방의 의뢰에 의해 공신력 있는 제3자가 개입하여 조언으로써 원만한 해결을 강구하는 방법으로 중재, 소송과는 달리 형식적인 절차가 없으며, 법적 구속력을 갖지 않으므로 당사자 쌍방이 합의에 이르지 못하게 되면 실패하게 되는 알선에 대한 설명이다.

72 무역계약/청약

해설 예약불능청약, 통지없이 가격변동 조건부청약, 시황변동 조건부청약은 모두 승낙이 있기 전에는 청약자가 청약의 조건을 변경할 수 있는 청약이다. 그러나 통상 승인(조건)부 청약은 별도의 표시가 있는 경우가 아니라면 확정청약으로 간주된다.

73 무역계약/무역클레임의 처리방안

해설 알선, 조정, 중재도 제3자의 개입에 의한 분쟁해결방법에 속한다.

74 서비스무역/대리점계약

해설 본점이 계약만료 전에 정당한 사유 없이 계약을 종료 하였을 때, 자신이 이미 제공한 서비스 수수료는 물론 계약 조건이나 상황에 따라 이후 취득할 수수료 등 직접적인 손해 발생액에 대한 배상청구도 가능할 수 있다.

75 무역계약/청약

해설 UCC(Uniform Commercial Code, 미국 통일상법전)에 의하면 청약은 원칙적으로 취소가능한 것으로 보나 청약이 서명된 서면에 의한 경우, 상인이 한 청약인 경우, 청약의 휴효기간이 3개월 이내인 경우 등에는 취소불능으로 하고 있다.